주 역 원 론 ②

- 질서와 혼돈 -

한국주역과학연구원 · 김승호 지음

도서
출판 선영사

머리말

 이제부터의 강의는 전편에 이어진 것이다. 물론 이 책을 먼저 읽는 다 하더라도 주역 공부에는 전혀 지장이 없다. 단지 이 책을 읽은 다음에는 반드시 전편을 읽으라고 권하고 싶다. 왜냐 하면 전편에서 강의한 내용을 중복하지 않을 생각이기 때문이다. 그렇게 하는 것이 시간과 지면을 아끼는 것이 될 것이다. 필자는 다만 읽는 순서에는 그리 크게 차이가 나지 않는다는 것을 밝히는 것뿐이다.

 물론 전편에 이어 이번에는 주역의 단계를 좀더 넓히고, 또는 높일 것이다. 그러나 주역을 어느 정도 공부한 사람에게는 높다, 넓다 라는 것도 그리 확실한 표현은 아닐 것이다. 그것은 주역의 이치가 둥글고 넓기 때문이다.

 어느 문으로 들어서거나 갈 길이 멀기는 마찬가지이다. 그리고 주역 공부의 초기에는 이미 공부한 내용과의 연관성보다는 개념의 범위를 넓히는 것이 급선무이다. 나중에 가서는 모든 것이 합쳐져서 하나의 단순한 원리가 드러나겠지만, 처음에는 모든 것이 독립되어 있고, 또한 생소하기만 하다.

이는 어린아이가 단어는 겨우 알았지만 문장을 이해 못 하는 것과 유사하다.

사실 전편에서 처음으로 주역을 접한 독자라면 단어조차 제대로 알았다고 할 수 없을 것이다. 주역의 단어라면 팔괘를 뜻하는바, 전편에서는 겨우 팔괘의 개념을 약하게 소개했을 뿐이다.

이 책은 6권으로 구성되어 있는데, 제1권의 수준을 굳이 비유하자면 초등학교 1학년 수준이라고 할 수 있다. 물론 제1권의 수준이 미비하다는 것은 아니다. 오히려 충분히 잘되어 있어서, 그로써 주역의 개념을 확연하게 이해할 수 있을 것이다. 사실이 그렇다. 전편은 주역이 무엇인지를 아주 세심하게 설명했기 때문에, 처음 공부하는 사람이나 이미 상당한 수준에 있는 사람 모두에게 신선한 감명을 주었을 것이다.

이제 제2권에 이르러서는 본격적인 주역 과학을 공부하게 되겠는데, 주역을 일부러 주역 과학이라고 칭한 것은 그만한 이유가 있다. 왜냐 하면 본 저서는 주역을 과학적 관점에서 접근하도록 구성되어 있기 때문이다. 전편에서는 이를 위해 기초를 튼튼히 한 바 있지만, 기초라 하여도 솔직히 그 내용을 평가하자면 옛날 선비들이 다년간 공부해서 도달한 경지이다. 주역에 대한 핵심적인 이해 부문에서 말이다. 이 점이 중요하다 전편에서 과학적 논리를 그리 많이 사용하지 않았는 데도 주역에 대한 이해가 깊어질 수 있었던 것은 그나마 주역을 사실 세계에 입각해서 요점을 조명했기 때문이다.

주역이란 원래 그런 것이다. 다만 옛 사람이 막연한 신비감을 가지고 주역을 대했기 때문에 정작 눈앞에 답이 있어도 그것을 이해할 수 없었던 것이다. 이러한 현상은 오늘날에 와서도 계속되고 있다. 현대인들은 주역을 미신으로 생각하거나, 또는 아주 신령한 것으로 여긴다. 그러나 이는 잘못된 관점이다. 주역이란 바로 현실 세계를 이해하기 위한 단순한 수단일 뿐이다. 전편을 읽어본 독자라면 그것을 실감했을 것이다.

주역은 당초 만들어질 때부터 그러한 목적이 있었는데, 성인이 주역을 해설하는 바람에 그만 신비한 영역으로 날아가 버리고 만 것이다. 이래서는 안된다. 성인은 주역이 너무나 중요시했기 때문에 직접 설명하는 은혜를 인간에게 베풀어 주었지만, 우리는 그 뜻을 정확히 이해해야만 한다. 주역은 종교가 아니다. 그저 정밀한 과학일 뿐이다. 물론 주역 과학은 너무나 심오하기 때문에 단순히 이해할 수가 없다. 그래서 수천 년 동안 인류는 주역을 해석할 수 없었던 것이다. 하지만 그 이유는 옛 사람이 오늘날처럼 합리적이지 못했기 때문이다.

불과 몇 백 년 전만 해도 인류는 지구가 둥근지 몰랐다. 이 얼마나 당치 않은 일인가!

당시 전세계에는 소위 선각자라고 하는 수많은 학자들이 있었다. 그런데도 그들은 괴상한 논리를 앞세워 진리가 밝혀지는 것을 방해했다. 지구가 둥글다는 것은 콜럼버스가 항해를 하면서 극적으로 밝혀졌지만, 그 이후에 인류는 태양이 지구를 돈다고 법석을 떨었던 것이다. 아니 인류가 그랬던 것은 아니었다 갈릴레오 같은 과학자는 한사코 지구가 태양을 돈다고 주장했지만, 이를 신성 모독이라고 재판에 회부했던 것은 교황청이었다. 세상은 원래 이렇다. 진리는 언제나 억압을 받고, 고정 관념은 좀처럼 변치 않는 법이다. 주역도 마찬가지이다. 예부터 최고의 학문이라고 일컬어지는 주역은 고정 관념과 곡해로 수천 년을 지내 왔던 것이다.

이제 우리 인류는 이것을 바로잡아야 한다.

주역은 그토록 중요하기 때문이다 만일 주역을 영원히 그대로 내버려둔다면 인류는 커다란 이익을 포기하는 것이라고 볼 수 있다. 주역은 반드시 옳게 규명되어야 하며, 또한 인류 발전에 크게 활용되어야 할 것이다. 필자도 그 일에 동참하기 위해 이 책을 저술하였지만, 오늘날 독자들은 결코 어리석지 않다는 것을 필자는 분명히 알고 있다. 이는 지구가 둥글지 않다고 믿었던 시대와는 많은 차이가 있다. 오늘날에는 모든 사람이 초등학교 때부터 합리적인 교육을 받고 있다. 그 결과 비록 성인이 만든 심오한 주역이라 할지라도 정확히 이해하는 것이 가능하다. 물론 우리는 기존해 왔던 막연한 선입감이나 신비감 등을 버리고 과감히 주역에 도전해야 한다. 전편에서 이미 우리는 애매한 신비를 떨쳐 버리고 사실적으로 주역을 파헤치기 시작했는데, 이제부터는 그야말로 합리적이고 조직적인 탐구를 시도할 것이다. 그것은 과학 또는 수학으로서 누구나 납득할 수 있는 투명한 논리로 이루어져야 한다.

　전편에서 아무리 세심하게 주역을 해설했어도 그것은 단순한 언어적 해설이었을 뿐이다. 그것으로는 터무니없이 부족하다. 주역이란 자연의 모든 것을 해석하는 학문인 까닭에 적당히 말장난으로 얼려무려서는 안 된다. 주역은 당연히 고도의 과학을 통해서만 이해될 수 있는 것이다. 오늘날 인류의 문명은 과학 또는 수학의 합리성을 통해 일으켜질 수 있었는데, 그것은 자연의 구조가 원래부터 그렇게 되어 있었기 때문이다. "신은 수학자이다"라는 말은 너무나 적절한 비유이거니와, 더 정확히 말하자면 신은 주역 과학자인 것이다. 이제 주역 과학을 공부하면서 그것을 뼈저리게 실감하게 될 것이다.

　서론이 다소 길어지고 있지만, 그것은 이제부터가 중요하기 때문이었다. 오늘날 일반 교육에 있어서도 초등학교 2학년은 아주 중요하다. 1학년 때는 공부를 한다기보다는 공부할 준비를 한다고 하는 것이 적절한 표현일 것이다. 그러나 2학년에 이르게 되면 상황은 크게 달라진다. 이 때부터는 응석이나 얄팍한 꾀는 통하지 않고, 합리적으로 사물을 이해해야 하는 것이다. 현재 주역 공부를 이미 시작한 독자들의 입장도 이와 비슷하다 지금부터는 철두철미한 과학을 통해 논리 정연하게 주역을 이해하게 될 것이다. 과학이라고 해서 어렵게 생각할 것은 없다. 과학은 그저 합리적이기 때문에 단순하고 분명할 뿐이다.

모든 사물이 그렇지만 주역에 있어서도 투명한 논리로써 사실 그대로를 이해하면 그만이다. 성인이 만든 주역일지라도 별게 아니다. 그것 역시 실세계에 존재하는 하나의 사물에 지나지 않는 것이다. 신비감에 도취되어 애매 모호한 논리로써 주역을 이해하려 한다면 그것은 자신을 속이고 또한 남을 속이는 거짓 학문을 만들어 가는 것과도 같다. 기실 수천 년 동안 많은 주역학자들이 그렇게 해왔던 것이다.

그리고 비록 양심적인 주역학자라 해도 정연한 논리를 사용하지 않고 교묘한 기법을 사용해서 자기 특유의 해석을 전개한다면 이는 학문이 아니라 예술이라 말해야 할 것이다. 자연의 진리는 지어낼 수 있는 것이 아니다. 그것은 단순 명료하게 존재하는 것이다. 주역은 단순 명료한 사물을 더욱 단순 명료하게 하기 위해 만들어진 것이기 때문에 총명하지 않은 사람도 쉽게 이해할 수 있는 것이다. 주역의 실체가 바로 이것이다. 주역은 어려운 사물을 쉽게 해 주는 것일진대 기존의 주역 학설들은 오히려 쉬운 사물을 어렵게 만들고 있었던 것이다. 필자는 이 책을 저술하면서 전래의 주역학자들로부터 많은 질타를 받을 것을 각오하고 있는 중이다. 왜냐 하면 그만큼 이 책이 새로운 길을 제시하고 있기 때문이다. 그러나 어쩔 수 없다. 진리를 밝힌다는 일은 언제나 전통만을 답습할 수는 없는 것이다. 진리를 규명하려는 사람은 어느 시대를 막론하고 질타와 억압 또는 심한 도전을 받기 마련이다. 전래의 학문 주역에서 탈피한 과학 주역이 성인의 뜻을 얼마나 잘 밝혀 낼 수 있을지 두고 볼 일이다. 독자들은 이 책을 공부하고 증인이 되어 주기를 바랄 뿐이다.

이제부터 주역 신비는 풀리게 될 것이다.

차 례 1

차　례 2

차 례 3

玉虛眞經 (1)

玄之又玄 衆妙之門

현묘하고 현묘한 것, 모든 묘한 것의 문이니라.

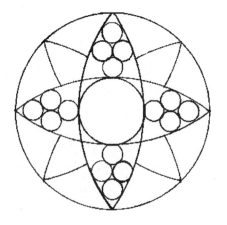

인류의 시조

자, 이제 주역 공부를 시작해 보자. 먼저 공부할 내용은 '하도 낙서(河圖洛書)'라는 것인데, 주역을 아는 사람은 익히 들어봤을 것이다. 이는 주역의 근원이라는 전설이 있는 것으로, 고전 주역에서는 매우 중요한 내용이다.

하도 낙서는 중국 신화에도 다른 형태로 묘사되어 있는데, 내용은 같다. 신화의 내용을 먼저 살펴보자.

멀고 먼 옛날, 인간 세계에는 복희씨(伏羲氏)와 여와(女媧)가 있었다. 이들은 하늘에서 내려온 신인(神人)인데, 오누이간이었다. 태초의 인간들이 하필 오누이였다는 것이 신기하다.

에덴 신화에 보면, 아담과 이브가 태초의 인간들이거니와, 이브는 아담의 갈비뼈로 만들어졌다. 말하자면 이브는 딸인 셈이다. 자신의 몸으로부터 만들어졌으니 딸이 아니고 무엇이랴!

그러나 이브를 만들어 준 하나님 입장에서 보면 조금 다르다. 하나님은 아담의 아버지인 동시에 이브의 아버지도 된다. 그러니까 아담과 이브는 한 아버지 소생인 형제인 셈이다. 결국 오누이가 되는 것이다. 중국 신화에서도 태초의 인간은 오누이였다. 서로 상통하는 무슨 뜻이 있을까? 어쨌건 얘기를 더 진행하자.

복희씨가 하루는 말했다.

"여와야, 이 넓은 세상에 사람이라곤 너와 나 단 둘뿐이구나!"

"……"

"그래서 말인데, 세상에 종족을 번식시키기 위해서라도 내가 너와 결혼을 해야겠다."

"뭐라고요? 오빠, 오누이간에 어떻게 결혼을 해요?"

"그것이 불륜이라는 것을 나도 잘 알고 있다. 하지만 인간을 만드는 것이 더욱 소중하지 않겠느냐?"

이에 여와는 생각했다. 비록 오누이간이지만 지구상에 종족을 보존하기 위해서는 작은 불륜 정도는 이해하고 넘어갈 수밖에 없다. 인간계를 이어가는 것이 더욱 큰 명제이기 때문이다. 당연한 생각이었다. 오누이가 아니고 딸과 아버지, 혹은 어머니와 아들 사이였다고 해도 별수없었을 것이다. 그래서 여와는 대답했다.

"오빠 말이 맞아요. 하지만 저는 여자이니 부끄럽지 않겠어요?"

"……"

"그러니 이렇게 해요. 지금부터 제가 도망을 갈 테니 오빠는 저를 잡으세요. 그러면 오빠의 말씀대로 오빠와 결혼하겠어요."

이렇게 해서 오누이간에 숨바꼭질이 시작되었다. 여와는 잘도 도망 다녔다. 복희씨는 결사적으로 잡으러 다녔지만 잡을 수가 없었다. 여와는 큰 나무 둘레를 돌면서 일주일이나 버텼다.

그래서 복희씨는 방법을 강구했다. 뒤를 쫓는 척하면서 나무를 거꾸로 돌았던 것이다. 그러자 여와는 복희씨와 마주쳐 품에 안기게 되었고, 이로써 두 사람은 부부가 되어 인류의 시조가 되었다.

첫 자식으로 누구를 낳았는지는 알려지지 않았다. 다만 복희씨와 여와가 서로 술래잡기를 한 것이 주역 역사상 큰 뜻이 암시되어 있는 것이다. 그것을 살펴보자.

다음은 하도(河圖)라는 것이다.

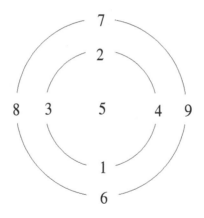

이 그림은 황하의 용마(龍馬) 등에 그려져 있었다고 하는데, 주역의 기원이 된다. 먼저 1과 6은 수(水)이다. 그리고 2와 7은 화(火), 3과 8은 목(木), 4와 9는 금(金)이다.

하도는 수(水)와 화(火)가 서로 마주 보고, 금(金)과 목(木)이 마주 보고 있다. 수와 화는 음극(陰極)과 양극(陽極)으로서, 서로 마주 보고 있다는 것은 태초의 상태이다. 그리고 목은 수에서 나오고, 금은 화에서 나온바, 하도는 음과 양이 서로 바라보며 회전하고 있는 모습이다.

이는 태극으로 표현되는 우주의 근원을 보여 주고 있는 것이다. 태극은 음에서 양으로 향하고, 양에서 음으로 향해 활동하는 모습이다. 이는 순환 내지 회전을 나타내는데, 복희씨와 여와가 서로 도망가고 잡으려는 모습과 동치이다. 복희씨와 여와의 신화는 바로 하도의 내용을 그대로 보여 주고 있다.

이제 '낙서'를 보자. 낙서는 낙수라는 곳에서 나온 신령한 거북이의 등에 그려져 있던 것이다. 낙서는 다음과 같다.

$$4 \quad\quad 9 \quad\quad 2$$

$$3 \quad\quad 5 \quad\quad 7$$

$$8 \quad\quad 1 \quad\quad 6$$

이 그림은 마방진(魔防陳)이라는 것으로 알려져 있다. 마방진이라는 뜻은 '마귀를 쫓는 부적'이란 뜻인데, 그림은 묘한 구조를 갖고 있다. 각 행과 열, 그리고 대각선의 합이 모두 15이다.

마귀가 이 구조를 신비하게 구경하다가 물러간다는 것인데, 주역에서는 다른 뜻이 있다. 우선 둘씩 짝을 지어 보자.

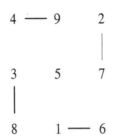

이 그림은 1과 6, 그리고 4와 9가 마주 보는 구조이다. 말하자면 2·7과 4·9의 위치가 하도에서 바뀌어 있다. 이것은 상당한 의미가 있다. 4·9, 즉 금이란 화, 즉 2·7에서 시작한 머리인데, 그것이 방향을 바꾼 것이다.

이것은 복희씨가 방향을 바꾼 것에 해당된다. 그리하여 4·9, 즉 복희씨의 머리가 3·8을 만나게 된다. 3·8은 수의 머리, 즉 여와의 가슴이다. 낙서는 복희씨가 여와를 잡는 순간을 묘사하고, 또는 음과 양이 교차하는 것을 보여 주고 있다. 음과 양이 교차한다는 것은 비로소 음양 화합하여 작용을 일으키는 것이다.

주역의 기원은 바로 하도 낙서에서 시작되는데, 여기에 등장하는 숫자가 각각 팔괘를 이루게 된다. 음과 양이 마주 보다가 서로 교차하면서 하도 낙서의 섭리가 나타난다. 또한 중국 전설이 갖고 있는 뜻을 보여 준다.

신화에서 일주일 만에 여와가 붙잡힌 것은 일주일, 즉 7일을 상징하는바, 이는 괘상 육효와 태극 하나를 묘사하고 있다.

이상이 하도 낙서와 관련된 전설의 전부이다. 그런데 아쉬운 것이 있다. 앞에 나타난 숫자에서 정확히 팔괘를 그려 낼 원리가 없다는 것이다. 과연 어느 숫자가 어느 괘인가 말이다.

그리고 또 하나의 문제가 있다. 숫자에는 오행(五行)이 배당되어 있는바, 어째서 1이 '수'이고 2가 '화'이냐가 설명되어 있지 않다. 나중에 이 문제를 깊게 논의해야 하겠지만, 하도 낙서와 팔괘와의 관계가 분명하지 않다는 것을 알고 넘어가자.

그리고 예전에는 하도 그림인 처음 그림을 낙서라고 말했고, 후에 그것이 바뀐 적도 있다. 아무튼 지금에 와서는 전설이 정립되어 있지만 논리적인 결여는 없다고 할 수가 없는 형편이다. 우리가 만일 주역을 지나치게 좋아한 나머지 무작정 신비주의로 흐른다면 별 문제이겠지만, 솔직히 논리를 따진다면 하도 낙서와 복희 여와의 신화는 과학적인 주역을 공부하고자 하는 사람에게 있어서 다소 불만이 없다 아니 할 수 없다.

일설에는 하도가 '선천 복희 팔괘도'를 나타내고, 낙서는 '후천 문왕 팔괘도'를 나타낸다고 한다. 그러나 이것도 어느 숫자가 어느 괘인지는 밝히지 않고 막연히 그렇다는 설만 있다.

또 어떤 설에는 하도 낙서는 주역과 관계가 없다고 말하고, 또는 애당초 하도 낙서는 팔괘도였다고도 말한다. 즉, 앞에서 나온 그림은 하도 낙서가 아니라는 것이다.

이렇듯 하도 낙서와 주역의 괘상의 관계는 여러 가지 설이 존재한다. 하지만 그 점을 신경 쓸 필요는 없다. 우리가 공부하고자 하는 것은 팔괘일 뿐이기 때문이다. 그리고 그 팔괘라는 것은 우리 앞에 엄연히 실재한다. 그것은 다음과 같다.

☰ ☷ ☳ ☵ ☶ ☴ ☲ ☱

이 그림은 제 스스로 존재할 뿐이다. 하도 낙서는 이 그림의 근원을 신화적으로 밝힌 내용이라고 하지만, 우리는 그저 팔괘만을 알아도 좋다. 진리란 전설보다도 '시간을 초월해서 그 내용이 실증되어야 하는 것'이다. 팔괘가 누구에 의해 만들어졌고 어디에서 비롯되었든지 우리는 팔괘 그 자체에 관점을 두어야만 한다. 그리고 우리 민족의 고대 경문인 《천부경(天符經)》도 주역의 구성을 밝힌 내용이라는 설이 있는데, 이것도 결국은 팔괘 그 자체로의 귀결일 뿐이다.

우리는 이미 팔괘를 연구하기 시작했다. 이제 그 구성의 전모가 차차 드러나게 될 것이고, 그렇게 되면 하도 낙서의 전설도 그 뜻이 확연해질 것이다.

玉虛眞經 (2)

道人之德如鳶昇天 其故縛地也

도인의 덕이 연처럼 저 멀리 하늘에 오르기도 하지만 그 까닭은 땅에 매어져 있는 줄에 있는 것이다.

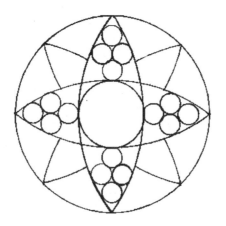

신비의 숫자들

신은 수학자라는 말이 있다. 자연의 내면을 깊게 파헤칠수록 그곳에는 수리적(數理的) 체제가 발견되기 때문이다. 기실 자연의 법칙이라는 것은 무엇이든 수학적 표현이 가능하다. 수리적이라는 것은 정성적(定性的)임은 물론 정량적(定量的)이라는 뜻이다.

그리고 자연의 정밀성은 이루 말할 수 없도록 극한적이다. 물론 자연의 법칙은 인간이 발견하는 것인데, 발견자는 자연의 법칙을 극도로 정밀하게 묘사해야 한다. 예를 들어 플랑크 시간이란 것은 최소의 시간인데, 이는 0.0000000000000000000000000000000000000000001 초이다. 그 이상도 그 이하도 아니다. 딱 이러한 수치여야 한다.

만유 인력에 관한 수치 표현은 ($F = G\,\dfrac{m_1\,m_2}{r_2}$)인데, 이것은 무한대 거리까지 어긋남이 없다. 자연의 운행은 대충 처리됨이 없는 것이다. 거대한 지구가 그 먼 거리를 운행해 태양을 한 바퀴 도는

데 1년에 1초도 어긋남이 없다. 어떤 별의 자전 속도는 수백만 년
에 1초도 틀리지 않는다. 다음의 공식을 보자.

$$E = IR$$

이는 전압과 전류의 관계를 나타내는 공식인데, 전압이란 전류와
정확한 수리 관계에 있는 것이다. 자연의 법칙을 수학적으로 나타
낸 것은 무수히 많다. 아예 자연의 법칙은 그 수리적 관계가 규명
되지 않았을 때는 아직 그 법칙을 발견했다고 말하지 않는다. 법칙
의 발견이란 곧 그 속에 들어 있는 수리의 발견을 의미하는 것이다.
신은 당초 우주를 창조할 때 수리를 바탕으로 만든 것이 틀림없다.

주역도 그렇게 되어 있다. 괘상의 원리를 깊게 파혜치면 파혜칠수
록 그 안에는 기묘하고 정밀한 수리가 발견되는 것이다. 주역에서
는 특히 정수로 표현되는 수리 관계가 많이 발견되는데, 이는 우주
의 기본 골격이 된다.

먼 옛날 플라톤이 정다면체의 개수가 오로지 5개인 것에 신비를
느꼈지만, 자연계에 발견되는 구조적 수들은 신비하기 그지없다.

인체에는 오장 육부가 있는데, 필경 우주인도 그러한 체제를 갖추
었을 것이다. 육각형인 눈의 결정체도 신비하기는 하다.

우리는 여기서 주역의 괘상과 관련된 신비의 숫자를 음미해 보자.
이는 앞으로 주역을 연구하는 데 중요한 내용이다.

괘상은 8개인바, 이것을 수치화해 보자. 앞에서 이미 이러한 시도
를 해 봤지만 그것을 좀더 깊게 확장하려는 것이다.

괘상은 세 개의 요소, 즉 3효로 이루어져 있는데, 이것을 수학적으로 보면 삼차원 구조에 상응한다. x, y, z의 직교 좌표 속에 배치할 수 있다는 뜻이다. 주사위도 그러한 구조를 갖고 있는데, 괘상과 대비를 시켜 보자. 정육면체는 뿔이 여덟 개이다. 각 뿔은 세 개의 요소를 포함하고 있는바, 정확히 팔괘와 대응한다.

먼저 ☰괘를 보자. 이는 (☰ $\frac{1}{4}$)의 수치를 갖는바, 합치면 7이다. 7이 바로 ☰의 수인 것이다. 주사위에는 1, 2, 4의 숫자가 있고, 그 세 숫자가 합쳐진 모서리가 있다.

주사위를 직접 가지고 살펴보자. 물론 주사위 숫자가 1, 6, 5라면 한 꼭지점을 이루지 않는다. 꼭지점을 이루는 주사위 숫자는 그 조합이 한정되어 있는데, 주사위를 잠깐 들여다 보면 알 수 있다.

다시 괘상을 보자. ☰은 1, 2, 4인바, 그 곳에서 가장 먼 곳의 모서리는 ☷이 될 것이다. ☰과 ☷은 대칭이기 때문이다. ☷은 -1, -2, -4인데, 주사위에는 그런 숫자가 없다. 그 대신 6, 5, 3이 있다.

이것은 무슨 뜻일까? 어려울 것 없다. 주사위에서는 -1☰6, -2☰5, -4☰3인 것이다. 왜냐고? 주사위의 한 차원은 mod가 7이기 때문이다. mod에 관한 것은 앞에서 길게 설명했다. 다시 보라.

이제 ☷을 숫자로 보면 6+5+3=14이다. ☰은 7이고, ☷은 14인 것이다.

☵을 보자. 이는 (☵ $\frac{1}{4}$) 의 구조인바, -2☰5이니까 1+5+4=10이다.

이런 식으로 ☳은 -1, 2, -4 ⟶ 6, 2, 3 ⟶ 6+2+3=11이

된다.

☳은 -1, -2, 4 ⟶ 6, 5, 4 — 6+5+4=15

☴은 1, 2, -4 ⟶ 1+2+3=6

☲은 -1, 2, 4 ⟶ 6+2+4=12

☶은 1, -2, -4 ⟶ 1+5+3=9

이렇게 해서 모든 괘의 주사위 숫자를 정했다. 이를 정리해 보자.

☰ ⟶ 7,   ☷ ⟶ 14

☱ ⟶ 12,   ☶ ⟶ 9

☲ ⟶ 10,   ☵ ⟶ 11

☳ ⟶ 6,   ☴ ⟶ 15

여기서 무엇이 보이는가?

서로 반대인 괘상을 합치면 21이 되고 있다. 21은 무엇일까? 이는 주사위 한 차원이 7이기 때문에 7×3=21인 것이다. 3을 곱한 것은 모서리가 삼차원이기 때문이다.

이상이 주역 괘상이 갖는 주사위 숫자이다. 선천 복희 팔괘도의 정수적(正數的) 표현인 것이다. 이제 이 숫자들을 다시 살펴보자.

6 ⟶ ☵

7 ⟶ ☰

$$9 \longrightarrow \text{☵}$$
$$10 \longrightarrow \text{☷}$$
$$11 \longrightarrow \text{☳}$$
$$12 \longrightarrow \text{☶}$$
$$14 \longrightarrow \text{☴}$$
$$15 \longrightarrow \text{☷}$$

크기 순으로 나열했는데 무엇이 보이는가? 6~10은 모두 상효(上爻)가 양이다. 11~15는 모두 상효가 음이다.

7, 9, 11, 15는 홀수인바, ☰, ☳, ☵, ☶, 등의 괘상이다. 이는 주역 원전에서 양괘라고 말하는 괘상이다.

6, 10, 12, 14는 ☷, ☴, ☲, ☱ 등의 괘상으로 음괘이다.

원전에서 말하는 음괘·양괘는 앞에 정리한 음양 수치와는 다른 의미지만, 주사위 숫자로 따져 보면 홀수 ─ 양, 짝수 ─ 음의 관계가 성립된다. 물론 ☷, ☴, ☲, ☱ 등이 음괘라고 하는 것은 현대 수학의 방법으로 색다르게 정리할 수 있다. 그것을 잠깐 보자. (+)(−)의 곱셈을 알고 있을 것이다.

$$(+) \times (+) = (+)$$
$$(+) \times (-) = (-)$$
$$(-) \times (+) = (-)$$
$$(-) \times (-) = (+)$$

이것은 중학교 수학에 나오는 연산 규칙인데, 그 이유는 각자 생각해 보기로 하자. 여기서는 이 규칙을 가지고 괘상을 계산하자.

☳은 (+)(+)(−)이다. 전부 곱하면 (+)×(+)×(−)=(−)가 된다. 다음 괘를 같은 방식으로 계산해 보자.

☲ ─ (+)×(−)×(+)=(−)

☵ ─ (−)×(+)×(+)=(−)

☷ ─ (−)×(−)×(−)=(−)

이상에서 알 수 있듯이 ☳, ☲, ☵, ☷은 모두 음괘인 것이다. 주사위에서는 모두 짝수였다. 어떤 방식으로 판정하든 음은 음인 것이다. 다만 (+) (−) 연산 규칙은 근대에 와서 확립된 수학 법칙으로, 먼 옛날 공자 시대에는 그런 법칙을 몰랐을 것이다.

옛날에는 주사위 숫자로 음괘나 양괘를 정했던 것일까? 무엇으로 하든지 결과는 마찬가지이다. 옛 성인은 현대 수학을 사용하지 않아도 명확한 결론에 도달한 것이다. 혹시 주역은 우주인에 의해 만들어진 것은 아닐까? 우주인이라면 오늘날 인류가 발견한 수학 법칙을 알고 있을 것이다.

각설하자. 잠시 얘기가 다른 길로 들어섰다. 이렇게 한 것은 현대 수학과 고대 현자들의 방식을 비교해 보기 위함이었다. 다시 숫자를 보자.

☵   6

☰ 7

☳ 9

☶ 10

☷ 11

☱ 12

☲ 14

☷ 15

무엇이 보이는가? 6은 최소의 숫자이다. 주사위의 최소 숫자가 1, 2, 3이니 6이 존재하는 것은 당연하다. 15는 최대 숫자이다. 주사위의 최대 숫자는 4, 5, 6이기 때문이다. 결국 팔괘의 수는 6~15까지이다.

그런데 안 보이는 숫자가 있다. 8과 13이다. 하필 왜 이 숫자가 안 보이는가? 신기하지 않은가! 없으니까 없다고? 글쎄……. 주역을 공부하는 사람은 모든 사물의 이유를 따져 봐야 한다. 특히 숫자에 관한 것은 자다가도 벌떡 일어나 따져 봐야 한다.

눈송이는 왜 육각형인가? 인체는 왜 오장 육부인가? 둥근 선인장은 둘레가 왜 33인가? 삼차원 주사위 합의 숫자 중 하필 8과 13이 없는가? 원둘레는 왜 360도인가? 따져 봐야 한다. 숫자에 관한 체제를 연구해 보는 것은 자연계의 비밀을 아는 첩경이다. 오늘날 국가 사회는 입법·사법·행정 등 세 개의 요소가 있다. 왜 하필 3인가? 지구상의 90%를 차지하는 생물은 곤충이다. 이들은 발이 6개이다. 하필 6개일까?

지구상에서 가장 발이 많은 지네는 발이 444개이다. 왜일까?

이조 때 어느 임금이 율곡에게 물었다. 자연계에는 어째서 잎이 5개인 꽃이 많은가고. 그러자 율곡은 이렇게 대답했다. "5는 오행의 숫자입니다"라고.

자연에 빈번히 나타나는 숫자들은 그 뜻이 무엇일까? 우리는 이것에 관심을 가져야 한다. 깊은 뜻이 있기 때문이다. 그 뜻을 음미하면 자연의 체제를 이해할 수 있다. 신비한 숫자를 몇 가지 더 생각해 보자.

화투장은 48이다. 이는 12×4=48인데, 12는 12개월을 상징한다. 4는 4계절을 상징한다. 서양의 카드는 52장이다. 이는 4×13의 체제를 갖추고 있다. 13? 어째서 13일까? 《손자 병법》은 13편으로 되어 있다. 고대 마야의 수도승들이 사용하는 제사용 달력은 13×20=260일로 되어 있다.

13이 중요하다. 13의 뜻을 살펴보자. 이는 태극의 숫자 65를 사용해서 규명할 수 있다. 65는 13×5인 체제를 갖추고 있다. 여기서 5는 오행의 숫자이다. 서양 카드 52=13×4에서 4는 오행의 토(土)를 생략한 것이다. 13×4나 13×5는 13이 중요하다.

13은 어디서 온 것일까? 이는 가장 중요하고 신비한 숫자인데, 주역의 핵심 숫자이다. 오늘날 첨단 과학 이론인 슈퍼스트링 이론에서는 우주가 26차원으로 되어 있다고 한다. 그것도 13이란 숫자와 관련이 있다. 이것을 논하기 위해 기초 지식이 필요하다. 장을 바꾸어 논의하자.

玉虛眞經 (3)

龍昇天高飛　其故深居也

용이 하늘 높이 날 수 있는 것도 그 까닭은 깊게 잠겨 있는 데 있는 것이다.

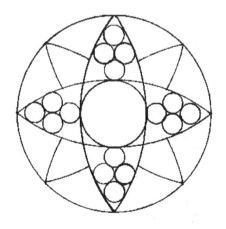

순환군의 비밀

우리는 전편에서 주역 64괘가 6개의 군으로 나누어지는 것을 살펴본 바 있다. 그들은 12단계의 순환 체계였는바, 그들 중 하나만은 유독 4단계 순환체였다. 그것은 즉 ䷁ ䷁ ䷁ ䷁이었는데, 이것이 문제였다. 하필 4개나 말이다. 이는 아주 심오한 뿌리와 연결되어 있어 단숨에 알아낼 수는 없다. 먼저 이들의 음양값을 정리해 보자.

숫자만을 써 보자.

$-39,\ 13,\ 39,\ -13$

여기서 mod가 65인 점을 생각하면 -39는 26이 된다. 왜냐 하면 $0\equiv 65$이기 때문에 $-39\equiv 26$이다. 65가 한 바퀴라고 할 때 26만큼 간 지점은 거꾸로 39만큼 간 지점과 같다는 뜻이다. 시간에서 11시 란 -1시가 아닌가! 이 문제는 그만 거론하자. 이해가 안 되는 사람 은 처음을 다시 봐야 한다. 나아가자.

-13은 52이다. -13에다 65를 더한 숫자이다. (65는 더하나 빼나 상관없다.)

이제 숫자를 다시 나열하면 26, 13, 39, 52가 된다.

이들 수열은 규칙성이 있는가? 있다! 앞의 군주괘에서 살펴본 규 칙과 같은 것이다.

$26 \div 2 \qquad \longrightarrow \quad 13$

$$(13 + 65) \div 2 \quad \longrightarrow \quad 39$$
$$(39 + 65) \div 2 \quad \longrightarrow \quad 52$$
$$52 \div 2 \quad \longrightarrow \quad 26$$

이런 식으로 계속해서 순환한다. 이 순환군에서 중요한 숫자는 13
이다. 39, 52, 26 등은 13의 배수인 것이다. 우리는 이 순환군을 H
군이라 명명한 바 있지만, H군은 13의 배수로 이루어진 것이다. 이
제 여기에다 태극수를 가미해서 체계를 다시 잡아 보자.

원래의 H군은 4각 구조이다.

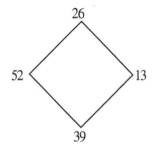

태극수를 가미하면 어떻게 되는가? 제일감은 다음과 같다.

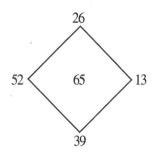

중앙에 65를 배치한 것은, 태극은 모든 순환의 중심에 있기 때문이다. 그러나 태극이 밖으로 나와서 참여하게 되면 토(土)의 성질을 띤다. 그 그림은 다음과 같다.

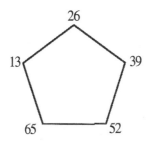

이것은 태극수 65(즉 0)에서 13씩 증가하는 형식으로 그렸다. 만일 두 배씩 혹은 반 배씩으로 하면 태극은 빠져 나가고 4각형을 이루게 된다. 그럼 잠시 수학 얘기를 해 보자.

1, 3, 5, 7, 9……

이 수열은 2씩 늘어난다. 이러한 형태의 수열을 등차 수열(等差數列)이라고 한다. 다음 수열을 보자.

1, 2, 4, 8, 16……

이 수열은 2배씩 늘어난다. 이러한 형태의 수열은 등비 수열(等比數列)이라고 하는데, 곱하기 형태로 늘어나는 형태이다. 등차 수열은 더하기 형태로 되어 있다.

주역의 숫자는 등차 수열로 정리할 때는 반드시 태극수 65가 등장하게 되어 있다. 예를 들어 1, 3, 5, 7, 9……로 늘어나는 수열은 종래에 가서 65가 등장하고, 그 다음에는 2, 4, 6, 8……로 전개된다. 그러나 두 배이든 세 배이든 배수로 수열을 만들면 65는 빠져나가고 12 또는 4인 순환 체계가 만들어진다. 태극을 포함한 체계를 다시 보자.

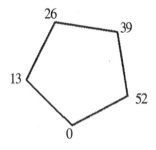

이번에는 태극을 0으로 표시했다. 65나 같은 뜻이다. 이 그림을 살펴보자. 0에서 13 사이 숫자가 몇 개 있나? 12개이다. 13에서 26 사이에는? 역시 12개이다. 13과 12의 차이를 알겠는가? 위의 오각형은 한 변이 13이다. 꼭지점을 빼놓고 보면 12개가 된다. 전체를 보면 12개짜리가 5개 있다. 그리고 이 외에 5개의 점이 있는 것이다. 12개짜리 다섯 개에다 점 하나씩을 추가하면 13이 된다. 이제 태극도(오각형)를 분해해서 보자.

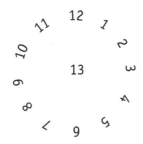

이 그림은 시계가 아니다. 둘레가 12개이고 중앙이 하나인 그림이다. 13이란 숫자는 바로 중앙 숫자인 것이다. 물론 26, 39, 52, 65 등도 중앙 숫자이다. 모두 13의 배수이기 때문이다.

이제 13이 갖는 중요한 의미를 알았을 것이다. 13은 앞으로 다시 등장하게 된다.

우리의 생활 주변에 13으로 되어 있는 체계가 있는가? 이는 주역의 숫자로서 서양의 카드에서는 이미 사용하고 있다. 그들은 어떤 연유로 해서 13을 사용했을까? 마야인들은 어째서 26(즉 13×2)을 사용했을까? 그들은 과거에 주역을 공부했던 것일까?

玉虛眞經 (4)

住低溪谷眞人高其道

저 낮은 계곡에서 진인(眞人)은 그 도를 높이고 있는 것
이다.

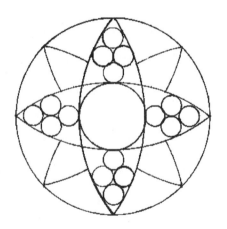

후천 문왕 팔괘도(後天文王八卦圖)

앞절의 복희 팔괘도에 이어 유명한 팔괘도는 소위 후천 팔괘도라고 하는 것이다. 팔괘도에 처음으로 선천·후천, 또는 복희·문왕 등으로 이름을 붙인 것은 소강절이라는 학자이다. 결코 복희 자신이나 문왕 자신이 붙인 이름이 아니다. 소강절이 그들 성인을 존경하여 그러한 이름을 붙였을 것이다. 자연과학에서도 과학자의 이름을 붙여 많은 법칙을 명명하고 있다. 플랑크 상수·호킹 복사·아벨군·마하의 법칙 등등…….

어쨌건 그 내용이 문제이다. 팔괘도를 문제 삼는 것은 팔괘 전체를 비교하여 일목 요연하게 알게 하려는 것이다. 이러한 방법은 옛 선인들이 끈질기게 시도해 왔다. 그래서 복희·문왕 팔괘도 외에 정역 팔괘도·공자 팔괘도·단군 팔괘도·천진 팔괘도 등 많은 팔괘도가 있다. 요는 어느 팔괘도가 진리를 담고 있느냐이다.

자연과학에서는 모든 원소를 통째로 이해하기 위해 주기율표라는 것을 만들었다. 소위 멘델레프의 주기율표라는 것인데, 이것이 있음으로써 모든 원소를 이해할 수 있었다.

주기율표의 위력은 실로 대단했었다. 그로 인해 아직 발견되지 않은 원소에 대해 말할 수 있었고, 나중에 그 원소를 찾고 나면 반드시 예언한 성질을 갖고 있었던 것이다. 내친 김에 주기율표에 대해 더 얘기하자. 주역의 팔괘도와 기능이 똑같기 때문이다.

인류가 원자론에 눈을 뜬 것은 비교적 최근이다. 물론 기원전에 이미 희랍 철학자 데모크라토스가 '만물은 원자로 되어 있다'고 선언한 바 있다. 다만 원자가 구체적으로 어떤 것들이냐는 말하지 못했다. 그러나 근대에 와서는 하나씩 원자가 발견되기 시작했다.

그런데 그것들은 개수가 많아서 그들의 성질을 체계적으로 분류할 필요가 있었다. 그것이 주기율표이다. 주기율표는 모든 원자가 갖고 있는 전자 수를 가지고 번호를 매겨 놓고 번호에 따른 주기율을 따져 놓은 것이다.

그 결과 원소의 화학적 성질이 밝혀진 것이다. 예를 들어 산소는 −2의 값을 갖고 있는데, 이로 인해 +1인 수소 두 개를 받아들인다. 이렇게 해서 만들어진 것이 그 유명한 H_2O, 즉 물이다.

질소는 −3의 값을 갖고 있다. 그래서 NH_3가 된다. 염소는 +1의 값을 갖고 있다. 그래서 HCl이 만들어진다. 염산이다. 나트륨은 +1 값을 갖고 있다. 그로써 $NaCl$이 만들어지는데, 이는 소금이다.

이러한 식으로 모든 물질이 만들어진다. 중요한 것은 원소가 음이나 양의 성질을 갖는다는 것이고, 또 그것들은 외각 전자에 의해 화학적 성질을 밝힐 수 있다는 것이다.

주역도 팔괘도를 잘 이해하면 64괘를 단숨에 이해할 수 있다. 물론 팔괘도 자체가 정확해야 한다. 과학의 멘델레프의 주기표는 진리로서 이론의 여지가 없다.

이제 문왕 팔괘도를 보자. 그것은 다음과 같다.

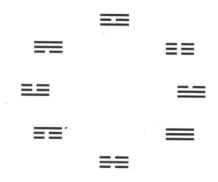

참으로 이상하다. 이것은 점쟁이들이 빈번히 사용하는 것인데, 그 내용을 아는 사람은 세상을 통해 한 사람도 없을 것이다. 왜 그런지 보자.

☵은 맨 위에 있다. 유식하게 말하면 오(午)의 자리에 있는데, 복희 팔괘도에서는 ☰이 있었다.

☷ 자리에는 ☵이 있다.

그런데 문제는 괘상들이 대칭성이 없다는 것이다. 복희 팔괘도에서는 ☰와 ☷, ☱와 ☶, ☲와 ☵, ☳와 ☴ 등이 모두 서로 마주보고 있었다. 즉 대칭이었던 것이다. 그런데 문왕 팔괘도는 ☷와 ☰, ☵와 ☲ 등으로, 이해할 수 없는 배치이다.

이들에 대한 총체적 설명을 보자. 우선 복희 팔괘도에서 시작하자.

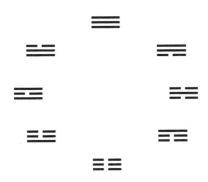

이것은 선천 팔괘도인데, 다시 한 번 살펴보자. 우리는 이미 모든 괘에 대해 수치 작업을 했지만 이번에는 시각적 내용을 음미하자.

먼저 ☱을 보자. 이는 양이 아래에 있어 땅과 끊어져 있다. 우측에 있는 산은 ☶로서 아래가 음이어서 땅과 연결되어 있는 것이다. 따라서 ☱은 하늘을 향해 올라가는 것이다.

☴을 보자. 위가 음으로 되어 있어 하늘과 끊어져 있다. 우측의 ☳은 위가 양이어서 하늘과 연결되어 있다. 그런 이유로 해서 ☴은 마냥 아래로 향한다. ☳은 아래로 향한다 해도 하늘과 붙어 있다.

이제 문왕 팔괘도를 보자.

☷
(☴)   (☷)

☷   ☷

(☶)   (☳)

☷

네 개의 괘는 ( )로 표시

이들은 천지와 마주 보고 있다. 다시 그리자.

나머지는 생략하고 선을 그었는데, 교차하는 모습이다. 선은 복희 팔괘도에서 온 것이다. 이 그림은 하늘에 붙어 있던 바람과 땅에 붙어 있던 산이 교차한 것이다.

이 그림에서 이번에는 ☴과 ☶, ☷과 ☰을 보자. 이들의 간격은 어떠한가? 당초 바람은 하늘에 붙어 있었고, ☶은 땅에 붙어 있었다. 그렇기 때문에 ☳과 ☵의 간격은 좁다. ☲과 ☶의 간격이 넓은 것이다.

이제 다음 단계로 넘어가자. ☵와 ☲이다. 어느 것이 넓은가? ☲은 양이 둘이나 있어 부풀어진 형태, 당연히 넓다. ☵은 음 둘에 의해 응축되어 있다. 당연히 좁은 것이다. 따라서 이들은 다음과 같이 배치될 수 있다.

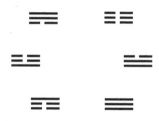

이제 남은 것은 ☳과 ☶이다. 그런데 처음 그림에서 ☲이 아래 있고 ☵은 위에 있다. 왜일까? 다시 그려 보자.

이제는 됐는가?

문제는 ☳과 ☶이다. ☶의 모양을 보라. 중간에 음이 있어 땅 속

[地中]에 들어가야 마땅하다. ☵은 중앙에 양이 있어 하늘 위[天中]에 들어가야 된다.

이제 모든 것이 자리를 잡았다. 보자.

$$
\begin{array}{ccc}
& ☷ & \\
☰ & & ☵ \\
☵ & & ☶ \\
☳ & & ☱ \\
& ☶ &
\end{array}
$$

이것은 문왕 팔괘도를 회전시켜 놓은 것이다. 이제 ☶와 ☷을 기점으로 해서 제자리로 돌려 놓자.

$$
\begin{array}{ccc}
& ☵ & \\
☴ & & ☶ \\
☶ & & ☷ \\
☳ & & ☰ \\
& ☷ &
\end{array}
$$

팔괘도가 완성되었다. 이것은 복희 팔괘도가 진행하여 서로 교차

할 것은 교차하고, 올라갈 것은 올라가고, 내려갈 것은 내려가고, 도중에 있는 것은 도중에 있어서 만들어진 괘상이다.

독자들은 지금까지의 설명에 만족하는가? 그럴 듯한 설명이지만 무엇인가 빠진 것 같다. 꿈 해몽 식이 아닌가! 수리 논리가 결여되어 있는 것이다. 문왕 팔괘도는 수리가 없다.

이래서는 팔괘도 자체가 진리인지 의심받을 것이고, 이것을 응용해 먹을 데가 없다. 그리고 문왕 팔괘도를 봐 가지고는 팔괘의 성질을 도저히 이해할 수 없다. 앞에서 복희 팔괘도를 설명할 때는 수리를 사용하여 딱 맞아 떨어졌다. 하지만 문왕 팔괘도에서는 그것이 없었다.

어떤 사람들은 앞의 설명보다 문왕 팔괘도의 설명이 마음에 들지 모르겠다. 그런 사람은 솔직히 말해서 주역 공부를 그만두는 게 좋을 것이다. 수리를 빼놓고는 주역을 이해할 수 없다. 주역뿐만이 아니다. 자연의 법칙이란 모두 수학적 구조로 되어 있어 수리를 배제하고는 세상을 알 수 없는 것이다.

예전에는 이런 문제가 있었다. 소값이 3량인데 돈이 723량 있다. 소를 몇 마리 살 수 있나? 이에 대한 답을 알려면 나눗셈을 하면 된다. 그러나 그 당시 나눗셈을 할 줄 아는 사람이 드물었다. 아는 사람을 좇아 물어볼 수밖에 없었다. 주역은 수리를 전혀 모르면 이와 같이 된다.

문왕 팔괘도를 다른 식으로 설명해 보자. 옛날 중국의 어떤 학자가 연구한 것이다. 먼저 ☲과 ☵에 대하여 중변(中變)이라고 말한다. 당초 ☰의 자리에 ☲이 들어섰고, ☷ 자리에 ☵이 들어섰으니 이렇게 말하는 것이다.

즉 ☰ 중변 → ☳
　　☷ 중변 → ☷

다음을 보자.

☷과 ☴인데, ☷은 ☳ 자리에 들어선 것이므로 상변(上變), ☴은 ☷ 자리에 들어선 것이므로 하변(下變)이다.

다음으로는 ☷과 ☴인바, ☷은 복희 팔괘도의 ☷ 자리에 들어섰으므로 중불변(中不變)이다. ☴은 ☴ 자리에 들어섰으므로 역시 중불변(中不變)이다.

다음은 ☷과 ☰, 선천 팔괘도의 ☰ 자리에 ☷이 들어섰으니 하불변(下不變)이다. ☰은 ☷ 자리에 들어섰으니 상불변(上不變)이다. 이제 모든 것을 써 보자.

중변

중불변　　　　하불변

상변　　　　　　하변

중불변　　　상불변

중변

이 그림에서 무엇을 알 수 있는가? 그리고 변이니 불변이니 하는 것은 무슨 이유 때문인가?

첫째가 중요하다. 만일 그림에서 규칙성이 발견된다면 그것이 바로 두 번째 질문, 즉 변·불변 등의 이유가 된다. 그런데 그림은 아무런 규칙이 발견되지 않는다. 결국 바로 앞의 설명이 더 그럴 듯해 보인다.

하기야 이것도 수리적 설명이 아니어서 만족스럽지 않다. 법칙에 대한 설명이란 바로 그 체계 속에 함유된 규칙성을 도출해 내는 것인데, 문왕 팔괘도에 대한 설명에는 그것이 결여되어 있다. 안타까운 일이다. 그러나 학문이란 솔직해야 한다. 문왕 팔괘에는 수리가 없고 사변적이라는 것, 이것은 분명히 알아야 한다. 독자들은 수리적인 것과 사변적인 것, 둘 중에 어느 것이 마음에 드는가?

지금 우리는 그저 막연히 주역을 공부하는 것이 아니다. 어디까지나 철두철미하게 과학적으로 주역을 규명하고자 하는 것이다. 말만 그럴 듯해서는 학문이 되지 않는다.

하나의 예를 들어 보자. 언젠가 필자는 항간의 주역 학자에게 13의 뜻을 물으니 그분은 이렇게 대답했다.

"태양은 하늘의 중앙에 있다. 태양은 한문으로 日, 이렇게 쓴다. 日을 풀면 (日)이 된다. 이것은 눈에 보이는 그대로 13이다. 그래서 13이라는 숫자는 천중(天中)의 숫자이다."

기가 막힐 노릇이다. 日 → 13은 오늘날 디지털 체제로서 어디까지나 시각에 불과한 것이다. 그리고 태양이 어째서 하늘의 중앙이란 말인가! 또한 태양을 日로 표시한 것은 한문에 지나지 않는 것으로, 태양이 반드시 日로 표시되어야 하는 것은 아니다. 영어에서는 'sun'이라고 말하고, 우리 나라에서는 '해'라고 말한다.

또 하나의 예를 보자.

무학대사가 이성계의 꿈을 해몽했다. 이성계는 꿈에 닭울음 소리를 들었던 것이다. 닭은 '꼬끼요' 하고 운다.

꼬끼요 → 고귀요 → 고귀(高貴)

이런 이유로 해서 고귀한 위치, 즉 왕이 된다고 해몽했는데, 과연 이성계는 진짜 왕이 되었다.

그리고 13은 실로 천중의 숫자인 것이다. 그러나 이것은 결과론이다. 어쩌다 맞은 것이다. 장님 문고리 잡기 식이다. 언제나 요행을 바랄 수는 없다. 학문하는 사람이 이토록 바보짓을 해서는 안 된다. 남을 속이는 데는 그럴 듯하지만 자기 자신을 위해 정밀한 태도를 갖추어야 한다.

주역은 수리이다. 자연도 모두 수리이다. 이것은 절대적이다. 수리가 도형이나 설명으로 나타나는 경우가 있지만, 그것은 겉모습이다.

우리는 먼저 학문하는 태도를 갖추어야 한다. 그것은 남도 자기 자신도 속이지 않는 깨끗한 마음이다. 그런데 수리 논리라는 것도 자기 나름대로 식이 있다. 객관성이 없는 경우를 말한다. 그나마 수리 논리가 있어서 다행이지만, 정당하기 위해서는 객관적 수리 논리가 필요하다. 사실 객관적이지 않으면 숫자를 아무리 많이 사용해도 수리가 아닌 것이다.

한 가지 덧붙이고 이 장을 끝내자. 후천 문왕 팔괘도는 옛 사람이 존중했던 것이니 문화적 가치만을 인정해야 한다. 어쩌면 그 속에 숨어 있는 깊은 수리 논리가 있을까?

玉虛眞經 (5)

似天氣降地而生育草木　心在身下道長也

하늘의 기운이 땅에 내려와 초목을 생육하듯이 마음이
몸의 아래에 있으면 도는 날로 높아질 것이다.

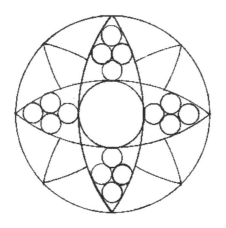

사대 난괘(四大難卦)

주역은 당초 점서(占書)로 출발하였다. 원전은 괘상에 대한 해설로서, 이러한 해설서가 주역 말고도 두 종류가 더 있었다고 한다. 그것을 '연산역'과 '귀장역'이라고 하거니와, 고대에 이미 실전(失傳)한 책이다.

아쉬운 일이겠으나 크게 염려할 것은 아니다. 역상 64괘는 이미 우리 앞에 나타나 있고, 그것을 옳게만 깨닫는다면 해석 방식은 얼마든지 있기 때문이다.

하나의 예를 들어 보자. 천(天) 자는 한문을 공부할 때 제일 먼저 배운다. 이것을 풀어 쓰면 一大가 되는데, 하나의 큰 것이 바로 하늘이라고 말하는 것이다. 하늘이 무엇이냐에 대해서는 많은 설명이 있을 수 있다. 우선 비행기가 날아다닐 수 있는 공간이 하늘이다. 영어로 sky이다. 땅과 상반되는 개념으로, 물질과 허공 중에서 허공을 지칭한다. 이 외에 신(神)을 일컬어 하늘이라고 한다. 영어의 God을 말한다. 하느님이라고도 하고 옥황상제라고도 한다. 기독교에서 말하는 하나님도 바로 천이지만, 어떤 종교인은 하나님이 신보다 높고, 하느님보다 높고, 조물주보다 높다고 말한다. 하나님이지 결코 하느님이 아니라는 주장이다. 그러나 그게 그거이다. 천이 애당초 하나에서 비롯된 단어임을 생각해 볼 때 하느님을 하나님이라고 하는 것은 표현 방식에 지나지 않는다. 하느님·하나님·신·조물주 등이 결국 같은 말이다.

하늘의 뜻을 더 얘기해 보자. 이기론(理氣論)이라는 것이 있는데, 기(氣)라고 하는 것은 형이하(形而下)로서 물질 등을 말하는 것이다. 이(理)라고 하는 것은 형이상(形而上)으로서 실존 또는 기 이전의 절대 개념 등이다. 여기서 말하고 있는 이(理)의 집합체를 또한 천이라고 한다.

가장 학술적으로 표현한 것이려니와, 역시 인간의 언어로서 나타낸 것이다. 그러나 천이니, 신이니, 하느님이니, 이(理)이니, God이니 등은 언어학적인 설명을 요한다.

그러나 이 모든 것을 ☰로 표현하면 어떤가? 이것으로 완전히 표현한 것이다. 긴 설명이 필요 없다. 이 표현에는 이미 구조가 들어 있다. 양이라고 하는 절대 원소가 삼중으로 되어 있는 것이다.

물이니, 수(水)니, water니 하는 것을 H_2O로 나타내면 그만 아닌가! 주역의 ☰은 바로 이런 표현이다. ☰은 하나의 기호이다. 단순한 인간의 착상이 아니다. 인간은 인간의 언어로 이해하기 위해 노력할 뿐이다.

주역이나 귀장역 또는 연산역 등은 비록 성인의 저작이지만 근본은 그 괘상들에 있는 것이다. 괘상은 오직 64개뿐이다. 성인의 글은 그것을 해석한 것에 지나지 않는다. 물론 성인의 해석은 아인슈타인이나 호킹·뉴턴 등보다 탁월하다. 그러나 성인의 해석이라고 해도 괘상 그 자체는 넘을 수 없는 것이다.

☰을 천이니, 하늘이니, God이니, 아무리 많은 표현을 사용해도 ☰은 역시 ☰이다. ☰을 알기 위해서는 天 → 一大라든가, 한울타리 → 한울 → 하늘 등으로 해석해 봐도 끝이 없다.

H_2O에서 H는 수소, O는 산소, 2는 두 개, 하는 식으로 해석하면 그만이듯이 ☰은 1, 이것은 양, (☰ 上中下) → 3개 등으로 해석하면 끝나는 일이다.

무릇 주역을 공부하는 사람은 글이 눈에 들어와서는 안 된다. 오로지 괘상이 마음에 들어와야 한다. 먼 옛날 공자 이전 성인인 문왕은 동굴 속에 갇혀서 그렇게 했다. 문왕은 괘상을 마음 속에 그리고, 그것의 뜻을 인간의 언어로 어떻게 표현하면 좋을까 하고 생각했던 것이다. 그 결과 주역이라는 책이 만들어졌거니와, 후세의 사람들은 괘상은 내팽겨쳐 놓고 오로지 문구 해석에 열을 올린다. 그래서 무엇을 알게 될까?

필자가 아는 어떤 사람은 주역 원문을 통째로 다 외고 있었다. 그야말로 주역에 통달한 사람이었다. 그래서 물어보았다.

"䷐이 괘상은 수(隨)라는 이름이 붙어 있는데 왜 그런 이름이 붙어 있지요?"

그러자 그 사람은 이상하다는 듯이 나를 빤히 쳐다보았다. 그런 질문이 어디 있느냐는 것이었다. 주역의 괘상은 성인이 붙여 놓은 이름이니 이유가 있을 수 없다는 것이다. 그러면서 ䷕괘에 있는 원문을 줄줄 외어 댔다.

그게 무슨 소용 있으랴. 우주의 절대 암호인 ䷕은 언어로 다 말할 수 있는 것이 아니다. 이 괘상의 극의(極義)는 괘의 구조 속에 함유되어 있을 뿐이다.

본론으로 돌아오자. 주역에는 사대 난괘라는 것이 있는데, 그것에 대해 잠시 얘기하고자 한다.

사대 난괘란, ䷂ ䷮ ䷑ ䷣ 등이다. 이것은 수산건(水山蹇)·택수곤(澤水困)·산풍고(山風蠱)·지화명이(地火明夷)라는 험난한 이름이 붙어 있다. 괘상이 상징하는 내용도 음산하려니와, 이름만 봐도 불길함을 느끼게 한다.

먼저 ䷑을 보자. 이 괘상은 산이 허물어지는 형상을 하고 있다. 산 아래 바람이 들어 있으니 붕괴되는 모습이 아닌가!

채소 중에 딱딱한 무를 보자. 이것은 ☶이라고 표현해도 좋으리라! 그런데 바람 든 무가 있다. 이러한 무는 겉으로는 딱딱하고 속으로 허물어져 있는 형상이다. 이러한 것이 바로 ䷑의 형상인 것이다. 발에 나는 무좀도 이와 뜻이 같다. 그래서 점을 쳐서 ䷑ 괘를 얻으면 피부병을 얻고, 배신을 당한다거나 계획된 일이 좌절되는 등 불길한 일이 많게 된다. 괘상의 뜻이 그렇기 때문이다. 배신당했다는 것은 믿음이 붕괴되는 것이려니와, 산이 무너지는 것과 닮아 있다. 산이란 믿음이다. 그것에 바람이 들어갔으니 배신당한 상이다. 이 괘상을 얻으면 오래 된 가정 생활이 파탄을 초래하게 된다.

그러나 ☷이 포함한 뜻 중에는 정체(停滯)가 해소되는 뜻이 있다. 산이 무너지는 것이니 막혀 있던 것이 풀어지는 것이 아니고 무엇이랴! 회담 같은 일이 막혀 있다가 풀리는 형상이다. 창고에 물건이 잔뜩 쌓여 있다가 허물어지는 것이니, 물건이 팔려 나간다는 뜻이 있는 것이다. 요컨대 ☷은 고정된 현상(☶)이 풀리는 것(☷)이다.

또한 순서를 바꿔 이해할 수도 있다. 산이란 단단하고 멀쩡한 것이다. 그런데 그 속에 성질이 반대인 바람이 있으니 속으로 곪아 있는 형상이다. 부부 관계를 점쳐서 이러한 괘상을 얻으면 배우자가 바람난 것이다.

결국 이 괘상은 나쁜 것이든, 좋은 것이든, 속과 겉이 다르다는 뜻이다. 따라서 점을 쳐서 이 괘상을 얻으면 변화가 있다는 뜻이다. 예를 들어 안정된 생활을 하던 사람은 그것이 파괴된다는 것이고, 생활에 변화가 없이 지루하게 세월을 보내던 사람은 새로운 일거리가 생긴다는 뜻이다. 부자에게는 도둑이 든다거나, 사기를 당하는 등 손해가 발생하지만, 가난한 사람에게는 부수입이 생기는 것이다.

자, 여기서 생각해 보자. ☷이라는 괘상은 나쁜 괘상인가, 좋은 괘상인가? 옛 사람들은 ☷을 나쁜 괘상으로 이해했다. 그러나 원래 괘상이란 그 자체로서는 나쁘다 좋다가 있을 수 없다. 괘상의 선악은 주어진 상황에 따라 달라지는 법이다. 예를 들어 암에 걸려 있는 사람이 병점을 쳐서 ☷를 얻으면 암이 없어지는 것이다. 산이 허물어지는 것과 암이 없어지는 것이 닮아 있지 않은가!

주역의 괘상은 그 자체로는 무심히 뜻을 감추고 있을 뿐이다. 좋고 나쁘고는 인간이 점을 쳤을 때 결과적으로 보는 것이다. 옛 사람은 변화를 싫어해서 ☷ 괘를 싫어했다. 그러나 현대인은 변화를 싫어하지 않는다. 모름지기 세상이란 변화가 있어야 발전한다. ☷ 은 오래 된 구조가 허물어지는 것이니, 새로운 출발이 기대되는 괘상이다.

그리고 이 기회에 알아두자. 점이라는 것은 상황을 정확히 설정해야 하는 것이다. 막연히 '장래는?' 하고 묻는 것은 좋지 않다. 물론 이렇게 해도 괘상을 얻을 수 있으나 해석이 난감하다. 그렇기 때문에 점, 특히 주역점은 요점을 물어야 하는 것이다. '수술 결과는? 재판 결과는? 결혼하게 될까? 취직 시험은? 이번에 개업한 장사는?' 등등 이런 식으로 점을 쳐야 한다.

다음 괘상을 보자.

☷, 이 괘상은 어두운 세상을 보여 주고 있다. 태양이 땅 아래에 있으니 어두움이 덮여 있는 것이다. 전도가 암담한 것을 상징하고 있다. 점을 쳐서 이 괘상을 얻으면 어떤 일이 일어날까? 선거전에서 이 괘상을 얻으면 반드시 낙방한다. 환자라면 사망할 것이다. 그러나 부인 몰래 바람 피우는 사람이 이 괘상을 얻으면 끝내준다. 도둑놈이 일(?)하기 전에 이 괘상을 얻으면 성공은 따 놓은 당상이다. 기자가 이 괘상을 얻으면 특종을 얻게 된다. 정보 기관의 사업에도 좋다. 비밀한 협상은 성공한다. 숨겨 놓은 물건은 안전하다. 숨어 사는 도인에게도 이 괘상은 좋은 것이다. 술장사도 좋다. 그러나 옷장사가 이러한 괘상을 얻으면 볼장 다 본 장사이다. 그러나 속옷이라면 좋다. 직장이라면 연구직에 종사하는 것이 좋다. 취직 시험에 이 괘상을 얻으면 가보나 마나이다.

결국 ☷ 괘상도 좋고 나쁘고가 없는 것이다. 다만 인내를 필요로
하는 괘상이다. 땅 아래 들어간 태양은 언젠가는 다시 하늘에 떠오
를 것이다. 그 때를 기다려야 하는 것이다. ䷗은 희망을 감추고 있
는 형상이다.

다음 괘상을 보자.

䷃, 이 괘상은 물 속에 빠져서 꼼짝 못 하고 있는 형상이다. 산
이 안개에 덮여 있는 것이다. 물놀이 가는 사람이 이 괘상을 얻으
면 빠져 죽을 가능성이 많다. 여행지에서 사고를 상징하기도 한다.
군대 행군 중에 낙오자가 발생, 또는 전진 부대가 본대와 연결이
안 되는 것이다. 보급이 끊어진 상태이다. 허리를 다치는 형상이다.
산은 무거운 것이다. 허리를 다치면 하체가 천근 만근이 되는 법이
다. 몸이 묶여 있는 상태이다.

숲 속에 빠져 꼼짝 못 하고 있는 상태이다. 도망자가 이 괘상을
얻으면 체포된다. 임신부라면 난산, 혹은 아이가 죽을지도 모른다.
원치 않는 임신을 하게 된다.

낚시꾼이라면 월척을 낚을 수 있다. 마음 속에 굳건한 의지가 있
는 형상이다. 혼란(☵) 속에도 흔들리지 않는(☶) 태도이다. 진땀을
흘리고 있는 모습으로 결실이 있다. 가정 불화가 있어도 이혼은 하
지 않는다. 회사에서도 해고당하지 않는다.

재판 중인 경우 징역형을 받게 된다. 저축을 많이 하게 된다. 운
동 경기에서는 패하는 형상이다. 원한은 해소되지 않는 상태이다.
사업은 음식 장사가 적합, 목욕탕 사업은 최고이다.

연애 중인 경우 처음 상태 그대로이다. 여자가 당초 회피하는 상

태라면 아무리 잘 해 주어도 그 마음을 바꿀 수 없다. 엎친 데 덮친 격이다. 한 번 사고가 나면 또 한 번 이어진다. 한 번 맺어진 계약은 파기되지 않는다. 부동산 매매는 이루어지지 않는다. 어려운 일에는 손대지 않는 게 상수이다. 어부라면 많은 물고기를 잡아 올린다.

다음 괘상을 보자. 이번 괘는 ䷂으로, 연못에 물이 메말라 있는 형상이다. 갇혀 있는 형상이다. 마음이 허전한 모습이다. 물이 흐르지 못하고 고여 있다. 고향에서 살 팔자이다. 큰 집을 소유하게 된다. 임대업이나 대여점 등에 아주 좋은 괘이다. 언제나 제자리걸음이다. 퇴보는 없다.

세일즈맨에게는 나쁜 괘이다. 새로운 계약은 성사되지 못하지만 재물에 손해는 없다. 임신을 못 한다. 빈 수레이다. 그러나 아쉬움은 없다. 실패한 고통이 사라진다. 재판 중이면 중형이 선고된다. 위치의 불안은 없다. 쫓겨나지 않는 것이다. 우물 안의 개구리이다. 하지만 욕심을 내지 않으면 꾸준히 성취하게 된다.

이상으로 사대 난괘라는 것을 살펴보았다. 감상이 어떤가? 난괘라고 해도 경우에 따라서는 상당히 좋은 괘상이라는 것을 느꼈을 것이다. 괘상이란 원래 선악이 정해져 있지 않아 포로라는 것은 적군에 잡혔을 때 나쁜 것이지만, 사랑의 포로가 되면 어찌 나쁜 일이겠는가!

괘상은 형상만을 이루고 있을 뿐이다. 그것의 용도는 사람에게 달려 있는 것이다. 같은 괘상이라도 누구에게는 좋고 누구에게는 나쁠 수 있다. 그러나 응용은 둘째 문제이다.

이 장에서는 괘상의 뜻을 생각해 보고 그 응용을 살펴보았다. 중요한 것은 괘상의 뜻을 생각하는 방법이다. 이 곳에서 옳은 생각을 하게 되면 다른 괘상에 접해서도 유용하게 된다. 항상 유의해야 할 것은 '어째서?' 라는 관념이다. 반드시 본인 스스로가 납득해야 한다. 예를 들어 ䷏의 괘상을 제자리걸음이라고 한 것은 왜일까? 어째서 우물 안의 개구리라고 하는가? ䷐은 의외의 사건이 생기는 것을 상징한다. 어째서 의외라고 하는가? 막연히 책의 저자가 주장한다고 해서 무작정 고개를 끄덕여서는 안 된다. 고개를 갸우뚱하고 이유를 따져야 한다.

주역의 괘상은 많아 봐야 64개밖에 없다. 하나를 철저히 알면 그로 인해 다른 괘상도 이해할 수가 있다. 하나에서 적당히 얼버무리면 모든 것이 무너지게 된다. 그렇게 되면 괘상은 64개가 아니라 무수히 많아지게 된다. 그리고 또 한 가지 중요한 것이 있다. 괘상을 해석함에 있어 괘상 그 자체만을 정확히 해석해야지, 인간의 마음을 가미시켜서는 안 된다.

䷗, 이 괘상은 어두움을 나타내지만, 이것을 보면 마음이 어두워질 필요도 없다. 밝든 어둡든 인간의 마음을 버리고 보면 그저 하나의 상태일 뿐이다.

이 장에서 사대 난괘를 상정해서 길게 해석한 것은, 점에 응용하는 예를 들어 보였지만, 중요한 것은 괘상 자체를 해석하는 방법을 보여 주고자 했던 것이다.

玉虛眞經 (6)

修道者心爲圓身爲方 心必潛於身下

무릇 도를 닦는 사람은 마음을 둥글게 하고 몸은 모나게
하되 반드시 마음을 몸 속에 잠기게 하여야 한다.

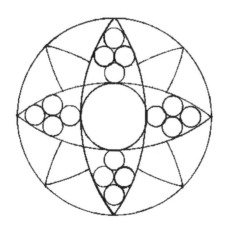

사대 안괘(四大安卦)

　내친 김에 괘상 해석을 더 해 보자. 원래 안괘(安卦)라는 것이 따로 있는 것은 아니다. 앞장에서 사대 난괘라는 것도 성인이 말한 것이 아니고 중국의 학자가 얘기한 것이다. 필자는 사대 안괘(四大安卦)라고 얘기했는데, 사대 난괘와 대비해서 얘기하는 것뿐이다.

　이 장에서 다룰 괘상은 ䷜ ䷝ ䷞ ䷟ 등 네 가지이다. 어째서 이 괘상을 안괘라고 하는가? 괘상을 천천히 살펴보라. 상당히 낯익을 수 있는 괘상이다. 낯익을 수 있는? 그런 말도 있을까?

　따져 보자. ䷜은 ䷝의 반대이다. ䷞은 ䷟의 반대, ䷠는 ䷡의 반대, ䷢는 ䷣의 반대이다. 여기서 상정한 괘상은 바로 앞장의 괘상을 반대로 한 것이다. 그리고 앞장의 괘상이 난괘(難卦)라면, 그 반대인 괘상은 안괘(安卦)가 아니고 무엇이랴!

　괘상이 반대면 그 뜻도 반드시 반대인 것이다. 이것은 절대 진리

이다. 주역의 괘상은 하나의 기호로서 엄연한 수리 규칙이 있다. ━
의 반대는 --이고, ☵의 반대는 ☲이다. 그리고 ☳의 반대는 ☶
이고, ☴의 반대는 ☱인 것이다. 그림이 반대이면 뜻도 반대일
수밖에 없다.

　괘상을 보자. 처음에 다룰 괘상은 ䷒이다. 이는 ䷓과 정반대의
괘상이다. 따라서 앞의 괘상을 참조하면서 해석하면 된다.

　䷓ 은 묶여서 꼼짝 못 하는 형상이다.

　䷒ 은 시원하게 해방되는 모습이다. ☱은 연못, 또는 바다이다.
☲은 태양이다. 바다에서 태양이 떠오르는 형상이다. 태양이야 땅에
서 떠오르든, 바다에서 떠오르든, 마찬가지이다. 그러나 바다에서
떠오를 때 더 시원한 느낌을 준다. 동해 바다의 일출 광경을 보라.
얼마나 아름다운가!

　옛 사람도 이 점을 느꼈던 것이다. 그러나 주역 원전은 이 괘상을
다른 쪽에서 조명하고 있다. 물론 괘상의 뜻이 달라지는 것은 아니
다. 단지 괘상을 다양한 방향에서 음미하고자 할 뿐이다.

　옛 사람은 ䷒괘상에서 활이라는 것을 만들었다. ☲은 화살이다.
☱은 물론 활이다. 태양이 바다에서 떠오르는 것은 활에서 화살이
떠나는 것과 뜻이 같다. 태양은 바다 속(땅 속)에서 충분히 기운을
축적한 연후 허공을 향해 떠오르는 것이다. 화살도 활 속에서 기운
을 축적한 다음 목표를 향해 떠나간다.

　䷒ 에서 ☲은 방으로 해석할 수 있다. ☲은 사람이다. 따라서
䷒은 ·방을 떠나는 사람이다. 여기서 조심해야 할 것은 방을 떠나
는 사람이 주안점이 아니라는 것이다. 물론 사람이 떠나가고 난 방

을 주안점으로 해서도 안 된다. 방과 떠나는 사람을 동시에 봐야
한다. 사람의 마음이 서로 괴리되는 것도 마찬가지 뜻이다.

주역 원전은 두 여자가 한 집에 살면서 서로 뜻이 맞지 않는다고
설명하고 있다. 두 여자라는 것은 ☵과 ☲이 모두 음괘이기 때문이
지만, 여자든 남자든 상관없다. 애인의 마음이 떠나간 것은 이 괘상
에 해당한다. 원정군이 본국을 떠나고 있는 모습도 마찬가지이다.
시골에 살던 사람이 희망을 갖고 상경하는 모습이다.

이러한 괘상이라면 어떤 점괘인가? 새로운 출발에 좋은 괘이다.
감옥에 살던 사람이 석방되는 형상이다. 그러나 직장을 떠나는 뜻
도 있으니 좋다 나쁘다를 논할 수는 없다. 단지 이 괘상을 공부함
에 있어 제일감이 무엇이냐가 인식의 주안점을 이룬다. 필자는 이
괘상을 처음 공부할 때 동해에서 떠오르는 태양과 미인이 시집을
가는 모습을 상상했다. 두 가지 모두 ☵에 해당된다. 화살이 날아
가는 모습도 이것이지만, 오늘날에는 미사일이 날아가는 모습이 적
절해 보인다.

요컨대 ☵은 진취적인 것이다. 직장을 떠나 새로운 직업을 찾아
나서는 것도 진취적이다. 잡지 않아도 떠나고 잡아도 떠난다. 잡을
수 없다는 뜻이다. 사귀던 애인에 대해 점을 쳐서 이 괘상을 얻었
다면 헤어질 각오를 해야 한다. 그는 이제 마음이 딴 곳에 가 있다.
외국 유학이나 파견 근무 등에 아주 좋은 괘이다. 어느 모로 보나
☵하고는 반대의 성질을 가진 괘이다.

다음 괘를 보자.

☷, 이 괘는 물론 ☵의 반대 괘이다. 여기서 한 가지 유의할 점

을 얘기하겠다. 괘상은 그림이 반대면 내용도 반대인 것을 누차 강조해 왔다. 그러나 괘상을 공부할 때는 반대 괘에 의존하지 말고 괘상 그 자체를 열심히 연구해 봐야 한다. 나중에 두 괘상을 비교해서 과연 반대의 성질이 나타나느냐를 검토해 보는 것은 필수적이다. 하지만 처음부터 반대 괘에 의존해서 해석하려고 하면 당초 그 반대 괘는 어떻게 해석하란 말인가! 반대 괘가 서로 만나서 '난 너의 반대야!'라고 얘기한다면 상대방에 도움을 주지 못한다.

그렇기 때문에 어떤 괘상을 보면 아무것에도 의존하지 말고 그 구조를 생각하면서 독립적으로 해석해야 하는 것이다. 이것은 괘상 개척(卦象開拓)이라고 하는데, 하나의 괘상이 독립적으로 개척되면 그로 인해 다른 괘를 해석하는 데 도움을 주게 된다.

서로 반대 괘를 비교하는 것은 괘상 해석이 맞았는지 틀렸는지를 증명하는 방법일 뿐이다. 그런데 만일 서로 반대의 괘를 각자 독립적으로 연구하여 뜻을 해석한 다음, 비교했을 때 반대가 나오지 않는다면 둘 중에 어느 하나를 잘못 해석한 것이다.

자신의 판단 방식이 맞느냐 틀리느냐는 반대 괘와 비교하는 과정에서 최종 판정이 나지만, 괘상이 어려워서 해석이 안 되면 반대 괘의 성질을 먼저 보고 해석해도 상관은 없을 것이다. 그러나 가급적이면 모든 괘상에 대해 그 자체적으로 해석할 수 있는 능력을 길러야 한다.

이제 괘상을 보자.

☷, 이 괘상에서 윗부분은 ☱으로서 연못·바다·방·테두리·형식·여자·보호·고향 등을 나타낸다. ☵에서 이와 같은 의미를

이해 못 한다면 처음부터 주역 공부를 잘못한 것이다. ☱을 단순히 연못이라고만 이해한다면 도저히 주역을 이해할 수 없는 사람이다. 이제라도 생각을 고쳐 가야 한다. 자, 가자.

☳은 무슨 뜻인가? 우레이다. 동물로서는 용을 상징한다. 그러나 이것을 독수리라고 해도 상관없다. 높은 건물이나 비행기·탱크 등도 여기에 해당된다. 요컨대 힘센 것을 일컫는다고 보면 되는 것이다.

☳은 어째서 힘이 있는 것일까? 구조를 보자. 양 하나가 음 둘을 감당하고 있다. 눌려 있으면서 애쓰고 있다. 반면 음 두 개는 양을 올라타고 위로 솟구치고 있는 모습이다. 따라서 용이라든가, 탱크·군인·남자·식물과 비교해서 동물·도끼·군대·권력·용기 등을 의미하는 것이다. 다시 말하지만 ☳을 오로지 우레라고 생각한다면 주역 공부는 졸업해야 한다. 우레가 도대체 뭐란 말인가! 용은? 마찬가지이다. 상상의 동물인 용을 가지고서 우주의 무엇을 알 수 있단 말인가?

세상에는 많은 주역 책이 있다. 하지만 지금 공부하는 방식은 아주 다른 것이다. 괘상을 보편적으로 공부하는 방식이다. 이로써 괘상에 대해 자유 자재하고 정밀한 뜻을 깨달을 수 있게 될 것이다.

괘상을 보자.

䷂ 은 용이 연못에서 쉬고 있다. 이것을 달리 말하는 방법도 있는데, 용이 숨어 있는 연못이라고 말해도 된다. 어쨌건 용이 연못에 숨어 있으면 어떻게 되는가? 필경 그 용은 기운이 점점 축적이 될 것이다. 용이 아니라도 상관없다. 집에서 쉬고 있는 사람을 보자.

시간이 지나면 점점 피로가 회복되며 기운이 축적될 것이다. 괘상은 바로 그런 뜻이 있다.

 이런 괘상을 얻은 사람은 뜻밖에 횡재를 하는 수가 있다. 그릇(☲) 속에 보물(☷)이 있으니 그렇지 않겠는가! 시험을 봐도 합격하고, 널리 보호를 받는다. 좋은 부인을 얻고 좋은 집에서 살게 된다. 다만 모든 일이 완만하게 이루어질 뿐이다. 사업이라면 현상 유지가 되는 가운데 끊임없이 발전하는 상태이다. 급격한 변화가 일어나지는 않는다.

 ☶, 이 괘상과 비교해 보라. 이는 산이 갑자기 무너지고, 새로운 일이 발생함을 의미한다. 그러나 ☳는 새로운 일이 발생하는 것은 아니다. 이미 그릇 속에 있는 실질(實質)이 자라고 있을 뿐이다. 이 괘상을 얻은 사람은 자식도 잘 기르고 유산도 있다. 직업으로는 교육자·농사·물고기 양식(특히 좋다)·공무원 등에 아주 적격이다. 여기서 공무원이라고 하는 것은, ☷은 테두리·국가 등을 의미하기 때문이다. 그 안에서 움직이니 공무원이라고 말한 것이다. 물론 거대한 직장도 이에 해당된다.

 마음 속에 자리잡고 있는 추억도 괘상에 부합된다. 마음은 ☵이고 추억은 ☷이다. 반면 신체라는 것은 ☲이고 몸에 나타난 질환은 ☵이 되는 것이다.

 다음 괘로 넘어가자.

 ☶, 이 괘는 무덤을 연상시킨다. 괘상의 이름도 그렇게 되어 있다. 흙이 두툼하게 쌓여서 모양을 이루고 있는 형상이다. ☷이 흙이다. ☷을 불이라고만 고집하는 사람은 역시 주역을 졸업해야 한다.

☷은 밝음·아름다움을 뜻한다. ☵은 단정한 자세, 속으로 아픔이
나 인격 등을 갖추고 겉으로 단정한 모습이다. 깨끗한 정장을 한
상태이다. 인생도 그렇다. 이 괘상을 얻으면 넉넉하게 살게 된다.
건강 상태도 아주 좋다. 가정이나 단체·국가 등은 기반이 튼튼한
모습이다.

☶과 비교해 보라. 이 괘상은 결핍을 의미하고 있다. 그러나
☶은 풍요한 상태이다. 서로 정확히 대비를 이루고 있다. 병에 걸
린 사람이 ☶을 얻으면 병이 오래 간다. 특히 암에 걸린 사람이라
면 회복을 기대할 수 없다. ☶은 산이고 ☲은 태양이다. 그러므로
해가 저물고 있는 모습이다. 아름답고 한가하다. 티끌 모아 태산이
라는 식의 저축도 꾸준하고 발전도 꾸준하다. 단지 묘미가 없는 생
활이다. 안정되어 있으나 창조력이 적은 것이다.

질서는 잘 지켜진다. 욕심을 내지 않는 모습이다. 투기 사업이나
술장사에는 부적격이다. 미장원 등의 사업은 아주 좋다. 착실한 직
장인으로 신사이다. 하지만 파격적인 면이 부족해서 다소 융통성이
없다. 부모로부터 물려받은 유산도 있다. 하지만 큰 부자는 되지 못
한다.

연구직보다는 기능직이다. 사랑을 해도 정신적 연애보다는 육체적
연애를 할 타입이다. 침착하고 인내심은 있으나 물질을 아낀다. 물
론 구두쇠는 아니다. 펑펑 쓰지 못한다는 뜻이다. 단단히 안정되어
있으니 그럴 수밖에 없다.

여자가 이런 사람이라면 아내로서 적격이다. 술집 여자라면 이래
서는 안 된다. 임신부가 이런 괘상을 얻으면 딸이다. 잔뜩 불러 있

는 배(☷) 안에 딸(☷)이 있는 것이다. 풍채 좋은 사람도 이에 해당된다.

미술가로서 성공할 수 있다. 그러나 추상보다는 구상 쪽을 택하는 것이 좋다. 자유 자재함보다는 틀에 박힌 일이 맞는다. 거북이처럼 꾸준히 무럭무럭 자라는 형상이다. 이런 인생이라면 안정된 것이겠지만, 영화 내용이 이렇다면 스릴이 없을 것이다. 이런 자의 성격은 원칙주의이기 때문에 남에게 이익도 손해도 끼치지 않을 것이다. 괘상의 뜻은 깨끗하게 단장된 무덤, 즉 봉분에서 유추해 나가는 것이 유용하다.

☷☶ 은 완벽이라는 의미가 있는 괘상이다. 하지만 이 괘상을 얻는다고 해서 완전한 운명이 되는 것은 아니다. 주역은 완벽이란 그 자체도 하나의 결함으로 보는 것이다. 사람은 실수가 좀 있어야 하는 법, 너무 틀에 매인 사람은 매력이 없다.

이제 남은 괘상은 ☰☵이다. 이 괘상은 천수송(天水訟)이라는 이름이 붙어 있는데, 얼핏 이미지가 떠오르지 않는다. 하늘 아래 물이 있는 것이 어째서 소송인가? 이 문제에 대해서는 약간의 부연을 하고 싶다. 필자는 초학 시절 이 괘상 때문에 애를 먹었기 때문이다. 나는 어떠한 괘상도 대체로 그 뜻을 잘 파악했는데, ☰☵ 괘상만큼은 쉽사리 이해가 안 되었던 것이다.

당시 읽었던 책 등에서는 다음과 같은 설명이 있었다.

'하늘은 위에 있고 물은 아래로 향하는 성질이 있어 서로 맞지 않는다. 그래서 싸움을 하는 것이다. 왈, 소송이라는 뜻이다.'

과연 그럴까? 단지 위아래 어찌구만으로는 송(訟)이라는 이름의 필연성을 이해할 수가 없다. 이 기회에 다시 말하지만 괘상의 이름은 추호도 빗나가서는 안 된다. 이름은 괘상의 구조로 인해 필연적으로 정해지기 때문이다.

예를 들어 ䷻은 절(節)이라는 이름이 붙어 있고 그에 맞는 이유가 있다. 이것을 송(訟)이라고 붙이면 절대 안 되는 것이다. 송은 ䷅ 의 이름이다. ䷅에는 송(訟)이 갖는 형상이 포함되어 있는 것이다. 이유는 뭘까?

䷢을 보자. 불은 올라가고 땅은 아래에 있다. 서로 합쳐질 수 없는 모양이다. 이것도 앞의 논리대로 말하면 송이라고 해야 마땅하다. 그러나 ䷢은 진(晉)이라고 명명되어 있다.

䷠, 이 괘상을 보자. 산이 아래 있고 하늘이 위에 있다. 산이 하늘을 쫓아가겠는가? 이 괘상은 '숨는다', '피한다'의 뜻이 있다. 상하의 논리로 하면 송이라고 해도 될 텐데 말이다. 그러나 ䷅, 이 괘상만이 송이 되어야 한다. 이유는? 잘 모르면 할 수 없이 반대의 괘상을 참조할 수밖에 없다. 필자도 처음엔 그렇게 했었다. 나중에 ䷠ 괘상을 독립적으로 이해하여 오히려 ䷅을 이해하는 데 도움을 주었다.

그건 그렇고, ䷣의 뜻은 무엇인가? 어두움이다. 밝음이 침몰되어 있는 것이다. 그렇다면 ䷌은 밝음이 되어야 한다. 어두움이 사라져야 하는 것이다.

그런데 하늘 아래 물이 있는 것이 어찌 밝음이냐? 쉽게 납득이 가지 않는다. 그러나 논리적으로 보면 ䷅은 반드시 밝음을 나타내는 것이어야 한다. ䷣의 반대이기 때문이다.

그렇다면 문제는 간단하다. 논리가 그렇다면 그렇게 받아들여야 한다. 우리의 느낌이 받아들이지 못하는 것은 느낌 자체가 잘못된 것이니 바꿔야 한다. 주역뿐만이 아니라 세상을 살다 보면 이런 일은 흔하다. 논리적으로는 뻔한데 느낌이 따르지 못하는 것이다.

이럴 경우 냉정하게 이성(理性)에 따라야 한다. 그것을 깨끗하고 용감하다고 하는 것이다. 진리를 추구하는 사람은 솔직하고(깨끗하고) 용기가 있어야 한다.

자, 괘상을 보자. ☵은 무엇인가? 물이다. 꼭 물인가? 안개나 구름도 ☵이다. 밀림 속도 ☵이다. 어린아이의 행동도 ☵이다. 무질서도 ☵이다. 어두움도 ☵인 것이다. ☵에서 물 외에 다른 것을 보지 못하면 주역 공부를 끝낼 수밖에 없다.

☵을 물이라고 보지 말고 물 같은 것, ☲은 불 같은 것이라고 봐야 한다. ☰은 아버지인바, 어째서 아버지가 하늘이냐? 하늘 같은 존재인 것이다. ☱은 주머니·상자·집·방·연못·바다이다. ☷은 혼돈과 어두움이다. 어두움은 어디로 사라지는가? 그리고 안개는 어디로 사라지는가? 안개는 땅으로 사라지는 법이다. 안개가 사라지고 나면 밝은 하늘이 된다. 혼돈이 사라지면 질서가 온다. 사필귀정인 것이다. 재판이 끝나면? 판가름이 난다. 의혹이 사라지고 깨끗이 정리가 되는 것이다. 재판이 시작되면 아직은 혼돈인 것이다. 끝나면 밝아진다.

䷅은 소송을 상징하지만, 정의가 승리하는 것을 보여 주고 있는 것이다. 부당한 소송은 패하게 된다. 인간 사회란 정당해도 패할 수 있고 부당해도 승리할 수 있는 법이다. 그러나 ䷅은 정당한 것이 승리한다는 것을 보여 준다.

물은 하늘을 절대 이길 수 없다. 이 괘상은 운동 경기의 경우 실수 없이 실력대로 이긴다. 이 괘상은 오해가 풀린다는 뜻이 있다. ☵은 오해인 것이다. ☰은 풀리는 뜻이 아닌가!

옛말에 '오르지 못할 나무는 쳐다보지도 말라'는 얘기가 있는데, 이 괘상은 그것을 가르치고 있다. ☰은 높은 나무이고, ☵은 그것을 쳐다보고 있는 사람이다. 또한 ䷅은 포기를 상징하는데, 그로써 탈이 생기지 않는다.

이 정도로 괘상의 설명을 마치자. 사대 안괘라든가 사대 난괘 등 제목이 중요한 것이 아니다. 괘상을 터득하는 하나의 방법을 터득해야 할 뿐이다.

이제껏 괘상을 보는 방법을 예를 들어 가며 설명했는데, 많은 도움이 되었을 줄 믿는다. 그러나 아쉬움이 남는다. 지금까지 설명한 방식은 꿈 해몽하듯 다분히 사변적이었다. 이런 방식으로 괘상을 완전히 이해할 수 있을까?

☷은 어두움이라고 이해하면 만족한가? ䷂은 떠오르는 태양 정도로 만족한가? 모양을 보면 분명 그렇다. 그렇다면 다른 설명은 없는가? 있다. 그것이 수리 논리이다. 앞의 방식은 서술적 혹은 즉흥적이었다. 물론 이것은 필요하다. 소금에 대해 짜다는 말을 해놓고 무엇을 더 설명하랴! 그러나 NaCl이 소금이라는 것도 알아야 한다. Na는 + 성질을 가진 원소, Cl은 − 성질을 가진 원소, 값은 각각 1씩이다.

소금에 대해 이렇게 원자론적으로 설명하면 어떤가? 짜다는 설명

은 또한 어떤가? 두 가지 방식에 일장 일단이 있다. 다만 원자론은
사물의 극의(極義)를 깨닫는 데 절대적이다. 생활상에서는 '소금은
짜다'는 식이 유용할 것이다. 주역은 두 가지 방식을 모두 이용해야
만 한다.

이쯤에서 다시 수리의 세계로 가 보자.

우리는 앞서 군주괘의 수리(數理)를 살펴보았다.

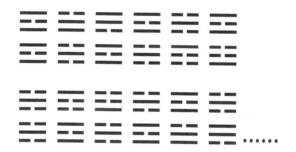

이것은 우리가 C군이라고 명명했던 괘열이다. 이것을 수열로 나
타내면 다음과 같다.

27 -19 23 -21 -43 11 -27 19 -23 21 43 -11

또 다른 괘열을 보자.

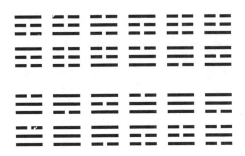

이 괘열은 F군이라 명명한 것으로, 수치로 나타내면 다음과 같이 된다.

-45 -55 5 35 -15 25 45 55 -5 -35 15 -25

이어 D 군은,

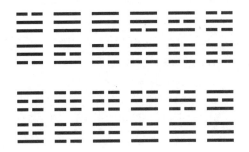

이것을 수치로 나타내면,

-3 31 -17 -41 -53 -59 3 -31 17 41 53 59

이 된다.

그리고 L 군은,

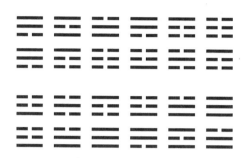

이를 수치로 나타내면,

$$-9 \quad -37 \quad -51 \quad 7 \quad -29 \quad -47 \quad 9 \quad 37 \quad 51 \quad -7 \quad 29 \quad 47$$

이 된다.

이제 이 모든 것의 규칙을 얘기해 보자. E군, 즉 군주괘열과 H군, 즉 소순환군(小循環群)은 이미 검토해 보았다. 이들은 앞의 것에 $\frac{1}{2}$ 씩으로 만들어지는 수열이었다. 그것은 65라는 mod를 사용했던 것으로, 65는 0과 뜻이 같고, 바로 태극의 숫자였다.

잡괘군 4개도 태극 숫자를 사용하여 살펴보면 어김없이 $\frac{1}{2}$ 씩으로 연결되는 수열이 전개된다. 결국 순환군 6개는 같은 규칙에 의해 전개되는 것이다. 마땅히 그래야 된다. 군주괘라는 것은 겉보기엔 특별하지만 그 전개 법칙은 다른 괘열과 같다.

이상과 같이 해서 우리는 모든 괘에 대한 수치를 정했고, 그들은 순환군 6개로 나누었을 때 각 순환군은 일정한 법칙이 있음을 보았다. 바로 법칙이 있기 때문에 순환군은 나눌 필요가 있었던 것이다. 법칙이 없는 체계는 체계도 아닐뿐더러 인간이 일부러 나눌 필요도 없다. 이제 모든 괘가 소속별로 나누어지고, 그 소속 내에서도 일정한 역할(수치)이 정해졌으므로, 우리는 괘상에 대해 상당한 것을 알 수 있게 되었다.

이 점은 아주 중요하다. 우리는 어떤 괘, 예를 들어 ☷☱에 대해 용이 호수에 산다느니, 집에서 휴식을 취한다느니, 마음 속에 추억이 있다는 등의 식으로 해석해 왔다. 그러나 지금은 이 괘에 대해 H군에 속한 괘상으로서 값이 13이라고 얘기할 수 있게 되었다. 어떤 것이 알기 쉬운가? 물론 일상 생활의 용어로 해석한 용·휴식 등이 한층 더 알기 쉬울 것이다. 그러나 언어란 원래 모호하고, 끊고 맺어지는 것이 없다. 설명은 얼마든지 이어나갈 수 있는 것이다.

국어 사전이 그렇게 되어 있거니와, 그런 식으로는 사물의 극의(極意)를 깨달을 수가 없다. 예를 들어 술이라는 사물을 보자. 이것은 한문으로는 주(酒)이고, 의학상의 용어로는 알코올이라고 한다. 우리는 알코올·술·주(酒) 등에서 무엇을 알 수 있는가? 이러한 표현들은 약속된 사용법들이다. 그것으로 우리는 술에 대한 극의를 알 수가 없다.

술은 화학에서 $CH_3\ CH_2\ OH$로 표현한다. 이것은 그 구성을 보여 주고 또한 기능을 보여 주는 것이다. 괘상도 그렇게 이해해야 한다. 아직 우리는 H군 39 등이 익숙하지 않고, 그것이 무엇을 뜻하는지 모른다. 그러나 괘상들끼리의 정성(定性)·정량(定量)을 명확히 함으로써 그들의 성격 지도(性格地圖)가 만들어진 것이다. 일단 우리는 괘상들이 갖는 법칙들을 발견하고, 그것에서 그들의 성질을 더욱 실감해야 한다. 언어적 해석은 그러한 바탕 위에 더욱 광범해지고 확고해질 것이다.

앞으로 가 보자. 지금 우리는 주역의 괘상 64개와 태극 1개를 모두 수치화하였고, 그들의 소속을 결정하였다. 이런 것을 분류라 하거니와, 사물은 분류를 통해서 차츰 질서가 발견되는 법이다. 분류란 계통과 성질 등으로 이루어지는 것인데, 모든 학문에서 가장 기본적인 방법이다.

예를 들어 동식물학에서도 분류가 최우선적으로 이루어진다. 화학도 원소 분류에서 시작된다. 국가의 기능도 각 부서가 나누어지는 데서 시작되고, 국토도 경상도・충청도・강원도・서울 등으로 나누어지면서 전체의 모습이 확연해지는 법이다.

이제 분류된 주역 괘상의 성격을 더욱 철저히 규명해 보자. 우선 모든 괘들을 순서대로 나열해 보자. 여기서 순서라고 하는 것은 인간이 이해하기 쉬운 순서이다. 그것은 크기 순으로 정렬시키는 방법이다.

0, 이것은 태극 숫자로 제일 먼저 써야 할 것이다. 그 다음 1, 2, 3, 4, 5 등으로 나열하자.

0 : 태극

1은 ☷ .

2는? 2라는 괘상은 없다. 그러나 65가 mod면 2는 -63이 된다. 즉, 2 = -63(mod 65)이다.

-63은? 이는 ䷗이다. 따라서 ䷗ 다음은 ䷗ -63이다

이어 3을 보자. 이것은 ䷗ 그냥 3이다.

4는? → -61 → ䷗이다.

이런 방식으로 계속해서 써 보자.

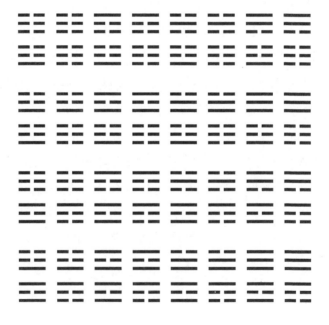

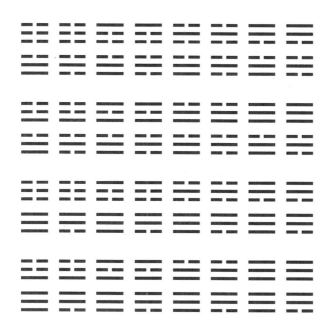

이상의 괘열은 1로 시작해서 **64**까지 연속적으로 전개되고 있다. 상당히 긴 행렬이다. 이것을 외울 필요는 없다. 그저 한 번 확인해 보고 지나가면 그만이다. 괘열이 숫자의 크기 순으로 나열되어 있어도 이것으로 괘상을 비교·이해하는 데는 그리 도움이 되지 못한다. 괘열은 들쭉날쭉되어 있다. 양의 괘상과 음의 괘상이 교대로 나타나기 때문이다.

정히 괘상을 수치 비교 방식으로 이해하고자 한다면 1, 3, 5, 7, 9, 11……. 이런 방식으로 전개시키면 된다. 그러나 이 방식도 별 소득이 없다. 사물은 비교한다고 해서 무조건 이해되는 것이 아니다. 토끼와 개구리를 비교해서 무엇을 알 수 있는가? 원숭이와 사람, 혹은 고양이와 호랑이 등은 무엇인가를 느끼게 한다. 주역의 괘상도 서로 비교할 만한 것과 비교를 해야 한다. 현재 우리가 나아가는 방향이 그것이다.

이제 1~64까지 나열된 모든 괘를 정렬시켜 보자. 괘상을 일일이 쓰는 것은 시간이 걸리므로 간단히 숫자만 쓰자.

$$
\begin{array}{ccccccccccccc}
1 & 2 & 3 & 4 & 5 & 6 & 7 & 8 & 9 & 10 & 11 & 12 & 13 \\
14 & 15 & 16 & 17 & 18 & 19 & 20 & 21 & 22 & 23 & 24 & 25 & 26 \\
27 & 28 & 29 & 30 & 31 & 32 & 33 & 34 & 35 & 36 & 37 & 38 & 39 \\
40 & 41 & 42 & 43 & 44 & 45 & 46 & 47 & 48 & 49 & 50 & 51 & 52 \\
53 & 54 & 55 & 56 & 57 & 58 & 59 & 60 & 61 & 62 & 63 & 64 & 65
\end{array}
$$

어떻게 배열시켰는가? 13개씩 나열되어 있다. 그리고 65는 맨 나중에 배열한 것으로, 태극을 나타낸다. 물론 65는 0과 같은 것으로, 태극을 처음에 놓는 방식으로 다시 쓸 수 있다. 다시 써 보자.

$$
\begin{array}{ccccccccccccc}
0 & 1 & 2 & 3 & 4 & 5 & 6 & 7 & 8 & 9 & 10 & 11 & 12 \\
13 & 14 & 15 & 16 & 17 & 18 & 19 & 20 & 21 & 22 & 23 & 24 & 25 \\
26 & 27 & 28 & 29 & 30 & 31 & 32 & 33 & 34 & 35 & 36 & 37 & 38 \\
39 & 40 & 41 & 42 & 43 & 44 & 45 & 46 & 47 & 48 & 49 & 50 & 51 \\
52 & 53 & 54 & 55 & 56 & 57 & 58 & 59 & 60 & 61 & 62 & 63 & 64
\end{array}
$$

이 행렬은 태극을 맨 앞에 배치했다. 태극이란 모든 것의 처음이고, 또는 모든 것의 마지막이다. 이 문제는 나중에 또 다루겠지만, 여기서는 행렬의 모양만 신경 쓰자.

무엇이 보이는가? 아무것도 보이지 않을 것이다. 그럴 수밖에 없다. 행렬은 0~64, 또는 1~65를 13×5로 배열한 것이다. 이것에서 무엇을 알 수 있단 말인가!

이제 이 숫자가 속한 순환군을 생각해 보자. 순환군은 E, C, H, D, F, L 등 여섯 개이다. 공연히 영어로 쓴 것은 간단히 하기 위함이다. ㄱ, ㄴ, ㄷ, ㄹ로 써도 좋고, 갑돌이·순이 등으로 써도 무방하다. 이들의 소속을 보자.

1은? (☷)로, E군에 속한다.
2는? (☷)로, 역시 E군이다.
3은? D군이다.

이런 식으로 모두를 써 보자. 그러면 행렬은 다음과 같이 된다.

$$0\ E\ E\ D\ E\ F\ D\ L\ E\ L\ F\ C\ D$$
$$H\ L\ F\ E\ D\ L\ L\ F\ C\ C\ C\ D\ F$$
$$H\ C\ C\ L\ F\ D\ E\ E\ D\ F\ L\ L\ C$$
$$H\ F\ L\ C\ C\ C\ F\ C\ L\ D\ E\ F\ L$$
$$H\ D\ D\ F\ L\ E\ C\ D\ F\ E\ D\ E\ E$$

이상이 괘의 소속을 나열한 것이다. 상당히 복잡하다. 무엇이 보이는가?

우선 세로 첫번째 줄을 보자. O H H H H로 되어 있다. O은 태극으로, 융통성이 많은 괘상(?)이다. H군은 13의 배수로 되어 있고, 태극도 역시 13의 배수이다. 같은 소속이라고 해도 좋으리라. 이렇게 보면 첫번째 줄은 모두 H군이다.

두 번째 세로 줄을 보자. E L C F D로 되어 있는데, H를 제외한 모든 군이 골고루 있다. 즉, 군이 한 번씩 나타나고 있는 것이다. 다음 줄도 마찬가지이다. 이어 모든 줄이 각 군이 일정하게 배치되어 있는 것을 볼 수 있다. 부분을 보면 불규칙해 보이지만 총체적으로 보면 각 군이 오로지 한 번씩 출현하여 골고루 나타난다는 것이다.

신기하지 않은가! 필자는 3년 내내 신기해했다. 우리는 괘상에 대해 가로로 배열했을 뿐이다. 그것은 단순하게 1씩 증가하는 수열이었다. 그런데 이렇게 해놓고 보니 세로에 규칙성이 나타났다. 규칙성은 모든 세로줄에 나타났거니와, 특히 H군의 성질이 일목 요연하게 등장한 것이다.

우리는 전편에서 H군이 유독 4개의 원소만 갖고 있다는 것에 대해 답답함을 금치 못했었다. 모든 군들이 12개의 원소를 갖는데, 하필 H군은 4개였을까? 이제 우리는 H군이 독특하지만, 총체적으로는 균형 잡힌 규칙성을 갖고 있다는 것을 알았다. 규칙이란 원래 부분적으로 나타나는 것이 아니다. 또한 규칙이란 전체의 의미를 알기 위해 필요한 것이다.

지금 우리는 군들이 규칙적으로 분포하는 것을 알았다. 그러므로 여기서 우리가 알 수 있는 것은 군들이 과연 의미가 있다는 것이다. 또한 군들을 숫자화했던 것도 의미가 드러나고 있다. 얼마나 통쾌한 일인가!

당초 군들은 그들만의 독특한 규칙에 의해 분류되고 추출되었다. 그리고 그러한 행위와 독립해서 수치화 작업도 이루어졌다. 그런데 수치가 군들의 전개 과정을 수리적으로 보여 주고 있는 것이다. 그뿐이 아니다. 수치를 순차적으로 배열한 것뿐인데, 모든 군들이 질서를 잡고 있다.

자연은 총체적인 규칙을 가지고 부분을 제어하고 있는 것이다. 전체에서 벗어난 부분은 있을 수 없다는 뜻이다. 주역의 괘상도 하나를 알기 위해서는 반드시 다른 괘상과 연계해서만 이해할 수 있는 법이다.

주역이 점점 어려워지고 있는가? 아니면 점점 질서가 잡혀 단순해지고 있는가? 이에 대한 느낌은 취향에 따라 달라질 것이다. 다만 필자는 한 가지 방향만 추구할 생각은 없다. 근저(根底)에 수리 논리가 있다면, 그 밖에는 문화적·언어적 논리가 있는 것이다. 주역이 완성되려면 수리 논리 외에도 사변적 논리가 어느 정도 필요하다. 실질과 문화인 것이다.

옛 성인이 말했다. 실질이 문화보다 앞서면 약(弱)하고, 문화가 실질보다 앞서면 야(野)하다고. 주역에 있어서 실질은 수리 논리이다. 문화란 외형적인 느낌이다. 이들은 조화를 이루어야 한다. 이성과 감성, 이 두 가지가 조화를 이루어야 주역은 완성되는 것이다.

玉虛眞經 (7)

高天之圓爲廻 低地之方爲進 然故 天道入動
地道出靜 太平之道始成也

높은 저 하늘이 둥근 것은 되돌아오는 것이고, 낮은 저 땅이 모가 난 것은 나아가는 것이다. 그런 까닭에 하늘의 도가 안에 들어와 움직이고, 땅의 도가 밖에 나가 고요하니, 비로소 크게 고른 도덕이 이루어진다.

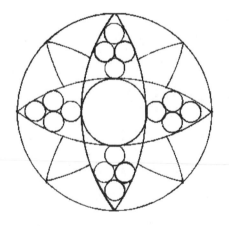

원전 주역의 고찰

　자연의 현상이란 결국 시간의 흐름을 의미한다. 우리는 그것을 괘상으로 표현하는데, 주역의 원전에서도 시간의 흐름을 중시하고 있다. 원전에서는 초효(初爻)에서 상효(上爻) 쪽으로 읽어 나가면 시간이 내재하고 있다는 것을 알 수 있다. 예를 들어 건위천(乾爲天)괘를 보면, 초효인 잠룡물용(潛龍勿用)에서 시작하여 상효인 항룡유회(亢龍有悔)에 이르는 것은 양기의 성장을 용에 비유해서 설명하고 있는 것이다.

　물론 자연의 현상이 건위천괘에서 보는 것처럼 그렇게 단순하지는 않다. 다만 우리가 건위천괘의 설명에서 알 수 있는 것은 상황에 따른 인간의 처신이다. 괘상 속에 전개되어 있는 효라는 것은 바로 시간의 흐름상에 나타나는 상황이거니와, 그 상황은 또한 인간이 그 곳에 처해 있다는 것을 전제로 설명하고 있는 것이다.

즉, 주역의 원전은 인간의 사회성에 바탕을 두고 설명하고 있다는 것이다. 이는 주역의 실용성에 중점을 두고 있다는 뜻이다. 하기야 주역의 원전이 구성된 것은 당초 점례(占例)였다. 물론 후에 성인이 그것을 정리하고 설명을 첨가함으로써 원전은 완성된 경전의 형태가 되었다. 주역의 원전이 오랜 세월을 통해 저작되었다는 것은 이를 말함이다.

그 과정은 일부 알려져 있는데, 상당히 흥미로운 내용을 담고 있다. 그것은 다름 아닌 성인의 출현이다. 당초 괘상의 이름은 전해져 내려오고 있었으나 그것에 설명을 처음 붙인 성인은 문왕이었다. 문왕은 주왕(紂王)에 의해 죽음의 동굴에 7년간이나 갇혀 있었는데, 그 동안 작업을 한 것이다. 괘상은 예나 지금이나 64개이려니와 문왕은 그 모든 괘상을 하나하나 음미하면서 총체적 의미를 기술한 것이다.

그것이 바로 대상(大象)이라는 것인데, 일설에는 문왕이 동굴에 있는 동안 하늘의 계시가 이루어졌다고 한다. 그럴 수도 있으리라. 문왕은 긴긴 세월 동안 동굴에 갇혀 있으면서 주역을 연구했다고 하는데, 이에 감동한 하늘이 그 답을 내려 준 것일까? 그것은 알 길이 없다. 우리는 그저 성인을 통해 글이 전해졌다면 그것을 감사해할 뿐이다.

주역의 설명은 또 다른 성인에 의해 이어지고 있다. 문왕에 이어 주공(周公)은 효에 대한 설명을 붙여 놓았다. 그리고 또다시 나타난 성인은 공자였다. 공자는 문왕과 주공이 설명한 괘사(卦辭)·효사(爻辭)에 재차 해설을 붙였던 것이다.

이로써 주역의 원전은 완성되었거니와, 그것이 오늘날까지 전해져 내려온다는 것은 실로 다행스러운 일이다. 먼 옛날 진시황은 온갖 경전을 태워 씨를 말리고자 했는데, 그런 가운데서도 주역은 살아 남았던 것이다. 일설에는 주역이 점치는 책이라 해서 살아 남았다고 한다. 어쨌건 우리는 지금 그 내용을 접할 수 있다. 다만 아쉬운 것이 하나 있다면, 원전의 글이 너무 오래 된 것이라서 문장 자체가 표현하는 것을 직역하기가 어렵다는 것이다. 주역의 원전에 씌어진 고한문(古漢文)은 오늘날 중국에서도 잊혀진 지 오래이다. 그렇기 때문에 주역 원전의 글을 오늘날의 글로 번역하는 데 있어서도 수많은 견해가 속출하고 있는 것이다. 이는 애석한 일이고, 실로 위험 천만한 일이다. 성인의 글에 대해 인간이 각각 다른 의견을 내고 있다면 과연 어느 것이 성인의 뜻일까?

우리는 원전의 해석에 신중에 신중을 기하여야 한다. 경우에 따라서는 원전의 해석을 자제하는 것도 좋으리라. 왜냐 하면 그 방대한 글을 인간이 해석함에 오류가 없을 수 없고, 또한 오류가 있다면 주역을 이해하는 데 오히려 방해가 될 수 있기 때문이다. 만일 우리가 산길을 가는데 뜻 모를 이정표에 접했다고 하자. 그것을 저 나름대로 해석한다면 얼마나 위험하겠는가! 차라리 이정표가 없느니만 못 할 것이다.

그러나 크게 염려할 것은 없다. 주역의 글은 괘상과 함께 전해져 왔기 때문이다. 괘상이란 만고 불변의 표현이고, 사물의 구조를 곧 이곧대로 보여 주고 있는 것이다. 그것은 결코 설명이 아니다. 보여 줄 뿐이다. 보여진 괘상에 대해 하늘의 계시가 있거나 성인의 설명이 있다고 해도 그것은 2차적인 문제일 뿐이다.

왜냐 하면 괘상은 무한한 뜻을 함유하고 있지만, 계시나 설명은 유한하기 때문이다. 여기서 우리는 괘상 자체와 그에 대한 설명을 음미해 볼 생각이다. 다만 모든 괘상에 대해 그렇게 할 수는 없다. 그것은 오히려 혼란을 가져다 주기 때문이다. 우리는 아주 조심스럽게 접근해야만 할 것이다. 급할 것은 없다. 진리란 하나가 분명해지면 다음 것도 분명해질 수 있는 법이다.

주역은 고작해야 64개의 괘상이고, 괘상은 384개의 효로 이루어져 있을 뿐이다. 공자는 평생을 주역 연구에 몰두했으면서도 수명의 짧음을 한탄했지만, 결국 64개, 384개 이상도 이하도 아니다.

이제 괘상을 살펴보자.

☷☳, 이 괘상은 양의 기운이 최초로 발생한 모습을 보여 주고 있다. 괘상의 이름도 복(復)이라 하여 회복을 의미한다. 군주괘(君主卦)에 속한 이 괘상은 희망을 보여 주고 있다. 하루로 말하면 밤 12시, 이 때부터 새벽을 향해 달리는 것이다. 계절로는 동지(冬至), 이 때는 밤이 제일 긴 날로서 이 때가 지나면 낮의 길이가 늘어나기 시작한다.

☷☳, 이 괘상은 새로운 출발을 극명하게 보여 주고 있다. 이에 대한 해석은 구구할 수 있다. 그러나 내용은 한 가지일 뿐이다. 그리고 우리는 이미 그 모습을 보고 있다. 양의 기운이 근저에서 발생

한 것이다.

이 괘상에 대해 원전의 해설을 보자. 먼저 '象曰 雷在地中 復' 으로 되어 있는바, 이는 문자 그대로 땅 속에 우레가 있는 것이 복(復)이라는 뜻이다. 이어 공자는 이 괘상에 대해 처신할 바를 설명하고 있다.

先王以至日閉關 商旅不行 后不省方.
(선왕은 이 괘상을 보고 동짓날에는 관문을 닫아 장사나 여행을 못 하게 하고 제후들은 지방을 시찰하지 않았다.)

이 무슨 뜻인가? 동짓날에는 양기가 처음으로 돌아온 날이다. 사물로 말하면, 조금 잘될 기미가 보이는 것이다. 병자(病者)로 말하면 차도가 나타나고 있는 모습이다. 이에 대해 군자가 취할 행동은 무엇인가? 그것은 자중(自重)이다. 아직 기운이 충분한 것이 아니므로 자랄 때를 기다리라는 것이다. 조금 될 성싶다고 해서 경거 망동하지 말라는 뜻이다. 이미 발생한 기운을 보존하고 더 성장하도록 조심하라는 것이다.

장사나 여행을 중지시킨 것은 하나의 상징이다. 동짓날이라고 해서 돌아다니지 말라는 법은 없다. 하지만 동지의 뜻, 즉 양의 기운이 새로 발생했다는 것을 축복하고 음미하면서 행동을 자제하라는 것이다. 왕도 이 날만은 돌아다니지 않는다. 세상이 피어나고 있는데 공연히 휘젓고 다닐 필요가 없는 것이다.

우리는 여기서 옛 성인의 신중함을 배울 수 있다. 그러나 지금 막 발생한 양의 기운이 반드시 잘 성장해 나간다는 보장은 없다. 다만 하나의 기운이 이제 막 돋아났으니 그것이 더욱 자라날 것을 기대할 수 있을 뿐이다. 만일 ䷗, 이 괘상에서 양의 기운이 더 자라난 다면 ䷒이 될 것이다. 이는 ䷗이 반드시 ䷒으로 된다는 뜻이 아니라 잘되면 그렇게 된다는 것이고 자중하며 그것을 기다리자는 것이다.

우리는 앞서 군주괘열을 공부한 바 있다. 여기서 ䷗ 괘상 다음에 ䷒이 나오는데, 이는 필연적인 시간의 흐름을 의미하는 것이 아니다. 단지 양의 기운이 제대로 성장해 나간다면 ䷗에서 ䷒으로 발전할 수 있다는 것이다. 우리는 갓 피어난 새싹에서 풍성한 수확을 꿈꿀 수 있고, 새로 입학한 학생이 공부를 잘할 것을 기대할 수 있을 것이다. ䷗은 분명 희망을 주고 있다. 맨 아래에 있는 양이 점점 위로 확장해 나가길 기대해 마지않는 것이다.

여기서 이제 효사(爻辭)를 보자. 괘상 復의 전체 뜻이 아니라 맨 아래에 있는 양에 국한시켜 보자는 뜻이다. 가난한 집안에 누가 취직이라도 하면 그 집안 식구 모두에게 혜택이 간다. 당사자에게는 무슨 뜻이 있을까? 그것은 바로 양인 초효(初爻)인데, 옛 사람은 이에 대해 어떤 해설을 붙여 놓았을까?

이 해설은 주공이 해놓은 것이다. 주공은 공자가 꿈에도 그리워했던 성인이다. 그토록 주공을 좋아했던 이유는, 주공이 괘효사를 저술했기 때문일 것이다.

不遠復. 无祗悔. 元吉.

이것이 초효의 설명인바, 그 뜻은 다음과 같다.

(머지않아 되돌아 온다. 뉘우치는 데 이르지 아니하니 크게 길하다.)

여기서 '머지않아 회복한다'는 것은 양이 아직 미약한 수준이라는 뜻이고, '뉘우치는 데 이르지 않는다'는 것은 자신의 길(양)이 옳기 때문이다. 당연히 크게 길할 것이다.

이상에서 원전의 글을 살펴보았는데, 아주 평범한 내용이다. 독자라면 어떤 글을 붙이겠는가? ䷗, 이 괘상은 의미가 자명한 것이려니와, 문자로 해석함에 있어서는 다양한 표현이 가능할 것이다. 예를 들어 ䷗의 초양(初陽)은 음의 기운에 억눌려 자라날 수 없으니 애당초 포기하라고 말할 수도 있다.

세상 일은 알 수가 없는 법이다. 다만 우리는 ䷗이란 괘상을 새로운 기운이 나타난 것으로 보면 족하다. 미래에 어떻게 되느냐 하는 문제는 아주 신중해야 한다. 괘상은 현재의 상황을 보여 주고 있을 뿐이다. 괘상에서 미래를 예측할 수 있다면 그것은 상당히 깊은 경지이리라.

다른 괘상을 보자.

䷖, 이 괘상은 양 하나가 겨우 남아 있어 위태로운 모습을 보여 주고 있다. 나무에 마지막 남은 과일, 그믐달, 나이 많은 노인, 명예 회장, 오래 된 나무 등……. 이 괘상은 군주괘에 속하는 것으로,

☷ → ☷ → ☷에서 화살표 진행으로 보아 마지막 순간에 와 있다. 그러나 자연의 현상이 반드시 ☷ → ☷, 이렇게 된다는 법은 없다. 단지 그렇게 되기 쉽다라고 보면 되는 것이다. 자연의 실제 현상은 ☷ → ☷, 이런 식으로 될 수도 있을 것이다. 주역은 현재를 정확히 아는 데서부터 시작한다. 미래를 보는 방식은 또 다른 문제이지만, 우선은 현재의 상태를 잘 음미하면 된다.

원전의 설명을 보자.

山附於地剝.

(산이 땅에 붙어 있는 것이 박이다.)

괘의 이름을 설명하고 있다. 산이란 당연히 땅에 붙어 있으려니와, 그것은 땅으로 돌아가려는 성질이 있다. 과학적으로 말하면, 만유 인력에 의해 산은 땅으로 당겨지고 있는 것이다. 그러나 산은 그것에 버텨 굳건히 서 있다. 산의 비유는 또한 조직이나 단체의 모습에 해당된다. 국가나 정부, 또는 회사의 체계 등도 마찬가지인데, 모든 조직이란 아래로 무너지려는 성질이 있다. 이것은 아주 중요한 성질인데, 우리는 주역의 괘상에서 그것을 확인할 수 있다. 정부란 국민 위에 서서 체제를 유지하려는 것이고, 국민은 가급적 국가 조직을 허물어 내리고자 하는 것이다.

조직 체계를 유지하려는 윗사람은 항상 아랫사람의 도전에 직면하고 있다는 것을 보여 주고 있다. 이것은 어떤 이유가 있어서가 아니다. 자연의 성질은 조직 체계를 붕괴시키려는 힘이 작용한다.

그것을 '엔트로피 증대의 법칙'이라고 하는바, 자연계는 혼란을 좋아한다. 어린아이들이 어른의 통제에서 벗어나려 하고, 국민은 정부의 규제에서 벗어나려고 하는 것이다. 우리는 괘상 '☶☷'에서 정부의 성립을 생각할 수 있다. 공자는 이에 대해 다음과 같이 말하였다.

上 以 厚下 安宅
(윗사람은 이 괘상을 보고 아래를 후하게 하며 집을 편안하게 한다.)

여기서 윗사람이란 지도자·군자 등이라고 보면 된다. 대개 군자라는 말을 많이 쓰는데, 상(上)이라고 쓴 것은 상하 체계를 강조한 것이다. 공자는 '☶☷'이 괘상의 위태로움에 대해 처방을 내려주었다. 그것은 아래를 튼튼하게 하라는 것이다. 평범하고도 당연하다. 아래쪽으로 무너지려 하는 것이니 그 외에 무슨 방법이 있으랴. 땅 위의 산, 국민 위의 정부, 이것은 언제나 아래쪽을 살피라고 경고하고 있는 모습이다. 정부는 언제나 백성을 보살펴야 하는 것이다. 백성이 부유하고 편안하면 국가와 정부도 튼튼해질 수밖에 없다.

효사를 보자.

'☶☷'. 이 괘상의 맨 위에 위치한 양은 고독하고 위태로워 보이는데, 어떠한 설명을 붙였을까?

碩果不食. 君子得輿 小人剝廬.
(큰 열매를 먹지 못한다. 군자는 수레를 얻고 소인은 집이 헐린다.)

마지막 남은 큰 열매는 씨앗으로 써야 할 것이다. 윗사람이 덕을 잃지 않고 있으면 그것을 아래에 보급할 수 있다. '군자득려'란 상양(上陽)이 끝까지 버텨 아래의 음을 장악할 수 있다는 것이고, '소인박려'는 아래에 있는 소인(음)이 자신들의 보호자(양)을 제거한다는 뜻이다.

음이 이길까, 양이 이길까? 군주괘의 흐름을 생각한다면, 하나 남은 양은 부지할 수 없을 것이다. 그러나 실제 세상에서 볼 때 유능한 인재라면 아래로 주저앉는 조직을 재건할 수 있을 것이다. 물론 양이 승리할 것이라는 기대가 함축되어 있다. 주역 원전은 이러한 방향으로 전개되어 있는 것이다.

'☷'의 하양(下陽)이나 '☶'의 상양(上陽)은 모두 승리하여 발전한다고 설명한다. 이는 '같은 값이면 양이 승리한다'는 옛날 중국의 사회 통념을 보여 주고 있다. 이러한 사상은 자연 현상의 진리는 아니다. 그저 인간의 기대를 포함한 사회 정서일 뿐이다.

무심한 자연계에서 보면 ☳ → ☷, 혹은 ☶ → ☷은 이유가 없는 것이다. 양을 음보다 가치 있게 보는 것은 인간적인 관점이지 자연적 관점이 아니다. 자연은 음양의 차별이 있을 수 없다. 이를 과학에서는 대칭적이라고 말하거니와, 태극의 원리가 바로 그것이다.

따라서 괘상의 시간적 변화는 음양이 평등하다. 즉, ☷ → ☳, 또는 ☷ → ☶ 등으로 나타날 수 있는 것이다. 물론 ☳이란 괘상이 반드시 ☷이나 ☷ 등으로만 변화하는 것은 아니다. 이것은 ☷ → ☷이나 ☷ → ☷ 등 아주 다양하게 변화할 수 있는 것이다. 단

지 우리는 괘상의 변화를 조직적으로 이해하기 위해 괘열을 상정시
킨 것이다.

괘열은 괘상의 시간적 변화를 이상화(理想化)한 것인데, 이로써
괘상의 단계적 차이를 이해할 수 있는 것이다. 고전 주역도 미래를
단계적 변화로 상정했을 뿐이다. 단지 주역 원전은 양을 우선 앞세
웠다는 것이 특징이다.

하지만 자연계는 물론 그렇게 생기지 않았다. 따라서 우리는 원전
주역을 읽을 때, 양(陽) 우선주의를 감안해야 한다. 주역 원전은 사
물의 변화 중 절반만 설명하고 있는 것이다.

한 가지 극명한 예를 보자. 괘상 ䷓은 양이 위태로워 다음 단계
로 ䷖로 변화할 것이 예측되는 상황이다. 군주괘열은 그러한 예측
을 점진적으로 표현한 것이다. 그런데 원전 주역에서는 ䷖이 ䷁로
변화하는 것을 상정하지 않고, ䷖의 상양(上陽)이 어떻게 해서든 살
아 남는 것으로 표현하고 있는 것이다. 만일 주역 원전이 평등한
관점을 취한다면 ☳ 괘상도 상음(上陰)이 승리해야 할 것이다. 즉
☳ → ☳, ䷖ → ䷁이다.

그러나 주역 원전에 보면 '음은 양에게 지는 것'으로 설명하고 있
다. 따라서 ☳ → ☳이 되는 것이다. 단지 ䷖ → ䷁, 이것은 상
정하지 않는다. 음이 이겼기 때문이다.

우리는 자연계나 천체 운행이 음양을 차별하지 않는다는 것을 잘
알고 있다. 그래서 주역 원전을 읽을 때 양 우선주의로 빠지지 않
도록 주의해야 한다.

괘상을 보자. ☳는 ䷖과 정반대의 괘상으로 양이 가득 차 오르

기 직전이다. 원전에는 다음과 같은 설명이 붙어 있다.

澤上於天夬. 君子以施祿及下 居德則忌.
(연못이 하늘 위에 올라가 있는 것이 쾌이다. 군자는 이 괘상을 보고
녹을 아래에 미치도록 하며 덕 쌓기를 삼간다.)

연못이란 낮은 곳에 있어야 하거늘 하늘 위에 있으니 얼마나 위
태로운가! 또한 물이란 아래로 흘러가야 하는 것인데, 하늘에 모여
있으니 얼마나 모순인가! 나라의 녹은 백성에게 베풀어져야 하는
것이다. 괘상은 국가의 녹이 높게 있어서 백성에게 돌아가지 않는
것을 비유하고 있다. 또한 ☰는 음이 너무 높게 올라선 것이니 부
덕한 것이다. 삼가라는 것은 몸을 낮추라는 뜻이다.

효사를 보자.

无號. 終有凶.
(큰 소리로 외치지 말라. 마침내 흉하다.)

☰의 상음(上陰)은 너무 높은 곳에 있기 때문에 결코 오래 갈 수
가 없다. 오늘날 북한의 김정일과 같은 상황이다. 그는 바로 ☰의
상음과 같은데, 다만 국민이 약할 뿐이다. 여기서 양 5개는 국민의
양심, 사회 정의라고 해두자. ☰는 양이 이겨 ☰, 이처럼 맑은 천
지가 될 것이 기대되는 상황이다.

그러나 ☷ → ☶, 이렇게 될 수도 있는 것이 자연 사물이다. 우리는 다만 정의(양)가 승리한다는 관점에서 괘상을 바라보자. 원전도 그렇게 되어 있다. 그러나 ☶는 어디로든지 변해 갈 수 있다. 만일 우리 자신이 ☶와 같은 상황에 있다면 공자의 처방을 유념해야 한다.

'居德則忌, 즉 덕에 거하여 자중한다. 그렇지 않으면 無呼, 終有凶이 되는 것이다.'

☶의 괘상은 너무나 위태롭다. 하늘 위에 잔뜩 모여 있는 검은 구름, 이는 마침내 떨어질 것이다. 구름은 흉한 종말을 맞이하게 된다. 그러나 하늘은 맑아질 것이다. 단지 하늘의 검은 구름이 너무 오래 떠 있지 않기만을 바랄 뿐이다. 북한의 김정일 정권도 마침내 무너지려니와, 너무 오래 걸리지 않기만 바랄 뿐이다.

괘상 하나만 더 살펴보자.

☴, 이 괘상은 음이 최초로 발생한 모습이다. 군주괘열에 속한 괘상으로, ☶과 정반대인데, 절기로는 하지(夏至)를 나타낸다. 하지란 낮의 길이가 제일 긴 날로서 이 날부터 밤이 점차 길어지기 시작한다. 사물로 보면 극양(極陽)에서 음이 생긴 것이니 돌연한 변화이다. 인간 사회로 말하면, 잘 나아가던 사회에 불온한 기운이 출현한 것으로 볼 수 있다.

이에 대해 주역 원전은 다음과 같이 설명하고 있다.

天下有風姤, 后以施命 誥四方
[하늘 아래 바람이 있는 것이 구(姤)이다. 후(王)은 이 괘상을 보고 명

을 내려 사방에 고한다.]

이 괘상은 사악한 기운(음)이 나타난 것에 대해 경계를 하고 있다. 왕은 미리 명을 내려 경고와 함께 백성을 교화하고 있는 모습이다. 우리의 사회에 있어 불순한 기운이 나타나면 정부는 성명을 발표하여 경고하고, 국민의 자중을 호소한다. 회사라면 사원들의 동요를 막기 위해 사장은 담화를 발표하고 사원들을 위로한다.

초효를 보자.

繫于金柅. 貞吉. 有攸往 見凶.
(쇠말뚝에 매어여 있다. 마음을 바르고 곧게하면 길하고, 나아가면 흉함을 본다.)

쇠말뚝에 매어 놓는다는 것은 음이 더 이상 자라나지 말도록 경계하는 것이다. '나아가면 흉하다'는 것은, '음이 양에 도전하면 상처를 입는다'는 것을 말하고 있다. 사악한 일은 진작에 발견하여 새싹부터 제거해야 하는 것이다. 그렇게 하지 않으면 음이 자라나 세상을 뒤엎게 된다. 전염병도 크게 퍼지기 전에 미리 방역해야 하는 것이다. 다만 ☳는 음이 이제 막 생겼으니 경계를 하고 크지 못하도록 방지하면 족하다. 그러나 적극적으로 나서야 하는 것이다.

우리는 앞서 ☳에 대해 '자중해야 한다'는 것을 배웠다. 양이 자라나고 있으니 좀더 성숙하도록 기다리는 것이다. 그러나 ☰는 기다려서는 안 된다. 나중에 도끼를 사용해야 일이 생길 것이니 미리 뽑아내야 한다. 나쁜 일을 제거하는 데는 신속해야 한다는 것을 주역 원전은 가르치고 있다.

다만 ☰를 해석함에 있어 나쁜 쪽으로만 봐서는 안 된다. 나라에 나쁜 일이 발생하는 모습이 ☰이지만, 가뭄에 비 올 징조를 보이는 것도 이 괘상이다. 군자는 이 괘상을 보고 기우제를 지내야 할 것이다. 괘상이란 무심히 스스로의 뜻을 함유하고 있을 뿐이다. 이를 인간 세상에 적용했을 때 길흉이 발생하는 것이다.

☰, 이 괘상은 사회에 데모나 파업 등을 경계하는 괘상이지만 '딸을 얻는다'는 뜻도 있다. 남자만 있는 집에서 딸을 얻으면 길한 일이 아니겠는가! 단지 남자만 있는 곳에 여자가 나타나면 지나치게 행세할 우려가 있어 경계를 늦추지 말아야 할 것이다. 그래서 원전에서 ☰를 여장부로 표현했고, 이런 여자를 취하지 말라고 했다. 성인의 배려에 감사할 뿐이다.

다만 우리는 주역의 괘상을 한쪽으로만 치우쳐서 해석하면 안 된다는 것을 알아야 한다. 옛 사람들은 ☰를 가뭄에 비 올 징조로 해석하지 않고, 굳이 나쁜 일의 발생을 경계하는 데 사용했다. 음을 나쁘게 보는 당시 사회를 반영한 것이리라. 하지만 우리는 ☰의 뜻을 정확히 알아야 하는바, 돌연 음이 발생했다는 것은 상황이 역전되기 시작했다는 뜻이다.

이에 대해 인간사로 해석할 때는 여러 가지 경우가 있을 수 있다. 음이 발생했다고 해서 반드시 흉한 것은 아니다. 원전은 음이 발생해서 흉한 일을 예로 들었을 뿐이다.

당연히 음이 나타나서 좋은 일을 예로 들 수도 있었다. 우리는 하나의 예를 보고 그 이면을 생각할 줄 알아야 한다. 이상에서 주역 원전의 구성을 살펴보았는데, 문장 자체가 너무 오래 된 글이라서 그 뜻이 여간 조심스러운 게 아니다. 다만 괘상이 자명하기 때문에 그에 준해서 문장을 해석했을 뿐이다. 우리의 바람이 있다면 성인이 다시 나타나서 괘상을 한글로 설명해 주었으면 하는 것이다. 그리 되면 괘상을 이해하는 데 큰 도움이 될 것이다. 문제는 괘상 그 자체이다. 괘상의 해석 방법은 예를 든 사물에 따라서 다양해질 수 있다. 우리가 반드시 알아야 할 것은 음양을 평등히 보는 관점에서 괘상을 바라봐야 한다는 것이다. 그러한 면에서 주역의 원전은 다소 아쉬움을 남기고 있다.

玉虛眞經 (8)

玄眞大道太平矣 然故 下擧上 上蓋下 吾亦謂此圓
圓且太平 是以聖人之道

현진(玄眞)의 큰 도는 크게 고른 것이다. 그런 까닭에 아래에 있는 것이 위에 있는 것의 받음 바 되는 것이요, 위에 있는 것이 아래 있는 것의 덮음 바 되는 것이다. 나는 이것을 둥글다고 말한다. 둥글고 크게 고른 것, 이것이 성인(聖人)의 도인 것이다.

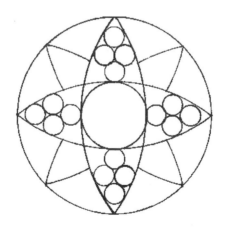

음양은 평등한가?

앞장에서 필자는 음양의 평등성을 제기했다. 이는 물론 역할의 평등성을 얘기한 것이다. 나라의 대통령이 여자가 되어야 한다거나, 가장(家長)이 여자가 되어야 한다는 것을 의미하는 것은 아니다. 어디까지나 음과 양의 존재 가치를 말한 것이다.

그렇다면 사회에 있어서 음과 양은 과연 평등해야 하는가? 그리고 평등이라면 무엇을 의미하는가? 예를 들어 일부 다처제는 남자의 우월성을 보이고 있다. 이는 옳은가? 옛날 우리 나라에서는 일처 다부제도가 있었다. 이는 옳은가? 오늘날에는 세계 여러 나라가 일부 일처제도를 옹호하고 있다. 이는 남녀 평등을 의미하는 것인데, 그렇다면 이러한 평등 사상이 사회 계층에까지 확산되어야 하는가?

인간이 사는 사회는 도덕 윤리를 포함하여 많은 원칙이 존재한다.

그러한 원칙은 무엇에 근거해서 만들어진 것일까? 우리는 그에 대해 철저히 파헤쳐야 할 것이다. 주역이란 사물의 이치를 규명하는 것인바, 우리가 사는 사회의 저변 의식을 분석하는 일은 아주 중요하다. 우리는 주역의 관점에서 세상을 바라볼 것이다. 그렇게 함으로써 또한 주역의 이치가 타당한가도 성찰해 볼 수 있다.

우리의 주제는 음양이 평등한가이다. 우선 생물계에서 시작하자. 음양이란 생물계에서는 암수이려니와 이들의 생활을 살펴봄으로써 음양의 자연 작용을 알 수 있다. 음양의 개념을 생물의 암수에서 따왔다는 사상이 있는데, 이는 상당히 무식한 견해이다. 음양이란 세균의 수준에도 존재하지만, 그보다는 물질의 궁극적 구조에 등장하는 것이다. 그리고 덧붙일 것은 주역의 중요 체제인 천지인 삼재도 자연계에 근원적으로 존재한다. 소위 쿼크라는 것이 있는데, 이는 물질의 궁극이려니와, 그것은 삼각 체제를 이루고 있다. 음양, 또는 천지인 삼재 등은 이토록 근원적인 존재인 것이다.

인류는 자연의 모든 곳에 음양이 존재한다는 것을 일찍부터 깨닫고 있었다. 물질이란 무엇인가를 규명하려던 과학자들도 처음부터 음양을 만났던 것이다. 물질의 구조를 보자. 물질은 원자로 이루어졌거니와 이것은 핵과 전자로 구성되어 있다. 전자는 핵을 중심으로 회전하고 있는 극미(極微)의 입자로서 이것이 궤도를 이탈하여 물질계에 나타나면 전기(電氣)라고 말한다. 전기에는 음양이 있다. 그러나 그 전에 원자핵과 전자는 서로 전기적 성질이 반대였던 것이다. 그래서 자연과학자들은 원자핵을 + 전기로, 전자를 - 전기로 명명해 두었다.

이 내용은 재미있다. 어째서 핵을 + 전기라고 했는가? 그것은 실은 남성 우월주의에서 나온 것이다. 핵이란 그 주위에 전자를 거느리고 있는 존재로서 원자의 주인 격이다.

과학자들은 원자의 주인 격인 핵에다가 +를 붙여 놓은 것이다. 물론 핵에다가 −를 붙여 놓아도 하등 문제될 것이 없었다. +−는 인간이 편의상 붙여 놓은 것일 뿐 전기적 우열은 존재하지 않는다. 단지 방향만 반대인 것이다.

우리는 당초 핵에다가 −를 붙여 놓아도 좋았으리라. 원자의 주인이라는 것보다 움직이지 않고 중심에 자리잡고 있으니 마치 가정에 있는 여자 같지 않은가? 반면 전자는 남자처럼 활동적이다. 그런데도 불구하고 과학자들은 전자에 −, 핵에 +를 붙여 놓았다. 이는 분명 남성 우월주의의 발상이다.

이 문제에 대해 처음으로 의문을 가졌던 사람은 아인슈타인이다. 아인슈타인은 과학자로서 자연계는 음양이 평등할 것이라는 사상을 갖고 있었다. 그는 만약 핵의 성질이 −를 띠고 전자가 +적 성질을 띠고 있다고 해도 하나도 이상할 것이 없다고 눈치챈 것이다.

그래서 원자의 두 가지 형태를 가정해 봤다. 한 가지는 오늘날 인류가 발견한 원자 모델로서, 가운데 핵이 + 전기를 띠고 그 둘레에 있는 전자는 − 전기를 띠는 것이다. 또 한 가지 형태는, 반대로 핵이 − 전기를 띠고 바깥을 돌고 있는 전자가 + 전기를 띠고 있는 것이다.

처음 모델은 우리가 물질이라고 하는 것으로, 그 다음 것에 대해 아인슈타인은 반물질이라는 이름을 붙였다. 그것은 물질이 있으니 그 짝인 반물질이 있다고 생각했기 때문이다. 그런데 실제로 그러한 반물질은 발견되었던 것이다. 아인슈타인의 천재성이 입증되었거니와, 그는 음양 평등 사상에서 그러한 이론을 유추할 수 있었다. 그리고 아인슈타인은 그 사상을 주역 공부를 통해 습득했던 것이다.

그는 평생 주역 공부에 매달렸고, 그것에서 음과 양이라는 근본적 요소를 발견한 것이다. 그러나 아인슈타인은 주역에 음양이 있음으로써 물질에도 음양이 있을 것이라고 유추했었지만, 음양의 우월성 문제는 생각해 보지 않았다. 그것은 물질 세계에서는 음양이 평등하다는 것이 자명했기 때문이다.

이제 우리는 생물계를 살펴봐야 하겠다. 인간 사회는 결국 생물계로 귀결하는 것이므로 음양의 역할은 대국적으로 살펴봐야 할 것이다. 인간은 나름대로 특정 가치관과 사상이 존재하겠지만, 이는 생물계의 대원칙과 마땅히 비교되어야 한다.

우선 생물인 물개를 보면, 그들은 많은 암컷을 거느리고 있다. 악어는 그보다 한 술 더 뜬다고 하는데, 이를 음양의 모델로 삼아야 하는가? 벌이나 개미는 인간처럼 사회를 구성하고 사는데, 그들은 암컷이 왕 노릇을 하고 있다. 이는 또한 어찌된 것인가? 원숭이의 경우에는 수컷이 많은 암컷을 거느리고 있는 실정이다.

그렇다면 인간의 원조인 원숭이가 취하고 있는 본능 사회가 인간 사회에도 그대로 적용되어야 하는가? 이는 상당히 어려운 문제로서, 자연계에 널려 있는 생물계의 모델만 가지고는 판단하기에 애매한 점이 있다. 그래서 우리는 좀더 근원적인 내용을 살펴볼 필요가 있는 것이다. 그것은 바로 유전자이다. 더 확실하게 말하면 소위 DN

A라는 것이다. DNA는 모든 생물의 근본 구조를 이루고 있는 것이려니와, 생물이란 DNA 속에 내장되어 있는 음과 양으로 우월성 관계를 살펴보는 일이다. DNA는 생명의 가장 근원에 자리잡은 구조 또는 기능이기 때문에 음양의 성질을 파악하는 데 아주 적당하다. 최근에 이르러 생물학자들은 중대한 발견을 이룩해 놓았다. 그것은 생명의 근저에 음양이 어떻게 작용하고 있는가이다.

먼저 양의 작용을 보자. 이는 생물계에서 수컷이라 하고, 인간의 경우 남성이라고 말한다. 이제부터 살펴볼 것은 남성의 작용이다. 생물학자들은 남성의 유형을 4가지로 분류하였다. 4라는 숫자는 주역을 공부하는 사람에게는 눈이 번쩍할 것이다. 그것은 바로 사상(四象)의 숫자이거니와, 남성의 유형도 그렇게 되어 있다.

생물학자들이 말하는 유형은 첫째로 '문학형'이라고 하는 것인데, 이름이 중요한 것은 아니다. 주역의 사상(四象)으로 보면 순양(＝)이다. 이 유형의 남자는 비밀한 연애를 즐기는 타입이다. 숫자는 상관없다. 비밀만 보장되고 마음에만 들면 얼마든지 여자를 만나는 것이다. 이런 사람은 경제적 능력도 있고 매력도 있다. 그리고 중요한 것은 적극적인 성격이다. 스스로 알아서 여자를 실컷 만나는 것이다. 당연히 이런 사람은 씨를 많이 퍼뜨릴 수 있을 것이다. 가능성이 많다는 뜻이다.

이러한 성격은 어디에서 오는가? 이것이 문제인데, 그것은 최근에 와서 생물학적으로 밝혀졌다. DNA 속에는 수컷에 대하여 여자를 가급적 많이 만나라는 명령이 내재되어 있는 것이다. 인간이 이러한 명령을 거부한다는 것은 불가능하다. 그 명령은 본능 중에서도 가장 강하고 은밀한 명령이기 때문이다. 생물의 수컷은 그 명령을 수행하기 위해 살아가는 것이다. 생에 다른 목적은 없다. 바로 여자를 많이 만나기 위해 존재할 뿐이다.

다음 타입을 보자. 이 사람 역시 DNA의 명령에 의해 살아가는 것인데, '도박형'이라고 이름을 붙여 놓았다. 주역의 사상으로는 소양(==)에 해당된다. 이 남성은 아주 바람둥이이다. 바람을 많이 피운다는 면에서는 앞사람과 비슷한데, 이번 유형은 의리가 없다는 것이다. 체면도 없다. 몰래 바람을 피우지 않고 아무나 상대한다. 자기 부인한테는 일부러 들킨다. 그래서 여자들끼리 싸우면 그것을 바라보며 즐긴다. 그러다가 한 여자가 떨어져 나간다. 부인이 떨어져 나가면 안성맞춤이다. 새 여자를 맞이할 수 있기 때문이다.

이 남성은 새 여자를 맞이하고 나서도 끊임없이 바람을 피운다. 당초 여기저기 여자를 많이 건드려 놨기 때문에 그저 그런 생활을 계속하는 것뿐이다.

이 남성에게는 여자에 관한 한 비밀이 없다. 사랑이라는 것도 필요 없다. 자기를 따르는 여자라면 누구든지 섭렵한다. 싫다는 여자를 잡는 법이 없다. 언제나 새로운 여자를 마구 사귀고 책임도 지지 않는다. 들키거나 여자끼리 싸우면 오히려 좋은 일이다. 그만큼 새 여자가 생길 가능성이 늘어나기 때문이다.

양심이 없는 남성일까? 그렇지 않다. DNA가 시키는 일에 따를 뿐이니 양심이니 도덕이니 하는 것은 문제가 되지 않는다. 이런 남성을 또 다른 말로 '낭비형'이라고 하는데, 여성을 많이 낭비한다는 뜻이다. 물론 이 남자 입장에서는 일(?)을 많이 했다고 자부심을 느

낄지도 모른다.

다음 유형을 보자. 이번 남성은 '공학형'이라는 이름이 붙어 있는데, 주역의 사상으로는 소음(==)에 해당된다. 이 사람은 한마디로 아주 착실한 사람이다. 바람 같은 것은 피우지 않는다. 술집조차 가지 않는다. 여자도 오로지 자기 부인 한 사람뿐이다. 욕심도 없다.

이 남자는 집 안에 들어오면 쓸고 닦고 고치고 만드는 등 살림에 열중한다. 부인이 옆에 와서 애교를 부려도 그것을 의식하지 않는다. "바빠, 저리가." 참으로 훌륭한 일꾼이다. 퇴근만 하면 집에 들어오고 검소한 생활을 하며 자식도 잘 기른다. 모범 남편이라고 할 만한데 단지 흠이 있다면 무드가 없다는 것이다. 여자가 화장을 예쁘게 하거나, 새 옷을 입거나, 미장원엘 다녀오거나 무관심하다. 오로지 집안 살림에만 신경을 쓴다. 여자가 보기에는 재미가 없다. 일꾼하고 사는 것이지, 사랑이니 아름다움이니 하는 인생의 묘미가 없는 것이다. 따라서 여자는 외롭다. 재미없다. 슬프다. 그저 먹기 위해 사는 인생일 뿐이다. 그래서 몰래 바람을 피우기 시작한다. 카바레에 가서 제비를 만나든지, 무드 있는 바람둥이를 만난다. 돈도 펑펑 쓴다. 돈 아껴서 무엇하랴! 인생에 달콤한 재미가 있어야 하지 않겠는가!

여자는 마침내 남자에게 들킨다. 착실한 살림꾼인 남자가 얼마나 관찰력이 예민하겠는가! 여자는 쫓겨난다. 그래도 여자는 후회가 없다. 저런 남자하고 사느니 차라리 거지 같은 남자와 살겠다. 남자는 슬퍼하며 여자를 내보내고 주위의 권유를 받는다, 새 장가 들라고.

결론이 나왔다. 이 남성이 착실한 이유는 여자가 지겨워서 도망가도록 하기 위함이었던 것이다. 바로 DNA의 명령이다, 새 여자를 구하라는. '공학형', 즉 '소음형'의 남자는 여자를 구해도 착실하고 침착한(?) 방법으로 구한다. 제멋대로 사는 것이니 누가 탓하랴! 물론 그 남자는 DNA의 명령에 따르는 것뿐이니 자신이 멋있는지 착실한지 알 길이 없다.

또 다른 유형의 남성을 보자. 이 남성은 '째째형'이라는 이름이 붙어 있고, 주역의 사상으로는 태음(==)형이다. 이 남성의 행태를 보자. 이 남자는 부인을 지극히 사랑한다. 감동적이라고 할 만큼 부인에게 잘해 준다. 여자는 연애 시절부터 행복한 기분에 사로잡힌다. 결혼해서도 처음에는 불만이 없다. 남편이 무드도 있고 사랑도 해 주니 얼마나 좋은가!

그러나 세월이 지나면서 이런 남자에게도 단점이 보이기 시작한다. 흠이란 이 남자가 부인에 대해 지나치도록 사랑한다는 것이다. 그래서 부인을 문 밖에도 나가지 못하게 한다. 남이 채갈까 봐서 그렇다. 집안에 남자 손님이 와도 경계한다. 우체부가 잠깐 왔다 가도 여자를 감추는 것이다. 직장에 가서도 30분마다 한 번씩 집에 전화를 건다. 행여 부인이 어딜 나갔을까 봐.

이 여자는 항상 의심을 받으며 살아간다. 남편은 소위 의처증인 것이다. 부인을 너무 사랑한 나머지 의심을 하는 것이다. 여자는 처음엔 행복한 기분에 살았지만 차츰 지겨워지기 시작한다. 사랑도 귀찮아지고 자유가 그리워지는 것이다.

결국 남편과 이혼할 결심을 하게 된다. 남자는 울며 불며 매달린다. 심지어는 자살까지 하겠다고 야단이다. 웃기는 일이다. 그래도 여자는 남자가 너무 지겨워 잔인하게 버리고 떠나간다. 남자는 비통해한다. 이것도 웃기는 일이다. 뻔히 속이 보이기 때문이다.

세월이 지나면 남자는 다시 결혼한다. 참으로 째째한 남자이다. 그런 식으로 해서 일생에 몇 여자나 얻을 수 있겠는가! 차라리 도박형의 남자가 화끈해서 좋지 않을까? 그것은 알 바 아니다. DNA가 시키는 일이니 인간은 그저 충실히 이행할 뿐이다.

'새로운 여자를 만나라. 그리고 헤어져라. 수단과 방법을 가리지 말고. 그러고 나서 또 여자를 만나라. 영원히 계속하라. 자식한테도 그것을 시켜라.'

이러한 명령은 DNA가 생물 수컷에게 내린 명령이다. 다시 말하면 양(陽)의 명령인 것이다. 이 명령은 우주에서 절대적이다. 우주 생물이든 고등 인류든 아메바든, 수컷은 공통적으로 해당되는 것이다. 모든 생물의 절반은 이러한 명령을 받는다. 생물의 절반이 수컷이기 때문이다.

이는 주역을 공부하는 사람에게는 특히 유의해야 할 내용이다. 천지 자연의 법칙은 곧 음양의 법칙인바, 우리는 생물 속에 내재한 양의 법칙을 살피고 있는 중이다. 양이란 무제한 활동하여 끝없이 많은 음을 수확하는 것을 목표로 살아가는 것이다.

이제 음에 대하여 고찰하자. 음은 우주의 절반인바, 생물의 세계에서도 그와 같은 비중을 차지하고 있다. 생물학자들은 DNA 속에 내재한 암컷의 절대 사명을 규명했다. 그것은 남성과는 아주 상반되는 것이었다. 여성은 한 남성을 포획하면 그 순간 모든 것을 포기하고, 오로지 그 남자를 지키라는 명령을 받은 것이다. 다만 남자를 받아들이기 전에 그놈이 똑똑한 놈인가를 세심히 살펴야 한다. 그래서 일단 합격한 놈이라면 그놈만 결사적으로 지키면 된다. 아예 남성 모집 광고는 마감하고 한 놈만 챙기는 것이다. 그러기 위해서 여성은 고생을 많이 한다. 남자는 무턱대고 여자에게 달려드니 그것을 우선 경계해야 하는 것이다.

DNA의 명령에는 그것이 포함되어 있다.

'달려드는 남자를 조심해라. 남자는 다 도둑놈이다. 그러나 한번 잡아들인 남자는 그를 절대적으로 보호하라. 다른 여자를 넘보면 눈을 가리고, 또한 다른 여자가 내 남자를 넘보면 그 계집을 없애 버려라. 남자는 바람둥이이니 경계를 늦추지 말라.'

이것이 여성의 생명 법칙이다. 여성에게도 여러 가지 유형이 있을 것이다. 남자를 붙잡아 놓기 위해 애교를 부린다거나, 눈물을 흘려 동정심을 유발한다거나, 돈으로 유혹하든, 육탄 돌격을 하든, 질투를 유발시키든 방법은 많다. 당초 여성의 전략은 남성의 전략에 대항하기 위해 만들어진 것이다. 어떤 전략이 더 나은 것인지는 모른다. DNA는 최선의 방법이란 것을 남녀에게 각각 명령한 것이다.

여기서 잠시 DNA의 입장을 생각해 보자. DNA는 음에게도 양에게도 속하지 않는다. 남성에게는 남성 전략을 주고 여성에게는 여성 전략을 줬을 뿐이다. 부모의 입장을 보자. 이는 DNA의 입장과 완전히 동일하다. 부모는 자식에게 DNA를 공급한다. 그리하여 남녀 공히 대등한 가치를 부여하는 것이다.

아들 가진 부모를 보자. 아들이 결혼하여 며느리를 얻는다고 하

자. 우선 맞선을 보게 되겠는데, 그 때는 며느리에게 최선을 다해
잘 보이도록 노력한다. 그래야 아들에게 여자를 얻어 줄 수 있기
때문이다. 여자는 속는다. 그래서 속으로 생각한다.

'시어머니 될 사람은 참 좋은 분이야. 저런 집이라면 시집가도 되
겠어.'

그래서 여자는 마침내 결혼하게 된다. 그리고 신혼 여행을 다녀온
다. 이 때쯤 되면 이미 볼짱 다 본 것이다. 여자는 임신했을 가능성
이 있다. 신혼 여행에서 돌아온 부부는 시어머니에게 인사를 한다.
그런데 이 순간부터 시어머니는 이상하게도 기분이 나빠 있다. 밥
상을 차려 와도 반가워하지 않는다.

'난 배 안 고파. 그러니 너희들끼리나 먹어라!',

'에이, 집안 꼴이 이게 뭐야!',

'일찍 일어나라.'

'왜 너희들끼리만 속닥거리니? 에이, 내가 죽어야지.'

등등 시어머니의 구박은 계속된다. 맞선 볼 당시와는 너무나 차이
가 난다.

그럴 수밖에 없다. 시어머니는 자기 아들 편에서 일(?)하고 있는
것이다. 그것은 바로 DNA에게서 명령받은 일이거니와, 내용은 '며
느리를 쫓아내라'이다. 구박을 주든, 모함을 하든, 아들을 부추기든,
여자만 쫓아내면 그만이다. 그래야 아들이 새 장가를 들 수 있기
때문이다.

시어머니는 아들의 동업자인 셈이다. 이는 며느리가 미워서가 아
니다. DNA의 명령이 무조건 며느리를 쫓아내라고 하기 때문이다.

시아버지는 적당히 말리면서 시어머니를 열받게 만든다.

'당신이 뭘 안다고 그래요!'

시어머니는 남편에게 화를 내고는 며느리를 더욱 미워한다.

결국 며느리는 울면서 아들에게 하소연한다. 그러나 아들은 대책을 세워 줄 수가 없다. 시어머니의 공격은 더욱 심해진다. 마침내 견디지 못하고 이혼을 생각하게 된다.

이 과정에서 이득(?)을 보는 사람은 아들이다. 새 여자를 맞아들일 기회가 생겼기 때문이다. 그러나 어머니의 은혜를 잊어서는 안 된다. 어머니는 아들 하나 잘되라고(?) 며느리를 구박한 것이다.

아들은 이혼을 하고 다시 여자를 얻는다. 어머니는 같은 순서로 며느리를 상대한다. 이 과정은 실패할 수도 있고 성공할 수도 있다. 그러나 DNA의 명령은 영원히 살아 있는 것이다.

이번에는 딸에 대해 생각해 보자. 부모는 며느리를 맞아들이는 권리와 딸을 시집 보내야 하는 의무도 함께 갖고 있다. 딸이 시집을 가면 어머니는 불안하다. 쫓겨날까 봐서이다. 그래서 종종 사위를 부른다. 그러고는 사위를 구슬린다. 좋은 음식에 달콤한 칭찬, 또한 딸은 남편이 친정에 가기로 하면 평소보다 부드럽게 대하면서 남편을 북돋운다.

남자의 입장에서 보면 그토록 바가지 긁던 부인이 친정 집에만 간다고 하면 그 때부터는 부드러워지는 것이다. 서비스도 좋아지고 용돈도 더 준다. 말도 잘 듣는다. 한마디로 기분을 좋게 해 주는 것이다. 여자가 이렇게 해 주는데 안 넘어갈 남자가 어디 있으랴! 처가에 가면 이번에는 장인 장모의 서비스가 시작된다. 부인은 저쪽에서 남편을 대견하게 바라본다. 남편은 신명이 난 모습이다. 그리하여 부인에 대한 애정이 더욱 깊어지는 것이다.

DNA가 볼 때는 남자가 여자에게 말려드는 것이고, 여자는 성공을 하고 있는 중이다. DNA는 아무래도 좋다. 여자가 이기든 남자가 이기든 상관이 없는 것이다. 두 사람에게 각각 상반된 명령을 내려놓고 그것이 이루어지기를 기다리는 것이다. 이것이 태극의 입장, 또는 부모의 입장이다. 태극은 평등하여 어느 편을 드는 법이 없다.

음양의 입장에서 보자. 음이라면 음의 섭리가 있다. 그래서 여자는 일부 일처를 주장한다. 그것이 음의 섭리이기 때문이다. 바람 피우는 여자는 여자답지 못하다. 이리저리 다녀 봐야 자기가 기를 수 있는 자식은 결국 자기가 나은 자식이기 때문이다. 그렇기 때문에 여자는 똑똑한 남자 한 명을 잡는 것이고, 그 남자를 관리해야 하는 것이다.

남자는 또 다른 섭리의 지배를 받는다. 남자다운 남자란 결코 한 여자에 만족하지 않는다. DNA의 명령이 그렇게 되어 있는 것이고, 또한 DNA는 천지 자연의 법칙 중 하나인 양의 섭리를 명령으로 전달했을 뿐이다.

이제 사회적 질문으로 돌아가자. 남녀는 평등한가? 그렇다. 일부 다처제는? 맞다(남자에게 물어봐라). 일부 일처제는? 틀리지 않다(여자다운 생각이기 때문이다). 결론이 애매 모호하다. 하지만 태극의 섭리가 원래 그런 것이다. 이에 따르면, 여자는 한 남자를 열심히 잡아 놔야 하는 것이고, 남자는 끊임없이 새 여자를 찾아나서야 하는 것이다. 희랍 신화에 보면 신(神) 중의 신인 제우스는 끊임없이 바람을 피우러 다닌다. 그의 아내는 질투의 신인데, 남편을 감시하러 다니면서 남편이 만난 여인을 제거하는 것이다. 신화는 태극의 섭리를 잘 보여 주고 있다.

인간 사회는 어찌해야 하는가? 알아서 하면 된다. 일부 다처도 옳고 일부 일처도 옳다. 결론은 음과 양이 각각 자기 섭리를 주장할 권리가 있다는 것이다. 다른 말로, 음양이 평등할 수밖에 없다는 것이다.

음양이 평등하다는 것은 자연과학에서는 아주 당연한 일로 받아들여지고 있다. 예를 들어 우주에는 음입자(陰粒子)와 양입자(陽粒子)가 있는바, 그것들의 총량은 같다는 것이다. 따라서 우주는 총체적으로는 중성(中性)이 된다. 중성은 치우치지 않은 것으로, 바로 태극의 섭리이다.

만일 오늘날 우주에서 평등하지 않은 어떤 요소가 발견된다고 해도 영원이란 시간 속에 다른 국면이 전개되어 결국 평등을 이룩할 것이다. 우주는 시간적으로 공간적으로 평등하다. 우주의 진화란 음양이 서로 조화를 이루어 나아가는 과정이다. 또한 주역은 이를 규명하는 학문인 것이다.

玉虛眞經 (9)

聖人之道太平 故謂臨 君子之道或入或出
故謂望 常人之道不動 故謂然也

성인의 도는 크게 고른 까닭에 그것에 임(臨)했다고 말
하고, 군자의 도는 오기도 하고 가기도 하는 까닭에 그것
을 바라다본다고 말하고, 상인(常人)의 도는 그 자리에만
있는 까닭에 그저 그러하다고 말한다.

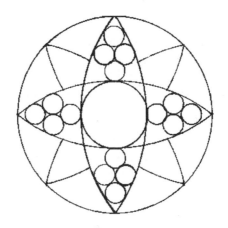

질서에서 혼돈으로

 앞장에서 논의한 내용은 음양의 평등성이었다. 이제 우리는 이러한 원칙을 가지고 주역을 새롭게 규명해야 할 것이다. 전통 주역, 또는 고전 주역은 어느 쪽인가 하면 양을 우선으로 하는 주역이었다. 이는 다분히 인간 사회적이어서 평등한 음양의 원리를 밝히는 데는 무리가 있다. 주역이란 당연히 중립을 지키며 논리를 풀어 나가야 한다. 한때 사회의 통념이 양 위주로 되어 있거나, 또는 그 반대라 해도 그것은 전 우주의 기본이 될 수는 없다.

 우선 고전 주역의 불평등성을 엄밀히 살펴보자.

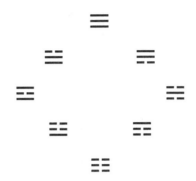

이 그림은 소위 선천 복희 팔괘도라고 하는 것으로, 고전 주역의
근간을 이루고 있다. 선천 팔괘도에 내재되어 있는 수리(數理)는 이
미 다룬 바 있다. 그것을 다시 한 번 살펴보자.

이 괘열은 양값의 크기에 따라 배열한 것이다. ☷는 양값이 0이
다. ☳은 양값이 1이다. 이어 ☵는 양값이 2이고, 계속해 나아가면
양값 7인 ☰에 도달한다.

☷(0) ☳(1) ☵(2) ☶(3) ☴(4) ☲(5) ☱(6) ☰(7)

이 괘열의 수리 논리 구조를 보자. 이미 공부한 내용이지만 좀더
깊게 살펴봄으로써 새로운 원리를 발견할 수 있다. 다음을 보라.

☷ → 1
☷ → 2
☷ → 4

여기서 알 수 있는 것은 양이 위에서부터 1, 2, 4로 전개된다는 것이다. 이는 주역이 2진법 체계를 갖추고 있기 때문이다. 우주는 음과 양, 즉 2진법 구조인 것이다. 문제는 위에서부터 출발한다는 것인데, 그 이유도 실은 간단하다. 양이란 높은 곳에 있는 것으로, 그것이 아래로 내려갈수록 위로 향할 욕구(힘)가 크기 때문이다. 활 시위를 당길수록 나아가려는 힘이 커지는 것이고, 스프링도 잔뜩 눌러 놓으면 반발 압력이 더욱 커지는 법이다.

오늘날 과학에서는 이것을 '위치 에너지'라고 부르고 있다. 양은 본시 위에 존재하는 것이기 때문에 그것이 아래에 있을수록 복귀력(復歸力)이 큰 것이다. 예를 들어 높은 곳에 있는 물은 위치 에너지가 크다. 물이란 원래 아래에 처해 있는 것으로, 그것이 높은 곳에 위치하면 그만큼 에너지를 소유하게 된다. 물이 높게 있을 때 그것을 낙차(落差)라고 하고, 낙차가 큰 것일수록 가치가 있는바, 수력 발전에 이용되는 것이다.

바닷물은 아무리 많아도 낮은 곳에 있기 때문에 낙차력이 없다. 이와 같은 논리로 양기(陽氣)라는 것은 높은 곳에 있으면 힘을 발휘할 수 없고, 낮은 곳에 이르면 위로 올라가는 동안 일을 할 수 있는 것이다.

다시 보자.

☵ → 3
☳ → 5
☶ → 6

이것은 하나의 양이 갖고 있는 위치 에너지 값을 합쳐서 나온 값
이다.

```
1
2  →  3
```

```
1
   →  5
4
```

```
2  →  6
4
```

양의 값은 일정한 법칙이 있다. 양의 값은 아래로 갈수록 커진다
는 것이다. 그뿐이다. 이것이 자연의 법칙이다.

'양이 본시 위에 있는 것이므로 그것은 아래로 갈수록 위치 에너
지가 커진다.'

진리는 이것이다. 선천 복희 팔괘도는 이 원칙에 입각하여 만들어
졌을 뿐이다. 선천 팔괘도는 소강절이 그렸다고 하는데, 그가 위치
에너지 논리를 염두에 두었는지는 알 길이 없다. 다만 결론이 같으

므로 그 이유를 유추할 수 있을 뿐이다.

이제 여기서 우리는 중대한 문제를 제기할 시점에 이르렀다. 앞서 살펴본 것은 유독 양에 관한 것이었다. 마찬가지로 우리는 음에 대해서도 같은 논리를 적용할 수 있다. 물론 음의 성질이 아래에 거하는 것이므로 위로 올라갈수록 위치 에너지가 커질 것이다.

다시 보자. 양은 아래로 갈수록 위치 에너지가 커지고, 음은 위로 갈수록 위치 에너지가 커진다. 이 논리는 아주 자명하다. 음과 양이 평등할 뿐이다. 오늘날 자연과학에서는, 양이라는 것은 불에 해당하고, 음이라는 것은 물에 해당한다. 물은 위에 있어야 좋고, 불은 아래에 있어야 좋다. 그 이유는 음양이 본래 갖고 있는 성질과 그것이 자기 위치에서 멀어짐으로써 위치 에너지를 갖기 때문이다. 사람도 고향에서 멀리 떠나 있을수록 고향이 더 그리워지는 게 아니겠는가!

그럼 이제부터 음의 세계를 밝혀 보자. 그 동안 주역은 수천 년 동안 양의 세계만 선별하여 논의했던 것이다. 이는 옳지 않다. 주역은 바로 태극이고, 태극이란 음과 양을 두루 갖추어야 하는 것이다. 음의 논리는 아래에서부터 시작한다.

즉,

☶ → -1

☵ → -2

☷ → -4

이렇게 되어야 하는 것이다. 이것은 아래에서부터 올라가면서 위치 에너지의 값이 올라가는 구조이다. 이는 아주 자연스럽다. 양이 아래로 내려갈수록 위치 에너지의 값이 커지는 것과 입장이 완전히 같은 것이다. 요점은 다음과 같이 요약할 수 있다.

이 그림은 평등하지 않은가! 원리는 아주 단순하다. 고전 주역은, 음의 입장은 논의하지 않고, 오직 양의 입장만 살펴본 것이다. 그러나 우리는 그것을 바로잡을 수 있다. 괘상이 엄연히 존재하기 때문이다.

☵ 혹은 ☲에서 무엇을 알 수 있는가? ─은 양이고 --은 음이다. ☲은 위아래에 양이 있고 중간에 음이 있다. ☵은 중첩된 음 아래에 양이 있다. 괘상 그 자체는 최고·최상의 지극한 설명인 것이다. 우리는 이것의 존재 형태를 규명할 뿐이다.

양을 귀하게 여기거나 음을 귀하게 여겨서는 안 된다. 음양은 스스로의 위치에서 천지의 작용에 참여하는 것이다. 우주 자연은 둥글고, 둥글어서 치우침이 없다. 위가 있으면 아래가 있는 것이다. 양극이 있으면 음극이 있다. 양의 법칙이 있으면 음의 법칙이 따로 있는 것이다. 모든 것을 정당하게 살펴보자.

☷ → 1 ☳ → -4
☶ → 2 ☵ → -2
☴ → 4 ☶ → -1

여섯 개의 괘상은 예로부터 음괘 양괘로 나뉘어져 있었다. 즉, ☷
☵ ☶은 양괘이다. 양괘라고 한 것은 괘상의 각 효사값을 모두 더
해서 정한 것은 아니다.

위의 괘상은 음극인 ☷에서 양이 처음으로 돋아났다는 뜻이다.
장소는 세 곳이다. ☶는 맨 위에 양이 있으니 양이 아직 파고들지
못한 것이다. 그리고 양의 위치 에너지는 최소이다. ☵는 양이 아래
로 조금 파고들어서 중앙에 위치한 모습이다. 중앙의 양은 위에 있
는 양보다 깊기 때문에 반발력, 즉 위치 에너지가 조금 크다. ☳는
양이 깊숙이 아래로 내려가 위치 에너지가 가장 높은 것이다. 이들
괘상의 성질은 양의 위치에 따라 정해지고 있다.

☶은 양이 위에 있어서 비교적 편안하다. ☶은 정지를 나타내는
산을 의미하는바, 양이 위에 있고 음이 아래에 있으므로 안정되어
있다. 반면 ☳는 양이 아래에 있어서 요동을 치니 불안한 상태인
것이다. ☳이 움직임을 상징하는 '우레'라고 하는 것은 이런 연유이
다. ☵는 ☳보다는 유동적이지만 ☶보다는 안정적이다. 그래서 물
은 때로 흐르고 때로 고인다. ☶은 오로지 정지, 그리고 ☳은 요동
치는 것이다.

지금까지의 방법으로 괘상 ☷☵☶에 적용할 수 있는데, 출발점
은 ☰이 된다. ☴은 ☰에 음 하나가 출현한 것이다. 음이란 아래에

있으니 처음으로 나타난 지점도 가장 아래이다. 이것이 올라가면서 ☳와 ☵을 차례로 나타낸다. 이제 모든 괘상을 정렬시켜 보자. 먼 저 양이 하늘에서부터 땅으로 하강하여 침투해 나가는 모습을 보자.

이 순서는 ☷의 위로부터 양이 하나씩 침투해 들어가는 것을 보 여 주고 있다. 양값만 써 보면 다음과 같다.

$$0, \ 1, \ 2, \ 3, \ 4, \ 5, \ 6, \ 7$$

다음은 음이 땅에서부터 하늘로 상승 침투해 들어가는 모습이다.

이 순서는 ☰의 아래로부터 음이 하나씩 위로 침투해 들어가는 모습을 보여 주고 있다. 음값은 다음과 같다.

$$0, \ -1, \ -2, \ -3, \ -4, \ -5, \ -6, \ -7$$

음양의 논리는 상하의 차이일 뿐 논리비(論理比)는 똑같다는 것을 알 수 있다. 두 괘열을 함께 써 보자.

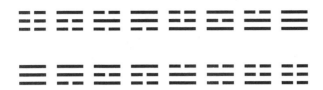

두 괘열을 비교하면 ☷과 ☰, ☷와 ☰, ☷과 ☳, ☷와 ☴이 짝을 이룬다. 이는 무슨 의미가 있는가?

먼저 ☳와 ☶을 보자. ☳은 양 두 개가 아래로 내려와 갇혀 있다. ☶은 음 두 개가 위로 올라가 갇혀(들려) 있다. 또한 ☶의 위에 있는 음은 내려오려고 애쓰지만, 양 두 개가 받들고 있어 내려오지 못한다. ☳는 아래에 있는 양이 올라가려 애쓰지만 음 두 개가 억누르고 있어 올라가지 못한다. 그림으로 보자.

음(--) 올라가 있다.   음(--) 억누른다

양(—) 받든다   (--)

(—)   양 (—) 내려가 있다

두 괘상은 존재하는 형식이 같다.

다음 괘상을 보자. ☳과 ☶인바, ☳은 양 두 개가 음에 끌리고 있다. 또는 음이 양에 달라붙어 있다고 말해도 된다. 괘상이란 음의 입장에서 말하는 방식과 양의 입장에서 말하는 방법이 있다. 그렇다고 해서 하나의 방법을 선택하라는 것은 아니다. 두 가지가 엄연히 존재하는 것이다.

    괘상 ☷은 여러 가지로 설명된다. 양이 음에 붙어 있다거나 양이 음을 끌어당긴다라고 말할 수 있고, 또한 양이 음 속으로 침투하려고 애쓰고, 음이 양을 차례로 갉아먹었다고 해도 된다. 간단히 말해 이 모든 것은 그냥 ☷으로 쓰면 된다.

    다시 괘상으로 가 보자. ☶은 ☴와 존재하는 방식이 같다. 잠시 응용을 해보자.

    ☶, 이 괘상은 땅이 위로 솟아난 것, 즉 산인 것이다.

    ☴, 이 괘상은 하늘이 땅으로 내려온 것, 즉 바람인 것이다.

    ☱와 ☳도 보자.

    ☱, 이 괘상은 하늘 아래 연못으로, 바람 같은 양물(陽物)이 깊게 내려와 고정된 것이다.

    ☳, 이 괘상은 땅을 박차고 올라간 우레로서 음물(陰物)이 높게 올라가 활동하고 있는 것이다.

    이런 방식으로 ☱, 또는 ☳를 이해할 수 있다. 다시 괘상들의 수리 구조를 보자.

☷ ☳ ☲ ☴ ☵ ☶ ☰

이 괘열은 선천 복희 팔괘도로서 양값만 따지면,

0, 1, 2, 3, 4, 5, 6, 7이다.

이 수열이 만들어진 것은 양을 위로부터 1, 2, 4의 값을 취했기 때문이다. 양이 그러한 값을 갖는다는 것은 옛 사람에 의해 이미 알려져 있었고, 오늘날 과학으로 보면 그것이 위치 에너지를 표현한 것이다. 물론 옛 사람은 양에 대해서만 값을 취했다. 음에 대해서는 아예 무시한 것이다. 하지만 우리는 음의 권리(?)를 찾아 주기에 이르렀다. 그 값은 양의 입장과 똑같은 방법으로 매겨 주었거니와, 지금부터는 그것을 함께 사용해 보자.

먼저 ☷를 보자. 이것은 양값이 0이다. 음값은?

$$\begin{array}{ll} ━━ & -4 \\ ━━ & -2 \quad \rightarrow \quad -7이다 \\ ━━ & -1 \end{array}$$

여기서 유의할 것은 -7이 아니다. 그 연유인 것이다. ☰의 값은? 음값이 0이다. 양값은 7인바, 그 연유는 다음과 같다.

$$\begin{array}{ll} ━━ & 1 \\ ━━ & 2 \quad \rightarrow \quad 7이다 \\ ━━ & 4 \end{array}$$

함께 써서 음미하자.

```
━━ ━━ -4          ━━━━━ 1
━━ ━━ -2          ━━━━━ 2
━━ ━━ -1          ━━━━━ 4
```

위의 수치를 가지고 모든 괘에 적용시켜 보자.

☲는?

```
━━ ━━ -4
━━ ━━ -2   →  4와 -6이다.
━━━━━ 4
```

☱는?

```
━━━━━ 1
━━━━━ 2   →  3와 -1이다.
━━ ━━ -1
```

같은 방식으로 모든 괘를 써 보면 다음과 같다

☳ → 1과 -3   ☴ → 6과 -4

☶ → 5와 -2   ☷ → 2와 -5

이제 음양을 가지런히 했을 때 어떤 모습인가를 보자. 먼저 양값을 정렬하자.

| 0 | 1 | 2 | 3 | 4 | 5 | 6 | 7 |
| -7 | -3 | -5 | -1 | -6 | -2 | -4 | 0 |

괘열은 선천 복회 팔괘도이고 양이 정렬되어 있다. 그 밑에 쓴 것은 음값인데, 들쭉날쭉하여 규칙성이 보이지 않는다. 이 점은 아주 중요하다. 양을 위주로 해서 규칙적으로 정렬시켰던바, 음은 산만하게 분포하는 것이다. 이번에는 음 위주로 정렬시켜 보자.

| 0 | -1 | -2 | -3 | -4 | -5 | -6 | -7 |
| 7 | 3 | 5 | 1 | 6 | 2 | 4 | 0 |

음을 보라. 누구나 알 수 있는 점진적인 수열이다. 그러나 양의 분포는 엉망이다. 도저히 규칙성을 찾아낼 수 없다. 규칙성이란 외우지 않아도 쉽게 알 수 있는 원리가 있다는 것인데, 양이 분포한 수열을 보고 우리는 어떤 원리를 알 수 있는가?

이 문제는 일단 넘어가자. 우리가 유의해야 할 것은 양을 알 수 있도록 배치하면 음을 알 수 없고, 음을 알 수 있도록 배치하면 양을 알 수 없다는 것이다. 우리는 오직 하나씩만을 정칙화(定則化)할 수 있을 뿐이다. 이것이 우주의 본질이다.

하나가 분명해지면 그 대신 다른 하나는 불분명해진다는 것, 이 법칙은 자연과학의 그 유명한 불확정성 원리라는 것을 방불케 한다.

불확정성 원리란 하이젠베르크라는 독일 과학자가 발견한 원리인데, 그는 이로써 노벨 물리학상을 받았다.

그 원리는 오늘날 자연계를 가장 깊게 통찰한 내용으로 알려져 있다. 이 원리의 심오성은 혀를 내두를 정도이다. 20세기 최대의 과학자라고 하는 아인슈타인도 이를 평생 이해 못 했던 것이다. 이 원리는 한마디로 말해서 태극의 원리이다.

그 내용을 보자. 우주 자연은 물체가 움직일 수 있는 공간이 있다. 우리는 속도라든가 위치 등을 말할 수 있는데, 어떤 물체가 움직일 때 속도와 위치를 동시에 알 수 없다는 것이다. 참으로 이상한 이론이다. 상식적으로 생각하면 어떤 물체, 예를 들면 '버스가 수원역에서 시속 100km로 달리는 중이다'라고 말할 수 있다.

하지만 이는 대충 말한 것이다. 극미(極微)의 세계에서 보면 물체의 운동 상태와 위치는 둘 다 동시에 말할 수 없다는 것이 밝혀진다. 운동량과 위치, 이 둘은 공액(共軛) 관계라고 말하는데, 이런 관계가 되면 둘은 동시에 알 수 없다는 것이다. 다소 어려운 얘기지만 대충 개념을 알고 넘어가면 된다.

한 가지만 더 얘기하자. 질량, 즉 에너지는 시간과 공액 관계인바, 그러므로 두 가지를 동시에 정확히 알 수 없다. 알 수 없다는 것은 불확정적이라는 뜻이다. 이는 우연이라는 뜻도 포함한다. 그래서 무(無)의 세계에는 어느 날 갑자기 물질이 생길 수 있게 된다. 우리의 우주는 이렇게 해서 생긴 것이다.

이러한 현상은 스티븐 호킹 박사가 발견했는데, 그는 불확정성 원리를 응용하여 이 현상을 주창했다. 오늘날 유명한 빅뱅은 바로 불확정성 원리에 의해 일어났던 것이다. 그리고 불확정성 원리란 바로 태극의 원리인바, 주역에 있어서 공액 관계는 음과 양이다. 우리는 음과 양 중 하나만을 정확하게 논의할 수 있다. 옛 사람이 이러한 원리를 깨닫고 있었는지는 알 길이 없다. 다만 그들은 양 하나만을 바라보며 해설을 했던 것이다.

우리는 방금 음과 양이 서로 혼란을 주는 관계라는 것을 살펴보았다. 즉, 양이 규칙적으로 배열되면 음이 제 맘대로 되고, 음이 규칙적이 되면 양이 엉망이 된다. 남자는 여자 마음 모르고, 여자는 남자 마음 모른다는 것도 이 원리에서 기인하는 것일까? 우리가 알 수 있는 것은 음과 양이 제각기 법칙이 있으며, 그것을 밖에서 보면 둘 다 평등하다는 것이다.

이제 여기서 음양 평등 원리를 가지고 주역 전선(戰線)을 확대해 보자. 팔괘의 속성은 이미 살펴보았다. 이것을 64괘, 즉 대성괘에 적용해 보자는 것이다.

이 괘열은 선천 복희 팔괘도를 적용한 것이다. 수치를 보자. 원리는 다음과 같다.

```
━━━  1            ━ ━  - 32
━━━  2            ━ ━  - 16
━━━  4            ━ ━  - 8

━━━  8            ━ ━  - 4
━━━  16           ━ ━  - 2
━━━  32           ━ ━  - 1
```

두 괘상은 양은 위에서 아래로, 음은 아래에서 위로 써 나간 것이다. 1, 2, 4, 8 등의 숫자가 나오는 것은 주역이 2진법 체계이기 때문이다. 이제 이것을 가지고 모든 괘의 수치를 알 수 있다. 우선 하나만 보자.

```
━━━  1
━ ━  - 16
━ ━  - 8
━ ━  - 4
━ ━  - 2
━ ━  - 1   →   1과  -31이다.
```

이어 다른 괘에 적용해 보면 다음과 같다.

```
   1      2      3      4      5      6      7      8
  ══     ══     ══     ══     ══     ══     ══     ══

  ══     ══     ══     ══     ══     ══     ══     ══
 - 31   - 47   - 15   - 55   - 23   - 39   - 7   - 59
```

양값을 위에 쓰고 음값을 아래에 썼는데, 위는 가장 단순한 수열이다. 아래는 어떤가? 완전히 엉망이다. 도저히 규칙을 파악할 수 없다. 제멋대로이다. 괘열을 계속해서 써 나가도 마찬가지이다. 양을 정렬시켰더니 음은 토라진 것일까? 그럴 리가 없다. 그렇게 보일 뿐이다. 이는 자연의 본성이므로 오히려 인간이 사물을 보는 방법을 고쳐야 한다.

이제 음을 규칙적으로 써 보자.

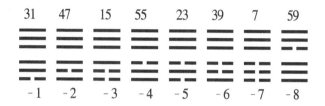

양의 값이 엉망이다. 음을 위주로 했으니 당연한 일이다. 이 괘열에서 양의 값을 찾는 방법이 있는가? 64괘 전체를 써놓고 연구를 해 보라! 전체를 보면 어쩌면 규칙을 발견할지도 모른다. 그러나 쉽게 발견되지 않을 것이다. 설사 규칙이 발견된다 하더라도 그것은 써먹을 데가 없다. 대자연이란 크게 보면 반드시 규칙은 있게 마련이다. 그러나 그것이 중요한 것은 아니다. 우리는 아주 단순한 규칙을 찾아야 하고, 그것에서부터 차츰 복잡한 데로 나아가야 하는 것이다.

이상에서 우리는 하나가 확실해지면 또 하나는 불확실해진다는 것을 배웠다. 물론 멀리서 보면 평등한 현상일 뿐이다. 인간이 군이 음양 중 하나를 자세히 보려고 하기 때문에 나머지 하나가 흩어지는 것이다. 우리의 사회도 이와 유사한 현상이 있다. 사회는 서로 의견이 상충되어 다투는 경우가 허다한데, 그것은 자기 자신의 논리로만 세상을 바라보기 때문이다.

자연이란 주어진 하나의 규칙으로 바라보면 다른 것은 불규칙하게 보인다. 이는 주역의 핵심이다. 태극의 원리란 모든 것을 조화시키기 위해 존재한다. 특정한 곳에서 세상을 바라보면 자기 자신만 논리가 있는 것처럼 보인다. 멀리서 보면 모든 것이 저마다 가치가 있는 법이다.

주역은 우주의 모든 이치를 음양으로 환원시켜 규명하는 것인바, 그러한 세계에서도 편견이 존재한다. 근원적으로는 양 위주의 사고 방식으로 주역의 절반을 사장(死藏)시키는가 하면, 엉뚱한 체계를 들고 나와 모든 체계를 혼란시킨다. 다시 강조하거니와 하나의 체계에 너무 접근하면 다른 체계가 보이지 않게 된다.

예를 들어 1, 2, 3, 4, 5, 6이라는 가장 단순한 체계로 세상을 보려고 했을 때 그 이면에 얼마나 혼란스런 현상이 발생하는가! 1, 2, 3, 4, 5……. 이와 같은 체계는 인위적 체계일 뿐이다. 자연의 조직이 반드시 그러한 구성을 가질 것이라고 어떻게 장담할 수 있는가! 실제로 우리가 주역의 괘상을 이해하고자 했을 때 1, 2, 3, 4, 5……. 즉, ䷁ ䷀ ䷁ ䷁ ䷁ …….

이런 식으로 보면 괘상에서 무엇을 알 수 있는가!

수란 수의 체계가 있는 것이고, 그림은 그림의 체계가 있다. 우리는 하나의 체계를 발견했다고 해서 그것이 세상을 보는 가장 올바른 방식이라고 생각해서는 안 된다. 세상을 보는 방법은 무수히 많다. 그 중에서 가장 보편적인 방식을 찾기 위해 우리는 주역을 공부하고 있는 중이다.

무릇 사물을 보는 방법은 너무 멀지도 않고 가깝지도 않아야 하며, 너무 자세히 보거나 대충 봐서도 안 된다. 그리고 아무리 보편적 방법이라 해도 사물에 따라 조금씩 방식을 달리 해야 하는 것이다. 우리는 앞장에서 남성 사회와 여성 사회를 살펴보았다. 그 결과 어느 쪽에서든 타당한 원칙이 있었던 것이다.

이제 주역을 통해 그것이 더욱 자명해졌거니와, 우리는 사물을 옳게 바라보기 위해 항상 수위(水位)를 조절해야 한다. 우리의 위치란 가급적 여러 가지 상반된 사물이 동시에 잘 보이는 곳이어야 한다. 높이 나는 새가 먼 곳을 본다고 했다. 물론 먹이를 포착하면 그것을 목표로 해서 가까이 접근할 수 있다. 처음부터 가까이 헤매고 다니면 전체의 상황을 파악할 수 없다.

하나가 분명해지면 반드시 어떤 것이 불분명해진다는 것, 이것은 만고 불변의 최상의 진리이다. 이것을 불확정성 원리, 또는 태극의 원리라고 불러도 좋지만, 이는 우주의 중심이 없다는 절대 평등의 법칙이라고 이해해도 좋다.

玉虛眞經 (10)

修道如養嬰兒　初必近養 然後自長也

도를 닦는 것은 어린아이를 기르는 것과도 같아서 처음
에는 항상 가까이 돌봐야 하지만 나중에는 저 스스로 커
가는 것이다.

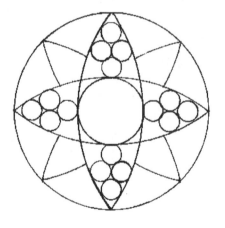

혼돈에서 질서로

형평성이라는 말이 있다. 이는 치우치지 않는다는 말인데, 사물의 논리야말로 형평성이 유지되어야 한다. 우리는 앞서 음과 양이 각자의 위치에서만 규칙성을 보여 준다는 것을 살펴보았는데, 이는 바로 형평성의 문제였다. 우주의 원리는 음과 양으로 구성되어 있는데도 불구하고 우리가 억지로 하나를 선택하게 된다면 이면에 무질서가 나타나게 되어 있는 것이다.

사물은 적당한 곳에서 바라봐야 한다. 1, 2, 3, 4, 5······ 등은 아주 단순했고, 이보다 간단한 질서는 없다. 즉, 지나치게 규칙성을 강요한 것이다. 그 결과 한쪽에서는 질서가 사라졌다. 그렇다면 어떻게 해야 양쪽이 모두 질서를 보여 줄까? 그것은 음과 양을 바라보는 위치를 잘 선정해야 한다. 즉, 형평성이다. 다음의 괘들을 보자.

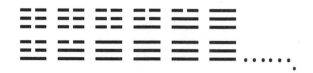

이 괘열은 소위 군주괘라는 것으로, 우리가 단골로 살펴봤던 괘열이다. 규칙성은 눈으로 봐서도 쉽게 떠오른다. 음이나 양 어떤 하나만 규칙성이 보이는 것이 아니라, 괘열을 아래에서 위로 보거나 위에서 아래로 보거나 마찬가지이다. 이들의 수리 관계는 어떨까? 먼저 양값을 따져 보자.

로서 음은 아래에서 위로, 양은 위에서 아래로 붙인 것이다. 따라서 양값은 32이다. 우리는 양값만 따져 보기로 했으니 음값은 잠시 잊어버리자.

☲, 이 괘상은 같은 논리로 해서 양값이 48이다.

이어,

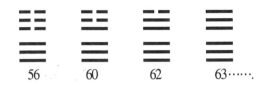

즉, 32, 48, 56, 60, 62, 63이다. 이 수열은 무슨 뜻이 있는가? 규칙성을 찾는 문제인데, 앞에서 여러 차례 연습을 해 본 적이 있다. 잊지 않아야 될 것은 65라는 숫자이다. 이 숫자는 태극의 숫자로, 빼거나 더하거나 상관이 없다. 수열 중에서 48이란 48＋65와 뜻이 같은 것이다. 물론 65를 빼도 상관없다. 즉, 48＋65＝48＝48－65인 것이다.

이것을 염두에 두고 군주괘열의 수치를 따져 보자. 제일 먼저 32와 48의 관계는? 결론부터 말하자.

$$48 \times 2 \rightarrow 96, \quad 96 = 96 - 65 \rightarrow 31, \quad 31 + 1 \rightarrow 32$$

이것은 32와 48과의 관계를 보여 주고 있다. 순서대로 말하면, 원래의 것에다 1을 뺀다. 그리고 이것을 2로 나누는 것이다.

즉, 32－1 → 31, 31÷2 → 48이다.

여기서 31÷2가 48이 되는 이유는? 65를 생각하자. 31이란 바로 31＋65 → 96이다. 96을 2로 나누면? 48이 되지 않는가! 같은 논리로 계속해 보자.

$$48-1 \rightarrow 47, \quad 47 \div 2 \rightarrow 56$$
$$56-1 \rightarrow 55, \quad 55 \div 2 \rightarrow 60$$
$$60-1 \rightarrow 59, \quad 59 \div 2 \rightarrow 62$$
$$62-1 \rightarrow 61, \quad 61 \div 2 \rightarrow 63$$

수열은 이상과 같은 관계로 규칙성을 갖고 있다는 것을 알고 있다. 관계 내용이 중요한 것은 아니다. 중요한 것은 규칙성이 존재하느냐이다. 살펴본 바와 같이 수열 32, 48, 56, 60, 62, 63……은 규칙을 갖고 있었다. 1을 더하고 반으로 나누는 관계, 이것이 처음 수와 다음 수의 관계이다. 이 규칙 관계는 군주괘 12개를 순환하면서 연속되고 있다.

이제 음에 대해서도 따져 보자.

이 괘들의 양값은 32, 48, 56, 60, 62, 63이었다. 음값은?

```
 ▬▬ ▬▬   - 32
 ▬▬ ▬▬   - 16
 ▬▬ ▬▬   -  8
 ▬▬ ▬▬   -  4
 ▬▬ ▬▬   -  2
 ▬▬▬▬▬   32  →  - 62
```

양값은 잊어버리고 음값을 계속 써 보자.

☷ → -60 ☷ → -56 ☷ → -48 ☷ → -32 ☰ → 0

숫자만 쓰면 -62, -60, -56, -48, -32, 0.

수열 중에 0이 나왔는데 걱정할 필요가 없다. 0도 그저 하나의 숫자일 뿐이다. 0이 나온 이유는 ☰의 음값이 0이기 때문이다. 이들 수열의 규칙을 보자. 결론을 먼저 말하겠다.

-62×2 → -124, -124-1 → -60

여기서 보이고 있는 규칙성은 2를 곱하고 1을 빼는 것이다. 그리고 -124-1 → -60이란 -65를 소거시켰기 때문이다. 계속해서 수열을 다루어 보자.

-60×2 → -120   -120-1 → -56
-56×2 → -112   -112-1 → -48
-48×2 → -96   -96-1 → -32
-32×2 → -64   -64-1 → 0

이 수열 중 -64-1 → 0은 -65는 곧 0이기 때문이다.

이상에서 음을 살펴보았거니와, 규칙성이 확연하게 드러나 있다. 결론은, 군주괘열이란 음과 양이 모두 규칙을 갖고 있다는 것이다.

이는 무엇을 뜻하는 것일까? 우리는 앞서 음을 규칙화하면 양이 혼돈스럽고, 양을 규칙화하면 음이 혼돈스럽다는 것을 살펴본 바 있다. 우리가 원했던 것은 음과 양의 절충이었다. 어느 한쪽이 1, 2, 3, 4, 5…… 등으로 지나친 규칙성을 주고자 하면, 다른 한쪽은 아주 무질서해진다. 그래서 지나친 규칙성을 양보해서 양쪽 모두의 규칙성을 얻고자 했던 것이다. 그 규칙은 다음과 같은 것이었다.

양 → 2를 곱하고 1을 더한다.
음 → 2를 곱하고 1을 뺀다.

이 규칙들이 1, 2, 3, 4, 5…… 등보다는 더 복잡하지만, 그만한 양보를 통해 음양 모두의 규칙을 나누어 줄 수 있었다. 여기가 바로 균형점인 것이다. 음과 양은 이 지점에 와야만 둘 다 규칙을 갖는다. 어느 한쪽을 더욱 선명하게 하려고 한다면 다른 한쪽은 피해를 보는 것이다. 군주괘열 말고도 다른 괘열이 있는데, 그것을 통틀어 우리는 순환군이라고 말한다. 순환군은 6개로 되어 있지만, 그들은 모두 규칙성이 있는 것이다. 각자 계산해 보라. 음과 양은 모두 규칙이 있다. 규칙성은 군주괘에서 살펴본 것과 같다. 즉, 2를 곱하고 1을 더하거나 빼는 것이다. 중요한 것은, 순환군 괘열은 눈으로 봐서도 규칙이 있지만, 그것을 수치로 따져도 규칙이 있다는 것이다. 그리고 더욱 중요한 것은 음양 모두가 규칙을 갖는다는 것이다.

그럼 순환군 괘열은 대체 무엇인가? 그것은 별게 아니다. 음과 양 모두 규칙을 갖는 괘열일 뿐이다. 이 괘열은 무엇에 쓰는가? 그것은 사물을 보는 방식이다. 괘열의 순서대로 사물을 본다는 뜻이다. 주역이란 다름 아니라 사물을 보는 방식을 체계화한 학문일 뿐이다. 주역의 괘상 자체가 체계적으로 되어 있거니와, 그들을 더욱 세분화함으로써 규칙성을 강조한 것이 바로 순환군 괘열인 것이다.

우리는 순환군 괘열을 통해 괘상의 뜻을 보다 쉽게 이해할 수 있다. 괘상을 알고 나서 그 다음 단계로 사물을 아는 것은 아주 쉽다. 주역은 사물을 괘상으로 바꾸어서 보는 것이고, 바꾸어진 사물, 즉 괘상은 괘상 나름대로의 규칙에 의해 자리매김되는 것이다.

예컨대 우리는 최초의 희망이 발생한 사건과 사물을 ䷗으로 표현하는데, 괘열을 전개시킴으로써 ䷗의 뜻이 더욱 선명해진다. ䷗은 ䷁에서 발생했다고 간주함으로써 양의 최초 정착을 이해할 수 있다. 그리고 ☷는 괘열의 흐름상 맨 위의 음이 사라질 것을 이해할 수 있을 것이다.

우리는 앞으로도 괘상의 뜻을 더욱 깊게 이해하기 위해 많은 수단을 동원하게 될 것이다. 예를 들어 보자.

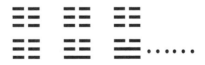

이 괘열(군주괘열)에서 ䷒은 ䷗에서 양이 발생했거니와 ䷗보다는 양기가 미비한 수준이다. 그러나 다음 괘들을 보자.

이 괘열은 양이 위로부터 침투해 들어가는 모습을 보여 주고 있
다. ䷖은 그 중에서도 양이 가장 깊은 곳에 도달한 모습인 것이다.
사물은 보는 방식에 따라 많은 의미가 드러나는 법이다. '보는 방
법', 이것이 가장 중요하다. 우리는 사물을 괘상으로 보기 위해 애
당초 주역을 공부했지만, 괘상이라는 것은 알기가 쉽지 않은 것이
다. 그래서 괘상에 대해, 보는 방법을 달리 하면서 내재한 모든 뜻
을 발굴해 내려는 것이다. 물론 중요한 것은 규칙성이다. 어떤 애매
한 괘상도 규칙성의 대열 속으로 집어넣으면 도매금으로 이해되는
것이다.

순환군 괘열도 바로 그것이었다. 하지만 여기서 순환군 괘열을 등
장시킨 것은 음양의 절충식 규칙을 논하기 위해서였다. 사물이란
어느 한쪽에서 보면 한정된 규칙만 보게 마련이다. 부부 싸움이라
는 것도 자기의 시각을 강요하다 보니 감정이 상하는 것이다. 부부
싸움에 있어 남녀는 바로 음양이기 때문에 입장 차이를 보이는 것
이다. 입장 차이는 자기 쪽에서 보기 때문이다. 그렇다고 해서 상대
방 쪽에서 보란 뜻이 아니다. 중간 지점에서 보자는 것이다.

오늘날 사회 각 계층간에 싸움을 하는 것도 마찬가지 논리가 적
용된다. 여야의 싸움, 노사 갈등, 이들은 모두 양이나 음 한쪽 편을
선호하고 있다. 특히 사회는 음의 입장에 서 있는 듯 보인다. 가정

에서는 부인 위주, 회사에서는 노동자 위주, 국가에서는 국민 위주, 학교에서는 학생 위주, 이것은 한쪽 편만을 강조한 것으로, 위쪽은 당연히 반발한다. 남편이 괴롭고, 사장이 괴롭고, 정부가 괴롭고, 교사가 괴롭다. 다시 강조하건대, 어느 한쪽이 특별 대우를 받으면 안 된다. 음과 양이 평등한 것이다.

우리는 주역의 괘상 속에 분포되어 있는 음양을 살펴봄으로써 규칙과 혼돈의 현주소를 알 수 있었다. 적당한 규칙, 또는 적당한 혼돈은 커다란 조화로 가는 길이다. 주역이란 사물을 보는 방식을 제공하지만, 그것은 반드시 조화로운 방법이어야만 한다. 조화란 바로 양쪽 규칙을 말하는 것이려니와, 이를 통해 우리는 천지의 작용을 이해할 수 있다.

자연은 곧 조화를 의미한다. 영어의 cosmos는 우주를 뜻하며, 또한 조화를 뜻한다. 꽃도 코스모스가 있는데, 이것은 우주 최초의 꽃이라는 전설이 있다. 코스모스는 여덟 개 잎으로 되어 있어서 주역의 팔괘도를 연상케 하거니와, 다른 꽃에 비해 이 코스모스는 상당히 조화를 이루고 있는 듯하다.

과학자들은 자연의 법칙, 즉 자연의 조화를 발견하는 것으로 일생을 보낸다. 그들의 이론은 사실에 바탕을 두지만, 그것을 전개하는 데는 조화스러운 모습으로 이루어져야만 한다. 주역도 마찬가지이다. 괘상 64개는 인간이 보기 전까지는 임의로운 존재일 뿐이다.

물론 그것은 수많은 조화를 함유하고 있다. 인간이 발견하는 것은 그것의 일부일 뿐이다. 주역의 조화는 광대 무변하여, 성인이라 할지라도 그것을 모두 망라하는 것은 불가능할 지경이다.

우리는 단순한 수리 규칙, 또는 시각적인 방법을 통해 괘상의 의미를 파헤치고 있는 중이다. 다만 어느 경우라도 균형을 잃지 말아야 한다. 이 장에서 우리는 순환군의 의미를 깊게 이해했다. 그것은 음양의 균형점이었다. 그렇기 때문에 그것은 시각적 패턴이 존재했고, 또한 수리적 규칙이 존재했던 것이다. 세상의 잡다한 사물이 주역이라는 틀 속에 들어오면 어느 새 위치가 정해지고, 또한 그것의 구조가 조직적으로 밝혀진다. 그런데 천지 자연의 사물이란 어느 것이든 주어진 한계 내에서 규칙을 이루고 있으며, 또한 더 먼 곳과의 연관성을 이루고 있다. 주역의 괘상은 통틀어서 하나의 체계일 뿐이다. 법칙 속에 또한 미세 법칙이 있으며, 법칙 밖에 또한 거대 법칙이 존재한다. 자연의 모든 법칙은 내외로, 종횡으로 무한이 연관되어 천지 자연이 하나의 테두리일 뿐이다.

주역도 이와 같다. 괘상 64개에 함유되어 있는 음양은 서로 성질이 반대이면서도 보완 관계를 갖고 있다. 그리고 평등한 존재인 것이다. 우리는 주역을 공부함에 있어 항상 평등한 관점을 유지하여야 한다. 전통이나 관습은 과감히 타파하고 부분에 치우치지 말아야 한다. 주역의 괘상은 다른 괘상과 깊게 연관되어 있으므로 우리는 살아서 자발적으로 활동하는 괘상의 모습을 인식해야 하는 것이다.

玉虛眞經 (11)

道人之修行如女人之粧法 道人沐浴德池
坐於靜處觀心鏡

도인의 수행하는 방법은 흡사 여인의 단장하는 방법과도 같구나. 도인은 언제나 덕의 연못에 목욕하고, 고요한 곳에 앉아 마음 거울을 들여다본다.

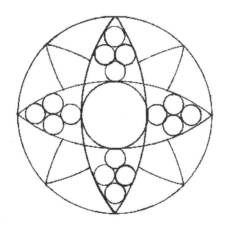

인간의 정신과 괘상

괘상을 공부하는 데 있어서 수리를 사용하는 것은 궁극적인 방법이지만, 인간의 정신은 반드시 수리 논리적 구조로 되어 있는 것은 아니다. 그래서 때로 우리는 일상적 이해 방식으로 괘상에 접근해야 한다. 여기에는 언어라는 것이 사용되는데, 인류는 수천만 년 동안 진화하면서 언어를 통한 사물의 이해를 발전시켜 왔다.

주역을 이해하는 데 생활상의 언어를 사용하는 것은 어떻게 보면 꿈을 해몽하는 식이 될 수도 있다. 하지만 일차적 이해는 언어를 떠날 수 없는 형편이다. 그런데 우리가 지금 공부하는 주역의 목표는 무한대이다. 즉, 주역을 완벽하게 이해하려면 인간 이상의 정신을 개발해야만 한다.

그것은 물론 수리이다. 그러나 수리라는 것도 언어나 상식 등에 의존할 수밖에 없다. 어느 경우에는 상식이 사물을 파악하는 데 더욱 유용할 수도 있다. 앞서 우리는 음과 양의 절충을 논의했는데, 수리와 일상적 정신과의 관계도 마찬가지이다.

예를 들어 사랑이라는 것의 뜻을 알고자 할 때, 이것을 어떻게 수리로 이해할 수 있겠는가! 사랑은 영어로 love이고 한문으로는 애(愛)이다. 사랑의 뜻은 일상적 정신 또는 언어로써 이해하는 것이 간편하다. 물론 이것을 더욱 깊게 이해하기 위해 정신 생리학이나 심리 분석 또는 철학적 개념을 사용할 수도 있을 것이다. 하지만 사랑의 개념을 처음으로 이해하는 데는 역시 우리의 평상적 심정이 우선적으로 작용할 것이다.

물론 사랑의 개념을 고도화하는 데는 수리 논리가 필요하다. 이를 보자. 사랑의 반대는 증오인바, 여기서 반대라는 개념은 수학적 개념이다. 수학에서는 −1을 곱해 주는 것이 바로 언어에서 말하는 반대라는 뜻이다. 깊은 개념으로 말하면, −1을 곱한다는 것이 언어의 '반대'라는 것보다 근본적이다.

우리는 이러한 사실을 알고 있는 상태에서 일상적 정신을 사용해야 한다. 인간의 정신은 어중간하고 체계가 이루어져 있지 않다. 마구잡이이고 흐릿한 것이다. 학문이란 곧 인간의 이러한 정신을 바로잡는 것이다. 주역은 더더욱 그렇다. 수리와 일상적 정신, 이는 표리 관계에 있다. 사물을 이해하는 데는 상식적인 곳에서 체계적인 곳으로 향해야 하는 것이다. 수학에서는 이것을 일반화 또는 추상화라고 말한다. 이런 과정을 거쳐서 인간의 정신은 점점 고도화되는 것이다.

이제 괘상 하나를 보자.

☳, 이 괘상은 진(震) 또는 우레이다. 우레는 무엇인가? 우리 나라 말로 천둥이다. 번개의 소리이다. 그럼 번개는 무엇인가? 대기 중에 있는 음전기와 양전기의 충돌이다. 그럼 전기는? ……. 한도 없다.

옛 사람이 ☳을 우레라고 이름 붙인 것은 단어 뇌(雷)라는 것을 통해 ☳의 뜻을 밝힌 것이 아니다. 우레는 실은 ☳의 성질을 조금 표현하는 언어 수단에 불과할 뿐이다. 만일 주역이 없다면 우레라는 단어에서 알 수 있는 것은 자연 현상뿐이다. 그러나 주역이 있음으로써 우레는 ☳이라는 성질을 갖고 있는 것을 알 수 있는 것이다.

우레는 대개 '큰 소리'라는 상징이 있는데, '크게 나선다'라는 뜻도 있다. 높은 빌딩은 소리가 아니라 건물이 나선 것이지만, 이는 괘상 ☳의 뜻을 함유하고 있다. 남자의 성기(性器)가 발기된 상태도 ☳로 표현할 수 있는데, 이렇듯 괘상은 인간의 언어로 표현할 수 있는 것의 궁극, 즉 일반화인 것이다.

괘상 ☶을 보자. 이는 간(艮), 또는 산(山)이라는 이름이 붙어 있는데, 인간이 이해할 수 있도록 언어를 붙여 봤을 뿐이다. 문제는 ☶의 실체를 깨달아야 한다. 산이란 무엇인가? 우선 우리의 제일감을 보면 높다는 것을 상기할 수 있다. 그러나 산의 본질은 그것이 아니다. 어린아이가 보면 높은 것이 산이다. 그 중에서도 백두산이 제일 높다.

하지만 주역의 뜻에서 산을 보면, 높다가 아니라 낮은 존재이다. 즉, 하늘 아래 엎드려 있는 존재인 것이다. 결코 땅에서 일어서 있는 존재가 아니다. 이 논리는 아주 중요하다. 산은 괘상으로 ☶인바, 이 괘상은 산의 뜻을 포함하고 있는 보다 근원적인 개념이다.

이것을 깊게 규명해 보자. 먼저 양의 모습을 보자. 파고들지 못했다. 껍질에 붙어서 흔들고 있으나 뿌리는 꼼짝 않고 있다. 그래서 주역에서는 산을 정지(停止)를 상징하는 것으로 해석했다. 그러나 산을 정지라고 한 것은 양의 입장에서 설명했을 뿐이다.

그럼 음의 입장에서는 어떤 뜻이 있을까? 양의 입장에서는 내려다본바, 뚫고 들어가기가 어렵고, 움직이지 않는 것이었다. 음의 입장에서 보면 하늘이 높게 있다. 겨우 하나의 양만 접촉할 수 있을 뿐 대부분(2개)의 양은 멀리 사라져 보이지 않는다. 자신이 낮기 때문이다.

낮다는 것은 땅에 붙어 있다는 뜻이다. 주역에서는 높다, 낮다는 땅에 붙어 있느냐 떨어져 있느냐를 의미한다. 산이 제아무리 높아봤자 하늘 아래 뫼인 것이다. 그것은 산이 하늘로 뛰어오르지 못했기 때문이다. 파리의 경우 날아봤자 몇 층 정도뿐이다. 그러나 아무튼 땅으로부터 떨어져 있는 것이다. 개구리도 마찬가지이다. 높이야 어쨌든 땅으로부터 이탈하여 비행한다. 거북이는 어떤가? 이놈은 죽으나 사나 땅에 붙어 있다. 주역에서는 거북이나 산이나 마찬가지이다.

융통성 없는 사람도 산이다. 키 작은 사람, 숨어 있는 사람, 꼼짝 못 하고 있는 사람, 굳게 닫혀 있는 문, 창고에 누적되어 있는 물품 등도 모두 산이다. 아니 ☶인 것이다.

산과 ☶의 차이를 보자. 산은 거북이가 아니다. 또한 산은 꼼짝 못 하고 있는 사람도 아니다. 그러나 거북이 → ☷, 꼼짝 못 하고 있는 사람 → ☷, 숨어 있는 사람 → ☷, 마음이 돌아져 있는 사람 → ☷, 산 → ☷이다.

패상은 사물이 갖고 있는 성질을 일반화한 것이기 때문에 인간의 언어로 해석한다는 자체가 불가능하다. 오히려 사물이 갖고 있는 궁극적인 뜻을 패상을 통해 이해할 수 있는 것이다.

우리는 지금 산의 뜻을 알기 위해 패상을 동원하고 있다. 산이란 화가가 볼 때와 시인이 볼 때, 또는 등산가가 볼 때와 관광객이 볼 때 각각 그 뜻이 다르지만, 산의 본래 뜻은 하나이다. 그것은 오직 패상을 통해서만 알 수 있다. 산뿐만 아니라 세상의 그 어떠한 존재라도 그것의 본래 뜻이 있는바, 패상은 그것을 알아내는 것이다. 예로부터 주역을 천상의 학문이라고 한 것도 바로 이런 뜻이 있기 때문이다.

인간은 저마다의 관점에서 사물을 바라다보지만 천지 신명에게 있어서는 관점이 따로 없다. 자연의 진리 그 자체인 것이다. 그것은 패상을 통해 인간에 드러난다.

다시 산을 보자. 이는 낮은 것, 숨어 있는 것이다. 그래서 패상 ☶은 하늘 아래 산이 엎드려 있는 것, 즉 숨어 있는 것이다. 하늘 아래 산, 이것은 작게 엎드려 있는 것을 상징한다. 그래서 패상의 이름이 돈(遯)이다. '숨는다'는 뜻이다. ☶을 상하로 해서 다른 모든 패상들과 조합하면 다양한 뜻을 가진 패상들이 발생한다. 하지만 ☶의 뜻을 간략히 알기 위해서는 ☰과 조합하는 것이 적합하기 때문에 ☰을 설명했다. 물론 ☶이 갖고 있는 뜻은 상당히 많아서

☳과의 조합만으로는 다 알 수 없다.

예를 들어 괘상 ☶☷는 시신(屍身)을 흙으로 덮어 무덤을 만들었다는 뜻인데, 여기서 산은 숨는 역할이 아니라 숨겨 주는 역할을 하고 있다. 깊은 산에 들어가서 수도 생활을 하고 있는 사람은 '산화비'를 본뜬 것이다. 도인들이 산에 숨는 이유를 아는가? 산은 사물을 덮어 주기 때문이다. 덮어 준다는 것은 사람으로부터 은폐시켜 준다는 뜻만 있는 것이 아니다. 더욱 중요한 것은 ☷이 기(氣)를 덮어 준다는 뜻이 있다는 것이다. '비'. 이 괘상이 바로 그 모습이려니와, 인간은 단전(丹田) 내면에 기를 함축하고 있어야 생명력을 기를 수 있다.

☷은 아래가 음으로 되어 있어 제자리를 굳건하게 지키고 있다. ☷의 위에 양이 하나 있는 것은, 그것으로 음을 집결시켜 덩어리를 이루게 하는 것이다. 만일 ☶에 위의 양이 없다면 ☶ → ☷로 변해 밋밋해질 것이다. 산이란 땅에서 솟아난 혹 같은 존재지만, 그것이 여전히 땅에 붙어 있으므로 부동(不動)의 성질을 갖고 있다. 산은 ☷을 닮은 존재로서, 부동의 성질, 덮음의 성질, 숨는 성질, 나서지 않는 성질 등이 있다.

이제 ☷이 작은 덩어리라는 것을 이해할 수 있는가? 산이란 큰 것이 아니라 작다는 것을 이해해야 한다. 그 이유는 다시 말하지만, 땅에 붙어 있기 때문이다. 그렇다면 땅에서 떨어져 있는 덩어리는 무엇인가? 그것은 바로 ☶이다. 괘상의 아래를 보라! 양이 있어서 땅과 금을 그어 놓고 있지 않은가! ☶는 개구리가 뛰어오르든, 독수리가 날든, 땅으로부터 떨어져 있는 것이다. 사람이 걷고 있을 때도 ☷로 표현된다. ☷은 정지해 있는 사람이다. 그 차이는 아래가 음이냐 양이냐에 달려 있다. ☳은 음 두 개가 위로 올라간 상태이다. 물론 양 하나가 음 아래에 갇혀서 요동하고 있다고 봐도 되지만, 음이 높게 올라가 있다는 것도 잊어서는 절대 안 된다.

☳는 음이 높게 올라갔기 때문에 양이 갇혔다고 해도 되고, 양이 파고들어서 음이 들떠 있다고 해도 된다. 요는 땅에 붙어 있느냐 아니냐이다. 땅에 붙어 있는 것은 작은 것이다. 얼마만큼 작으냐는 문제가 아니다. 그저 작다는 것을 얘기할 때 ☷으로 표현하는 것이고, 크다를 표현할 때는 ☳가 된다.

새나 비행기, 높은 건물 등이 ☳에 해당된다. 지휘자도 ☳이다. 이해가 되는가? 건물은 물론 땅에 붙어 있다. 산보다도 작다. 하지만 큰 건물은 ☳로 표시한다. ☳는 일어났다는 뜻이 있기 때문이다. 일어난 것은 큰 것이 아닌가! 화가 난 것도 ☳이고, 잠자다 깬 것도 ☳이다. 고집을 부리다 마음을 바꾼 것도 ☳이다. 군인도 ☳이다. 남자의 성기가 발기한 것도 ☳이다. 그것이 크고 작고는 상관없다. 칼이나 도끼도 ☳이다. 우레도 ☳이다. 큰 소리도 ☳이다. 탱크나 금속도 ☳이다.

질서 있게 움직이는 것도 ☳이다. 왜냐 하면 아래 양이 있는 것은 땅으로부터 떨어진 것이니 움직이는 것이고, 위의 두 개 음은 함께 있으니 질서이다. ☷는 질서가 아니다. 상하의 음이 서로 떨어져 있어 제각기 존재한다. ☷은 누워 있고, ☳은 일어난 것이다.

이제 이것을 수리로 따져 보자. 그 동안 시각 논리 또는 일상적 관점에서 본 것이다. 이로써 개념을 알게 되었다. 그것을 더욱 강화시키기 위해서는 수리 논리가 필요하다.

먼저 ☵을 보자. 양값이 얼마인가? 1이다. 아주 작은 값이다. 최초의 양으로서 음을 움직일 역량이 부족하다. 그저 음 위에 겨우 붙어 있을 뿐이다. 그나마 하나의 양이 있어서 다행이다. 이것이 음을 잡아당기고 있는 것이다. 남자가 여자에게 처음으로 수작을 걸고 있을 때의 모습이다. 여자는 아직 움직이지 않고 있다. 그러나 수작을 받아들인 형태이다.

이제 음값을 보자. 음값은 아래에서부터 세는 것이므로 ☵의 음값은 3이다. 1+2=3이면 제법 큰 값이다. 0인 땅에서부터 한참 솟아오른 격이다. 이 정도의 값이면 자기 자신을 단단히 지키면서 밖으로 나서지 않을 수 있다. 양값은 1인바, 1이 당겨도 3은 제자리를 지킨다.

☵의 뜻을 더욱 깊게 알았을 것이다. 앞의 논리와 비교해 보라. ☵의 깨달음이 더욱 강화되지 않았는가! 언어 시각 논리, 또는 생활 논리로부터 시작하여 수리 논리에 이르게 되면 사물의 본성이 확연히 드러나는 것이다.

다음 ☶를 보자. 양값은 4이다. 큰 값이다. 4는 값의 중간 위치이다. 즉, 1, 2, 3, 4, 5, 6, 7인 것이다. 양값이 이 정도면 음을 충분히 흔들어 댈 수 있다. 또한 4 정도의 힘이면 음 속으로 깊게 파고들 수 있다. 이제 음값을 보자. 음은 아래에서부터 세는 것이니 ☶는 음값이 6이다. 대단한 값이다. 이 정도면 우뚝 솟아올랐다고 할 만하지 않은가! 힘이 4인 양을 올라타고 있다. 거대한 덩어리가 바로 ☶인 것이다. 히말라야 같은 큰 산은 ☶로 표현할 수 있다. 대장군의 위용이다. 체격이 좋은 남자이다. 강한 국가이다.

이것은 생명력의 상징이다. 기실 생물이란 것은 ☳로 표현된다. ☷이 죽은 것이라면 ☳는 살아 있는 존재이다. 먼 옛날 우리의 조상들이 커다란 돌을 세워 놓았는데, 이것은 선돌이라고 하거니와, 생명력을 상징한다. 바로 ☳을 의미하는 것이다. 우리의 조상들은 바위를 일으켜 ☳을 만들고 기상을 높였던 것이다. 여기서 ☳을 보다 잘 이해할 수 있도록 괘상의 조합을 만들어 보자.

䷗, 이 괘상은 잠자던 대지가 크게 떨치고 일어나는 상이다. 봄이 와서 만물이 소생하는 모습, 또한 잠잠하던 천하가 비로소 요동하기 시작하는 상, 제갈공명은 이 괘상을 얻고 전쟁을 계획했다. ䷁는 일제히 일어나는 것을 보여 주고 있다.

우리는 지금 ☷과 ☳을 일상 논리와 수리 논리를 통해 해석해 보았다. 다시 묻겠다. ☷은 무엇이고 ☳은 무엇인가? 그것은 다름 아닌 ☷이고 ☳일 뿐이다. 괘상 공부란 처음에 괘상 자체를 보고 다음에는 그것을 분해해서 논리적으로 이리저리 풀어 본 후, 나중에는 다시 괘상 자체로 돌아오는 것이다.

괘상은 말이 없다. 그러나 보여 주고 있다. 옛 사람이 말했다.

'처음에 공부할 때, 산은 산이다. 다음에는 산은 산이 아니다. 그런 다음에는 산은 다시 산이다.'

玉虛眞經 (12)

　　天心住澤 地心住山 故天命向低空處也

　연못에는 하늘의 마음이 있고, 산에는 땅의 마음이 있는 것이다. 그런 까닭에 천명이 빈 곳, 낮은 곳으로 흐른다고 하는 것이다.

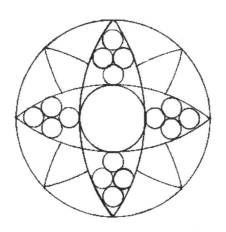

괘상의 극의(極意)

앞장에서는 ☷과 ☰를 살펴보았는데, 이번에는 ☴과 ☶을 살펴 보자. ☴과 ☶은 ☷와 ☰의 반대 괘상인데, 단순히 반대라고만 해 서는 얻을 게 별로 없다. 철저히 따져 보자.

☴은 바람과 같은 성질이 있는 것, 즉 바람의 뜻이 바로 ☴인 것 이다. ☴은 음 하나가 양에 붙어 있다. 혹은 음이 양을 잡아당기고 있다고 해도 된다. 이것은 ☶에 있어서 양 하나가 음을 당기고 있 는 형편과 동일하다. 단지 음양의 상황이 바뀌었을 뿐이다.

☶은 양이 하늘에 붙어 있다. 그런데 하늘이란 본시 움직이는 존 재이므로 그것에 붙어 있는 ☶도 움직일 수밖에 없다. 땅에 붙어 있는 것이 움직이지 않는다는 것은 땅의 성질이 바로 움직이지 않 는 것이기 때문이다.

☶에서 아래의 음은 양을 모아 놓는 역할을 한다. 즉, 양 덩어리

를 이루게 하는 것이다. 다만 ☴은 양을 작게 모아 놓은 것이다. 하늘에 붙어 있기 때문이다. 하늘은 양 그 자체이므로 크다 작다를 논할 수 없거니와, 그것에서부터 조금밖에(붙어 있기 때문에) 끌어내지 못한 것이니 당연히 작은 양(陽)인 것이다. ☶에서 음이 아래에 붙어 있어 작다고 말하는 것과 형편이 같다. ☴은 작은 양이지만 움직이고, ☶은 작은 음이지만 정지해 있다. 땅에 대한 산은 바로 하늘에 대한 바람인 것이다. 음과 양이 서로 성질이 다르기 때문에 돌아다님과 제자리가 나누어진다.

☴은 괘상의 이름이 손(巽), 또는 풍(風)이지만, 흐르는 냇물도 이에 해당된다. 소문이 퍼지는 것도 이것이고, 도로에 차량이 무작위로 돌아다니는 것도 바로 이것이다. ☰은 돌아다닐 것도 없이 무한한 천공 그 자체이지만, ☴은 그 기운이 이리저리 요동치는 것을 의미한다.

그리고 수학적으로 보면, ☰와 ☷은 선(線)대칭 관계에 있다. 수평선을 긋고 보면, ☰은 하늘에서, ☷은 땅에서 서로 마주보고 있는 것이다.

☴의 수치를 보자. 먼저 음값을 보면 1이다. 최초의 음인 것이다. ☰은 음값이 0이지만, ☴은 1로서 최초가 되는 것이다. 이렇게 음값이 생겨남으로써 양의 덩어리가 형성된다. 그럼 양값을 보자. 위로부터의 논리에 따라 ☴의 양값은 3이 된다. 작지 않은 값이다. 물론 아주 큰 값은 아니지만, 양값 3 정도면 훌륭히 작용할 수 있다. ☴은 이리저리 돌아다니며 음 속으로 파고들기 직전의 상태인 것이다. 양값이 4가 되면 비로소 파고들어 ☵이 되지만, 3이면 대기 상

태이다. 주역 원전에 ☳을 들어감(入)의 성질을 갖고 있다고 하였는바, 이는 양값이 3이기 때문이다. ☵은 음값이 1이므로 최초의 양의 결집(結集)이고, 또한 양값이 3이므로 진입(進入) 직전 상태인 것이다. ☳이 이리저리 움직이는 것은 요동하는 천(天)에 붙어 있기 때문이고, 또한 아래 음에 의해 그 결집이 풀어지지 않고 있기 때문이다.

주역의 원전에는 ☵의 아래 음을 고집스러운 여자에 비유했다. 이는 남존 여비(男尊女卑) 사상이려니와, 가뭄에 단비 소식을 줄 수 있는 것은, 실은 ☵의 아래 음 때문이다. 우리는 그저 ☵의 정확한 뜻을 알면 그만이다.

이제 ☵의 정확한 뜻을 더욱 자세히 살피기 위해 대성괘(大成卦)를 만들어 보이겠다.

☴. 이 괘상은 바람이 구름을 모으고 있는 모습이다. 하늘 위에 찬 기운이 뭉치고 있는 것이다. 괘상의 이름은 소축이라고 하였지만, 장차 큰 비구름을 몰고 올 징조이다. ☵의 뜻이 얼마만큼 보이는가? 계속 더 파고들어야 한다.

이제 ☵을 보자. 이 괘상은 위가 음이므로 양의 기운이 하늘로부터 뚝 떨어진 모습을 보이고 있다. 생명의 기운이 땅 아래에 깊숙이 박힌 상태, 맑은 공기를 흠뻑 머금은 나무, 물이 고여 있는 연못, 사람이 살 수 있는 집, 폭발할 수 있는 화약, 곧 비가 될 수 있는 검은 구름, 공부가 많이 되어 있는 사람, 저축이 많은 사람 등을 상징하는 괘상이다. 이 괘상의 특징은 양의 기운이 하늘로부터 완전히 독립해서 정착한 것, 따라서 바람처럼 요동은 없다. 이른바 담겨져 있는 에너지인 것이다. 담겨져 있다는 말은 닫혀 있다는 뜻으로, 그 안에 에너지를 함유하고 있는 것이다. ☵은 위의 음으로 인해 아래의 양이 갇혀 있는 것인바, 아래의 양은 당초 하늘에서 내려온 것이다. 그러한 양이 하늘로부터 차단된 이유는 맨 위의 음 때문이다. 이들의 값을 따져 보자.

음값은 4인데, 이 때 양을 가두어 놓는 값은 6이다. 다른 말로, 양이 6에 이르면 음을 4만큼 떠받들어 놓을 수 있다는 것이다. ☵은 양값이 6으로서 ☰보다는 양값이 적지만 ☰은 양 자체라는 뜻이기 때문에 ☵은 가장 많은 양을 가두어 놓고 있는 것이다.

반면 ☲는 음을 가장 많이 들뜨게 만들어 놓은 것으로, ☷과 ☲은 서로 선대칭 관계에 놓여 있다. 음이란 들떠 있음으로써 유용하고, 양이란 갇혀 있음으로써 유용한 법이다. ☵은 양이 가장 많이 갇혀 있는 괘상인 것이다.

이 괘상을 더욱 잘 이해하기 위해서 대성괘를 만들어 보자.

'임(臨)', 이 괘상은 대지의 깊은 아래에 드넓은 바다가 자리잡고 있는 모습이다. 괘상의 이름은 '임', 크게 자리잡는다는 의미이다. 사물에 있어서는 일이 진척되어 뿌리를 내렸다는 뜻이 있다. 저력(底力)이라는 말이 있는데, 이 괘상은 바로 저력을 실감케 한다.

☷과 ☰을 다시 음미하자. ☰은 자리를 찾지 못하고 이리저리 방황하고 있는 모습이다. 그러다가 양이 음 속으로 파고들면 ☵이 되어 정착하게 되는 것이다. 반대로 ☵은 양이 갇혀 있다가 음 밖으로 탈출하여 자유를 얻는 것이다. 여기서 유의할 것은 괘상이 다양하게 응용되는 점이다.

간혀 있다 ↔ 정착되다, 방황하다 ↔ 자유롭다

어떤가? 괘상의 뜻은 하나일 뿐이다. ☳에서 양은 간혀 있는 것이지만 이것을 정착했다고 말해도 된다. 간힘과 정착은, 인간에게는 두 가지 뜻이지만, 괘상은 그것을 무심히 보여 주고 있을 뿐이다. ☶에서 양은 방황하거나 자유롭다. 방황과 자유는 같은 뜻이다. 인간의 입장에 따라 단어가 달라질 뿐이다.

다시 보자. ☵에서 음은 양을 바라보고 있을 뿐, 어쩌지 못하고 있다. 그러나 ☶에서는 음이 양을 잔뜩 머금고 있는 것이다. 다른 방식으로 보면, ☵에서는 음이 높은 곳에서 불안한 상태이다. 하지만 ☶에 이르게 되면 음은 모든 것을 내팽개치고 제자리에 와 있는 모습이다.

이렇듯 괘상은 음의 입장과 양의 입장에서 보는 방법이 있고, 음이나 양 중 하나의 입장에서 보더라도, 위에서 보는 방법, 아래에서 보는 방법이 있다. 예를 들어 ☶은 양의 입장에서, 그리고 위에서 보면 방황이다. 하지만 양의 입장, 그리고 아래에서 보면 자유이다. 또한 ☶을 음의 입장에서, 그리고 위에서 보면 편안함이다. 그러나 음의 입장에서, 그리고 아래에서 보면 궁핍한 모습인 것이다.

우리는 괘상을 어떻게 바라볼 것인가? 그것은 상황에 따라 다를 것이다. 때로는 양, 때로는 음이다. 그리고 어느 때는 위에서 보고 어느 때는 아래서 봐야 하는 것이다. 하지만 괘상의 극의를 공부할 때는 모든 면을 감안해야만 한다.

玉虛眞經 (13)

空低處 天命流而道人向也 由此吾謂地虛
道人之故鄕也
빈 곳, 낮은 곳, 천명이 흐르는 곳으로 도인은 향한다.
그런 까닭에 나는 지허(地虛)를 도인의 고향이라고 말한다.

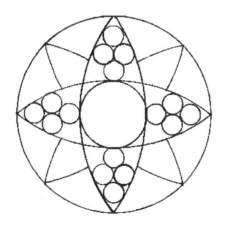

괘상의 구성 논리

주역의 괘상은 사물의 작용을 본뜬 것이기 때문에 괘상의 의미가 밝혀지면 사물의 뜻도 자연히 밝혀지게 된다. 이 장에서는 앞장에서 다루었던 괘상의 논리를 좀더 확장해 보기로 하자. 앞서 우리는 ☶, ☷, ☳, ☱의 4가지 괘상을 다루었는데, 이것들이 다른 괘상과 조합을 이루었을 때 어떻게 뜻을 나타내는지 자세히 살펴보자.

☰ '무망(无妄)', 이 괘상은 양 하나가 위로부터 이탈하여 아래에 깊게 박히고 있다. 마치 하늘에서 번개가 땅으로 발사되는 모습이다. 실제로 괘상의 이름은 천뢰 무망(天雷无妄)인데, 여기서 '무망'이라는 것이 특이한 의미를 갖고 있다. 무망이란 헛되지 않다는 뜻이려니와, 그 이유가 재미있다. 괘상을 보면, 하늘에서 기운이 내려온 것은 분명한데 이것을 헛되지 않다고 표현한 것이다. 왜일까? 그것은 바로 하늘의 기운이 내려왔기 때문이다. 또는 하늘의 섭리

라고 해도 좋고, 그냥 천명(天命)이라고 해도 좋다. 이 괘상은 하늘 아래의 우레를 보여 주고 있기 때문에 그 기상이 아주 당당하다. 시원한 느낌마저 주는 것이다. 이 괘상은 추상 같은 상부의 명령이 나 천하에 선포를 하는 모습이다.

괘상의 구조에서는 양의 기운이 하늘로부터 내려와 땅에 박히고, 그 결과 땅의 기운이 위로 상승하고 있는 것이다. 땅의 기운이 위로 향한다는 것은 활력을 갖는다는 뜻이므로 당연히 좋은 의미가 되는 것이다.

옛 사람은 이 괘상을 극한적으로 해석했다. 양의 기운이 아래로 발출된 것을 천지 신명의 가호로 본 것이다. 괘상은 왕의 명령 같 은 지고(至高)한 모습을 보여 주는 것인바, 그것을 상서롭게 보고 있다. 양을 선호하는 경향을 보여 주는 것이지만, 적절한 응용이라 고 할 수 있다.

맨 아래의 양은 그 위에 있는 음 두 개를 위로 향하게 하니 분명 상서로운 일이다. 이것은 높은 하늘의 뜻이 낮은 땅 아래까지 영향 을 주는 것이니 큰 은혜일 것이다. 또한 정당한 하늘의 도리는 어 느 곳에도 미칠 수 있으니 헛됨이 없다는 의미이다.

이 괘상을 다른 각도에서 보는 방법도 있다. 하늘에서 기운이 내 려왔다는 것은 위에서 보는 방법이지만, 아래에서 보면 음이 양을 갈구하는 모습이다. 기도(祈禱)를 하는 것이나 정부에 탄원하는 것 등도 이 괘상이 뜻하는 바이다.

이 괘상에서 음 두 개는 이미 양 위에 올라타고 있어 위로 향하 고 있다. 음이 위로 향하면 양은 내려오게 되어 있는 법, 어린아이가 울면 어머니가 젖을 주고, 백성이 탄원하면 정부는 귀를 기울여 주는 것이다. 이 괘상에서 음은 적극적으로 양을 당기고 있다.

☷의 성질은 원래 위에 있는 양을 잡아당겨 아래로 누르는 것이다. 또한 아래에 있는 음을 위로 떠받드는 성질도 있다. 이는 음의 입장, 양의 입장, 또는 상의 관점, 하의 관점 등에 의한 것이다.

☳☷ '예(豫)', 이 괘상을 보자. 이것은 ☷가 위에 있어서 아래 있는 음을 계속 발굴해 내고 있는 것이다. 다른 각도에서 보면, ☷는 무심히 아래쪽으로 양을 보내고 있을 뿐이다. 그 결과 음은 떠올려지게 된다.

위 그림은 양을 내리고 음을 올리는 과정을 보여 준다. 다만, 괘상 ☳☷은 양을 내리는 것을 강조했고, 괘상 ☷☳는 음을 올리는 것을 강조했을 뿐이다. 하지만 숨은 내용을 보면, 음이 올라간 것은 즉 양이 내려왔다는 뜻이다. 다음을 보라.

이 그림은 하늘에서 내려온 번개가 땅을 강타하고 있는 모습을 보여 준다. 그로써 땅은 새로운 변화가 시작되는 것이다.

이 그림은 땅에서 출발한 우레가 드디어 하늘로 향하는 모습이다. 고향에서 준비를 튼튼히 한 청년이 드디어 서울로 향하는 것이다.

☶을 풀어 보자. 이 괘상은 산이 하늘 아래 엎드려 있는 모습으로, 숨는 것을 상징한다. 여기서 ☶은 양을 마다하고 주저앉으려는 뜻이 있다. 물론 ☰도 ☶에서 떠나가는 모습이다. 그리고 ☶의 위 양은 다 떠나간 양의 잔재를 의미한다. 산은 원래 정지해 있어서 하늘을 따라잡지 못한다. 이는 하늘이 도망가고 산이 숨는다는 뜻과 동치(同値)이다.

☶ '박(剝)'. 이 괘상을 보자. 이것은 음이 마지막 남은 양을 배제하려는 모습이다. 반면, 양 하나는 겨우 부지하면서 파고들려는 모습이다. 결국 ☶이란 음을 아래로, 양을 위로 하는 성질이 있는 것이다.

이 그림은 하늘을 떠난 산이 땅바닥으로 점점 주저앉는 모습이다. 이것을 반대로 해 보자.

이 그림은 땅이 애써 오르려고 하건만 갈 길이 요원하다는 것을
보여 주고 있다. ☷은 죽음에 가까운 괘상인 것이다. ☷와 비교해
보라. 이것은 계속해서 음이 높아지고 양을 기르고 있다. 반면 ☷은
하나 남은 양을 지키기에 급급하다. 또한 양은 힘이 약해 음을 끌
어당기기에 역부족을 느끼고 있다. 다만 원전 주역에서는 괘상
☶의 위에 있는 양이 마침내 살아남는 것으로 묘사하고 있다. 양
을 선호하는 사상과 희망을 버리지 않겠다는 의지가 포함되어 있다.
뜻이 있는 곳에 길이 있다는 말도 있지만, ☷은 견디고 기다리면
희망이 있다는 것을 은근히 보여 주고 있다.

☴을 보자. '관(觀)', 이 괘상은 땅 위에 바람이 불어 가고 있는
모습으로, 아주 평범하다. 그러나 평범한 모습이라고 해서 그 뜻을
쉽게 알 수 있는 것은 아니다. 바람이 땅 위를 스쳐 지나간다는 것
은 과연 무슨 뜻인가? 괘상의 이름이 관(觀)으로 되어 있는바, 살핀
다는 뜻이다. 바람은 땅을 돌아다니며 여기저기를 살피고 있다. 땅
이란 순음(純陰)으로, 숨겨져 있는 존재이다. 하늘에서 보면 산도
숨은 존재인데, 하물며 그 뿌리인 땅은 어떻겠는가!

이 괘상은 양이 잔뜩(2개) 와서 음 속으로 파고들 준비를 하고 있
다. 괘상 ☴은 ☴이 ☷ 속으로 들어설 기회를 엿보고 있는 것이다.
여자의 얼굴을 슬쩍 훔쳐보고 있는 식이다. 생활 용어에 '바람을 피

운다'는 말이 있는데, 이 괘상은 그것을 잘 보여 주고 있다. 이리저리 파고들 궁리를 하고 있는 것이다. 바람이란 원래 그런 성질이 있다. 새로움과 소통이다.

☷의 위쪽을 보자. 생명의 기운인 양이 음 속으로 파고들려고 대기하고 있다. 반면 아래쪽 음은 위로 올라설 기회를 살피고 있는 것이다. 괘상 '관'에서 아래에 있는 ☷는 위의 ☴을 수용할 태세를 갖추고 있다. 다음을 보라.

이 그림은 양이 침투에 성공한 과정을 보여 주고 있다. 땅 위를 불어 가던 바람이 드디어 땅에 양기 하나를 붙여 놓는 데 성공한 것이다. ☶ '점(漸)', 이 괘상은 이름이 '점'이려니와, 점차 무슨 일이 되어간다는 뜻이다. ☶, 이 괘상은 아래에서 보면 양이 잡힐 듯 말 듯 애태우는 모습이다. 하지만 위에서 보면 음이 고집을 부리고 꼼짝 않는 모습이다.

괘상 ☴ 구(姤)는 음이 돋보이고 있는데, 원전 주역에서는 고집스러운 것으로 묘사되고 있다. 이런 여자는 얻지도 말라고 되어 있는 것이다. 그러나 다 떠나가는 양을 잡기에 얼마나 노력하고 있는가! 언제나 양의 입장과 음의 입장은 같은 것이다. 이 내용은 아주 중요하다. 주역의 괘상은 음과 양이 한데 어우러져 하나의 뜻을 나타내고 있다. 음과 양은 비록 성질이 반대라서 행동도 반대이지만, 실은 서로 하나의 뜻을 위해 상보적(相補的) 관계에 있는 것이다.

다음을 보자.

이 그림은 바람이 하늘로부터 내려와 땅에 기운을 공급해 주는 과정을 보여 준다. 물론 아직 성공을 한 것은 아니다. 그러나 애쓰고 있다.

이 그림은 땅 위를 낮게 불어 가던 바람이 이제 하늘마저 흔들어 주고 있다. 여자가 남자의 마음을 흔들고 있는 모습인바, 좋은 배필을 얻는다면 여자의 행위는 나무랄 수 없는 것이다. 처녀가 정숙한 것도 좋지만, 아예 남자 만날 기회조차 갖지 않는다면 될 일이 뭐가 있겠는가!

☱을 보자. 이 괘상은 느긋한 모습이다. 양을 마음껏 함유하고 있으니 그럴 수밖에 없다. 원전 주역에서는 ☱, 이 괘상을 즐거움으로 묘사하고 있다. 아주 그럴 듯하다. 마음 속에 희망이 가득 차 있기 때문이다. 이 괘상의 구조를 보면, 양이 음 속으로 파고들어가 쌓여 있다. 물론 음이 높게 떠받들려 있다고 해도 된다. 양이 내려가면

음이 올라가는 법, 누가 먼저라고 말할 수 없다.

주역은 현재를 분명히 하는 학문이다. 현재를 정확히 알면 미래를 아는 것은 쉬울 것이다. 미래란 현재의 상황을 정확히 해석했을 때 예측할 수 있는 법이다. 물론 상황이란 것은 인간의 관점에서 본 상황이 아니다. 어디까지나 무심한 자연이 바라본 상황이다. 주역은 인간으로 하여금 그러한 마음을 갖도록 계몽해 주고 있다.

☱을 다시 보자. 이것은 음이 위로 떠받들려지고 있기 때문에 더 위에 있는 양을 받아들이고 있는 모습이다. 괘상 ☰ ‘이(履)’는 어떤 모습인가? 하늘 아래 연못인데, 아주 자연스런 모습이다. 주역을 공부하는 사람은 이런 곳에서도 뜻을 발견할 수 있어야 한다. 연못은 하늘을 향해 마음을 활짝 열어 보이고 있다. 님을 향해 마음을 허락한 여인과도 같은 것이다. 하늘의 기운이 아래쪽으로 흠뻑 젖어 들어 있다. 축복을 받은 모습이다. 다만 원전에서는 괘상 ‘이’의 아래, 즉 ☱에 대해 경계를 늦추지 않고 있다. 특히 ☱의 위 음은 자칫하면 지나치게 나섰다는 과오를 범할 수 있다. 물론 그것은 양을 품겠다는 의도이니 동기가 나쁘다는 것은 아니다. 다만 음이기 때문에 조심하라는 것이다.

어쨌건 이 ☱는 하늘을 향해 자신의 모습을 드러내 보이고 있는 것이다. 문을 활짝 열어 손님을 맞이하고 있는 모습이고, 한 국가가 문호를 개방하여 외교에 성공한 모습이다.

다음 괘상을 비교해 보라.

여기서 ☶은 산이 하늘에 등을 돌리고 있는 모습으로, 마치 여자가 남자를 외면하고 있는 모습이다. 그러나 ☱는 연못이 하늘을 부르는 모습이고, 여자가 남자를 마침내 받아들인 모습이다. 요컨대 ☱은 아래로 양을 비축하고 위로 음이 비상하는 괘상인 것이다. 좋은 괘상이다. 양을 머금고 음이 위로 향하니 얼마나 좋은가! 다만 지나치면 뻥 터져 버릴 수도 있다.

다시 괘상을 보자.

☱☷ '췌(萃)', 이 괘상은 어떤가? 땅 위의 연못이니 낮은 연못이다. 따라서 아직은 물을 많이 가두어 놓을 수 없다. 하지만 장래성이 많은 괘상이다. 음 하나가 높이 올라가 양을 포획하고 있는 모습이다. 아래에 있는 ☷는 ☱을 소중히 잡아당기고 있다.

이 그림은 연못이 하늘을 향해 문을 열고 기운을 받아들여 땅에 정착시키고 있는 것이다. 양의 기운은 점점 깊게 들어서고 있다. 이는 마치 신랑 신부가 첫날밤 이후 임신이 성립된 모습이다. 사업으로 말하면, 큰 회사로부터 하청을 받은 상태이다. ☱의 성질은 아래에 있는 음을 끊임없이 발굴하고 위에 있는 양을 잡아들이는 것이다. 다만 이 괘상은 이제 막 시작한 모습을 보여 주고 있는 것이다. 괘상의 이름이 ䷬인바, 모인다, 또는 모은다는 뜻이다. 물론 양을 모으고 있다.

다음을 보라.

이 그림에서 보는 바와 같이 ䷬는 아직 양기가 아래로 접속되지 못한 상태이다. 그러나 ䷞은 아래로 기운이 접속된 것이다. 마침내 아래에 있는 ☷도 부풀어오르기 시작한 것이다. ䷞'함', 이 괘상은 이름이 함(咸)이다. 무엇을 느끼겠는가? 당연히 한 가닥 양의 기운과 감응한 것이다.

만일 ☶이 점점 파고들어 ䷞에 이른다면, 이는 에너지가 완전히 정착한 것이다. 마치 남편이 벌어온 돈을 부인이 감추어 둔 모습이다. 돈이란 부인 손에 한번 들어가면 좀처럼 밖으로 나오지 않는다. (그렇기 때문에 남자들은 조심해야 한다.) 아무튼 ☶은 양을 내리고 음을 올리는 괘상인 까닭에 땅 속 깊이 처박히는 것이 최상이다. 그리하여 양을 보존하고 음에게 활력을 준다.

이상에서 몇 가지 괘상의 논리를 살펴보았다. 번거로울 수도 있고 확연할 수도 있다. 단지 괘상이란 다양한 뜻이 있으므로 이리저리

응용함으로써 실체를 더욱 깊게 파악할 수 있다. 그렇게 하는 것을
주역에 있어서 수련이라고 말한다.

玉虛眞經 (14)

道人吸樂園之香 故壽命同小童

저 낙원의 꽃향기를 맡으며 사는 도인의 수명은 언제나
어린아이와 같구나.

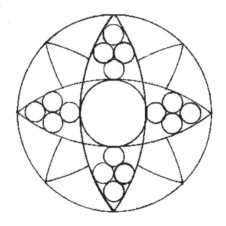

우주의 근원

　세밀한 논리는 잠시 쉬고 광대한 세계로 눈을 돌려 보자. 주역의 섭리는 극미의 세계에서 무한의 세계까지 어느 곳에서나 적용된다. 당초 우주 자연이 만들어진 것은 주역의 섭리가 있었기 때문이다. 주역의 섭리가 바로 음양의 섭리이고, 음양의 섭리란 즉 태극의 섭리인 것이다. 태극으로 인해 우주는 성립되고 있다. 오늘날 과학은 눈부시게 발전하고 있거니와, 그 중에서도 인간의 과학은 우주의 근원에 접근하고 있는 것이다. 우리는 주역의 관점에서 이를 규명할 수 있다.

　자연과학에서는 우주 자연의 출발을 빅뱅에서 찾는다. 빅뱅은 우주 최초의 사건으로서 중대한 것을 시사하고 있다. 빅뱅이라면 누구나 알고 있겠지만, 여기서 그것을 설명해 보자. 잠시 과학 공부를 한다고 생각하라.

우주에는 수많은 별들이 있다. 이들은 무리를 이루고 있는데, 우리가 사는 세계를 태양계라고 한다. 태양계라고 명명한 이유는, 우리의 세계는 지구를 비롯한 모든 별들이 태양을 중심으로 회전하고 있기 때문이다.

몇 백 년 전만 해도 지구가 태양을 돈다고 하면 큰일날 일이었다. 교황청에서 잡아가 종교 재판에 회부하기 때문이다. 갈릴레오를 필두로 많은 사람이 처형되었던 것이다. 사람의 몸을 불에 태우는 마녀 재판은 특히 잔혹했다. 그러나 더욱 애석한 것은 진리가 밝혀질 수 없었던 것이다.

이러한 세상을 주역에서는 ☰ '혁(革)'으로 표현한다. 이 괘상은 불이 연못 속에 갇혀 있는 것으로 밝음, 즉 진리가 넓은 세상으로 나아가지 못하고 구석에 처박혀 있는 것을 보여 준다. 이 괘상의 이름은 ☵ 인바, 그러한 세상은 곧 혁명에 봉착한다는 뜻이다.

어쨌건 그 당시는 종교의 권위가 너무 높아 진리를 함부로 규명할 수 없었다. 그 점에서 보면 오늘날은 참으로 다행스럽다. 마음놓고 진리를 규명할 수 있고, 공부할 수 있는 책도 얼마든지 있다. 그 중에서도 세상에 주역이란 학문이 있으니 얼마나 다행인가! 주역은 천지 자연의 모든 것을 규명해 주고 있다.

태양계 얘기를 하다 말았는데, 태양계는 10개의 혹성과 수많은 혜성, 수억 개의 작은 소혹성으로 이루어져 있다. 태양계 밖을 은하계라고 하는데, 은하계는 태양계 같은 집단이 수천억 개 모여서 이루어져 있다. 은하계는 실로 광대한 구조이다.

그러나 우주는 더 크다. 은하계가 수억 개 모이면 은하단(銀河團)

이라 하는데, 이것이 또 수억 개 모여 초(超)은하단을 이룬다. 그러나 우주는 더 넓다. 초은하단이 수천억 개 모여 우주를 이루는 것이다.

이 모든 것은 어디에서 왔을까? 오늘날 과학에서 밝혀진 바에 의하면 빅뱅에서 온 것이다. 빅뱅의 학설은 교황청에서도 허락(?)했다. 과학자들은 이론과 실증을 통해 빅뱅을 증명했는데, 그 당시 상황은 어떤 것일까?

그 당시에는 모든 별이 한 곳에 합쳐진 상태였다. 장관이 아닐 수 없다. 우리의 태양만 하더라도 지구의 130만 배나 되는데, 우주의 모든 별, 태양계·은하계·초은하계가 모두 모였다면 얼마나 큰 덩어리일까? 큰 덩어리? 그렇지 않다. 빅뱅 당시 우주의 크기는 좁쌀 크기도 되지 않았다. 좁쌀이라니! 이는 너무 크다. 만일 좁쌀을 지구만큼 크다고 할 때, 먼지 하나라면 얼마나 작은 것일까? 사실 빅뱅 당시에는 모든 우주의 별이 뭉쳐 이토록 작았던 것이다.

먼지의 수억조 배나 작았던 별들의 뭉침 덩어리가 폭발하여 전 우주로 별들이 퍼져 나갔다. 처음에 압축 상태가 극한이었던 별들은 마음껏 폭발해 나갔던 것이다. 태초의 덩어리! 이는 가히 우주알이라고 할 만한데, 이로부터 우주 자연은 튀어나온 것이다. 그 당시에는 물질이 없었을 뿐만 아니라 시간도 공간도 없었다. 물질·시간·공간은 우주알이 부화하면서 나온 사물들이다. 여기서 부화란 물론 빅뱅을 말한다. 그 직전은 우주알이다.

우리가 지금 논의하고자 하는 것은 그 당시의 세계이다. 우주알은 과연 무엇이라고 해야 하는가? 물질 덩어리? 그렇게 말해도 된다.

하지만 우리는 물질이 무엇인지 모른다. 그저 우리 몸이 물질로 되어 있고, 별들이 물질로 되어 있어서 말할 수 있는 것이다. 우리는 그 무엇으로 물질을 정확하게 말할 수 없다.

물질은 허공과 다른 그 무엇일 뿐이다. 과학에서는 물질의 정의가 간명하게 내려져 있다. '공간을 차지하고 있는 것'이 물질이다. 우리는 이를 더욱 분명하게 하자. 주역을 공부하는 사람의 권리이며 의무이다.

물질이란 무엇일까? 그것은 다름 아닌 음(陰)일 뿐이다. 기호로는 ☷로 표시된다. 우주 초기에는 물질이 극한 상태였다. 시간과 공간은 없었다고 해도 되고, 물질이 다 삼키고 있었다고 해도 된다. 그 상태를 주역의 괘상으로 나타내면 '태(䷊)'이다. '태'라는 이름이 붙어 있거니와, 이 괘상은 천지 자연의 시작을 보여 주고 있는 것이다.

우주는 '태'에서 시작되었다. 이 괘상은 음이 양을 가두어 놓고, 또한 양이 음을 가득 짊어지고 있다. 어떻게 되겠는가? 음의 본성은 아래로 향하는 것이고, 양은 해방되려 한다. 결국 폭발이 이루어진다. 폭발이란 양이 밖으로 나아가면서 음도 끌고 나가는 것이다. 물론 음도 안으로 들어오면 양을 끌고 들어온다. 우리는 양의 입장만 고려하자. 그래야만 폭발을 실감할 수 있다.

계속하자. 우주의 초기, 즉 '태' 상태는 마침내 폭발했다. 아래에 있는 양이 밖으로 분출하기 시작한 것이다. 그것은 다름 아닌 공간 그 자체였다. 또는 공간을 팽창시킨 그 힘이었다. 태초의 순양, 즉 ䷊ '태'의 아래 양은 밖으로 나오면서 공간을 팽창시키고 별들을 조각 냈다(실은 별들을 형성시킨 것이다). 이제 모든 공간에서 별들은 확산되어 나아가고 있다.

다음의 괘상들을 보라.

위 괘상들 중에서 양은 보지 말고 음만을 유의하라. 화살표 방향으로 뛰어오르고 있다. 즉 폭발인 것이다. '쾌(䷪)', 이 괘상은 가벼운 별 하나가 멀리 달아나고 있다. 반면 '복(䷗)', 이 괘상은 무거운 별이 움직이고 있지 않은가! 지금도 확산되고 있다. 소위 우주 팽창이라는 것인데, 최근에 밝혀진 바에 의하면, 그 팽창은 멈추어지지 않는다고 한다. 주역으로 말하면, 양기가 너무 많다는 뜻이다. 자연과학자들은 우주에 물질이 너무 적다는 것이다. 같은 말이다. 과학자들은 양이라는 개념을 모르기 때문에 음인 물질만 논하고 있다. 그러나 결과는 마찬가지이다. 우주에는 물질이 너무 적어 우주가 팽창하는 것이다. 이 팽창은 영원하다.

종말은 어떻게 되는 것일까? 과학자들은 이를 열적(熱的) 죽음이라고 명명했다. 우주의 종말은 에너지가 영원히 먼 곳으로 사라진 세계인 것이다. 주역의 괘상으로 '부(䷙)'이다. 이는 음양이 제 갈 길로 가 버린 것이다. 협력도 끝난 상태이다. 세계의 역사란 결국 ䷗ → ䷙, 이 과정을 의미한다.

앞으로 우리는 그 상세한 과정을 공부하게 될 것이다. 그것은 주역의 고등 단계려니와, 그 단계를 통해 괘상의 극의가 규명될 것이다. 지금은 아직 괘상의 극의를 논할 단계가 아니다. 괘상이란 힘겨운 수련 과정을 통해 서서히 본 모습을 드러낼 것이다. 그러나 기운을 내도 좋다. 현재 상당히 깊은 단계로 들어와 있을 뿐 아니라 잘 나아가고 있기 때문이다.

다시 우주를 보자. 현재 우주는 멸망해 가는 과정에 있다고 볼 수 있는데, 부분의 세계에서는 작은 생멸(生滅)이 계속되고 있다. 생의 출발은 ䷗이다. 그리고 종말은 ䷁인 것이다. 다만 우리가 궁금한 것은, 당초 ䷁가 어디서 왔는가이다. 다른 말로, 빅뱅 이전은 무엇인가 말이다! 과학자들은 그것을 실제로 연구하면서 많은 이론을 내놓고 있다. 현재는 과학자들간에 대체로 합의가 이루어져 비교적 완전한 학설을 내놓고 있다.

빅뱅 이전! 이제부터 이것을 살펴보자. 물질이 없었던 시대! 우주알조차도 없던 시대인 것이다. 에너지나 사건 등이 있을 턱이 없다. 시간이나 공간도 마찬가지이다.

이 상태를 무엇이라고 말해야 될까? 과학자들은 '무(無)'라고 말한다. 적절하고 당연하다. 아무것도 없으니 '무'라고 말할 수밖에 없다. 과학자들은 이 상태에서 우주알, 즉 빅뱅 준비 상태가 생겨났다는 것이다. 이것을 일컬어 양자 터널링이라고 하는데, 이 이론은 불확정성 원리의 적용에서 나타날 수 있다.

불확정성 원리에 의하면, 에너지란 시간과 공액 관계를 이루는데, 시간이 무한대로 흐르면 무에서 돌연 유가 생겨날 수 있다는 것을 보여 준다. 이를 '양자 요동'이라 하는데, 호킹 박사는 양자 요동을 통해서 우주는 무에서 유로 전환이 가능하다는 것이다.

　노자의 《도덕경》에는 이런 글이 있다.

　‘만물생어유 유생어무(萬物生於有 有生於無)’

　즉, 만물은 유에서 오고 유는 무에서 태어난다는 것이다. 노자의 가르침은 오늘날 양자 역학(量子力學)의 이론을 방불케 한다. 무에서 유가 생겨나는 이유는, 더 자세히 얘기하면 확률 관계이다. 세상에는 확률이 0인 것은 존재하지 않는다. 이것이 바로 불확정성 원리의 요점이려니와, 이 원리에 의하면 남자가 애를 낳을 수도 있고, 독수리가 돌연 비행기로 변할 수도 있다는 것이다. 다만 그렇게 될 확률이 적을 뿐이다. 사건 발생의 빈도는 시간이 충분할수록 가능성이 높아지는 법인데, 무한대의 시간이 흐른다면 무에서 돌연 유가 생겨날 수도 있는 것이다. 무의 세계란 원래 시간도 공간도 없기 때문에 영원하고 또한 광대 무변하다. 그래서 그 속에서는 돌연한 사건이 발생될 수 있는 것이다.

　이를 괘상으로 풀어 보면, 무라는 것은 ䷁에 해당된다. 이 괘상은, 에너지는 다 날아가 버렸고, 물질은 무한소의 세계로 축소되어 버린 상태를 뜻한다. 바로 무의 세계인 것이다. 공간도 시간도 없는 적막의 세계, 이러한 무의 세계는 시간이 흐르지 않기 때문에 순간이 곧 영원이다. 이러한 세계, 즉 괘상 ䷁ 는 죽음의 세계인 것이다.

　하지만 이 세계에도 돌파구가 있다. 오늘날 과학으로 말하면, 불확정성 원리에 입각한 양자 요동이 있는 것이다. 이는 극적인 사건으로, 유에서 무를 창조하는 사건이지만, 괘상으로 말하면 ☷, 이 상태가 붕괴되면서 음양이 섞이기 시작하는 것을 뜻한다. 따라서 ☷의 괘상은 ☶로 바뀔 수 있다. 물론 다양한 괘상이 생길 수 있지만, 괘상을 부분적으로 보면 오직 ☶일 뿐이다.

무슨 뜻인지 자세히 보자. 다음 괘상을 보라.

☲ '대유(大有)', 이 괘상은 음양이 섞여 있다. 그러나 4번째와 5번째만 보면 ⚍이다. 이것은 바로 ⚍ → ☶와 뜻이 같다. 결국 거대 ☷가 요동하여 자잘한 ⚍을 많이 만들어 낸다. 자잘한 ⚍라 하더라도 실은 무한대의 규모에서 보면 대단한 것이다. ⚍, 이것 하나는 바로 우주인 것이다.

무의 세계에서 보면 우주는 무수히 많다. 우리는 바로 그 우주 하나에서 살고 있지만, 처음에 발생했을 때는 ⚍ 상태인 것이다. ⚍은 바로 '태'인 것이다. 1이 3으로 간주되는 것이 이해될 수 없을지 모르나 한 컵의 물은 세 숟가락의 물이 아닌가! 앞으로 1과 3의 관계를 더욱 상세히 논의하기로 하고 지금은 그냥 넘어가자.

이제껏 논의해 온 내용은 무에서 유로의 상태 변화인데, 이를 '양자 터널링', '불확정성 원리', 또는 '양자 요동'이라고 부르지만, 간단히 ☷ → ☶를 보여 준다. 문제는 어떻게 이런 일이 가능한가이다. 계속 ☷ 이런 상태일 가능성은 없는가? 물론 그럴 수도 있고, 또한 그렇지 않을 수도 있는 것이다. 자유스러운 상태인 것이다.

이를 태극 상태라고 말한다. 태극 상태는 불변(不變)인 동시에 또한 변(變)이다. 아니면서 그렇다. 죽어 있으면서 살아 있는 것이다.

불확정성 원리가 곧 태극의 원리라는 것은 누차 말한 바 있다. 우주는 바로 태극의 원리에 의해 무에서 유로 발전하는 것이 가능한 것이다.

이는 괘상으로 ☷에서 ☰로의 변환을 뜻하고, 일단 ☰의 상태가 되면 자체 에너지에 의해 변화와 작용은 시작된다. 자연의 역사란 이렇게 시작되는 것이다. ☰가 종말에는 ☷가 되겠지만, ☷는 다시 ☰로 부활할 수 있다. 유무의 순환, 이것이 바로 태극의 원리이다.

다만 ☰든 ☷든 ☰과 ☷가 있는데, 이것은 대체 어디서 온 것일까? ☰도 아니고 ☷도 아닌 완전 무, 즉 0인 상태는 없는가? 이런 상태에서 하필 ☰과 ☷가 생겨났을까? 0이 갈라져서 ☰과 ☷가 되는가? 다소 이상한 느낌을 지울 수 없다. 0이면 얼마나 편한가! 애써서 ☰과 ☷로 분리될 필요가 뭐가 있단 말인가?

이 문제는 상당히 애매하다. 그러나 문제 자체를 잘 음미해 보자. 우리는 이미 그에 대한 답을 내놓고 있었다. 보자. ☰는 바로 무이면서 또한 ☰이다. 무가 ☰이라고? 그렇다. 무는 얼마나 자유스러운가! 법칙도 없고 질서도 없고, 시간도 공간도 없다. 그러므로 무한한 가정이 성립한다. 바로 ☰인 것이다.

반면 ☷는 이미 사연이 생겼다. 결코 자유스러울 수가 없다. 이제부터는 법칙에 의해 흘러갈 뿐이다. 예외가 없다. 창조도 없다. 법칙은 바로 ☷인 것이다. 무법칙, 즉 자유는 ☰인 것이다.

그럼 무엇이 먼저일까? 어리석은 질문이다. ☷이 바로 ☰이다. 이것은 다소 난해한 문제이므로 이 정도로 넘어가자. 다시 논의될

것이다. 이 장에서는 유무의 순환 ☲ ☷ 의 순환, 또는 ☰의 순환
에 의해 우주가 시작되었다는 것을 이해해 두자.

玉虛眞經 (15)

山海盡處樂園自現

산과 바다가 다하는 곳에 낙원은 스스로 나타난다.

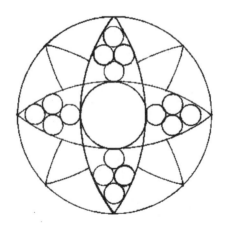

우주인은 있는가?

전편에서 필자는 만일 우주인이 있다면 그들도 주역을 알고 있을 것이라고 역설한 바 있다. 그리고 그 내용은 우리가 지금 사용하고 있는 주역과 완전히 같은 것이라는 것도 얘기했다. 나아가서는 우리의 주역이 우주인이 전수해 주었을 것이라는 논의도 전개했던 것이다.

그럼 과연 우주인이 있을까? 이 문제는 오늘날 온 인류의 지대한 관심사이다. 미국에서의 여론 조사에 의하면, 우주인이 있을 것이라는 생각이 90% 이상이었다. 그들은 막연히 재미로 우주인을 생각한 것이 아니다. 나름대로 진지하게 생각하여 결론을 낸 것이다. 우리나라의 경우, 우주인이 있다는 생각은 아직 50%도 되지 않는 것 같다. 하지만 생각을 바꾸는 사람이 점점 많아지고 있는 추세이다.

어떤 사람의 경우, 우주인과 직접 통신까지 이루어졌다 하니 대단한 일이다. 안타까운 것은 우주인이 존재한다는 물증이 없다는 것이다. 물론 UFO는 수없이 목격되고 사진도 찍히고 있는 실정이다. 그런데도 이로써는 확실히 미흡하다. 아예 우주인이 직접 나타나서 모든 것을 보여 주면 속 편하겠다. 하지만 웬일인지 그들은 숨어다니는 것 같다. 물론 그들이 존재한다는 가정에서이다.

우리는 그 가정을 검토해 봐야 할 것이다. 특히 주역을 공부하는 사람은 주역의 관점에서 생각해 봐야 한다. 과연 우주인은 존재하는가? 이 문제는 아주 신중히 대답해야 할 것이다.

먼저 종교적 관점에서 보자. 어떤 종교에서는 인간은 신이 만들었다고 주장한다. 그리고 지구를 유일한 곳이라고 했기 때문에 우주인의 존재는 부정된다. 신의 독생자가 지구에 와서 희생을 했고 부활까지 한 바 있거니와, 만일 우주인이 있다면 그들 모두를 구원하는 일은 상당히 성가신 문제가 될 수 있다.

SF 소설에 종종 우주인이 등장하는데, 클라크의 소설에는 중대한 질문이 나온다. '저들의 세계에도 예수가 다녀갔습니까?'라고. 이는 교황청에 물었던 내용이다. 소설에서의 일이지만, 교황청은 '그렇다'라고 대답했다. 오늘날 교황청은 우주인의 존재에 대해 부정하고 있는 형편이다. 교리에 어긋나기 때문이다.

한때 지구가 태양을 돈다는 이론을 교리에 맞지 않는다고 했던 교황청은 이제는 아주 신중해야 할 것이다. 어느 날 갑자기 우주인이 도래할 수도 있다. 그렇다는 증거가 나타난 것은 아니다. 물론 우주인이 없다는 증거도 확실치 않다. 모든 것은 신념과 이론 사이에서 이루어지고 있을 뿐이다.

중요한 것은 이론일 것이다. 신념이란 종교인들에게는 무조건적이어서 신중성이 결여되어 있다. 교리라는 것은 실은 과학적 이론에 의해 검증받아야 하는 것이다. 과학적 이론은 증거와 논리가 확실한 진리 그 자체이다. 또한 과학적 이론은 중립적 자세이다. 어떤 교리에도 치우치지 않는 것이 과학인 것이다.

한때 미국에서 진화론 논쟁이 있었다. 인간은 신이 만들었는데 진화라는 것은 당치 않다는 것이다. 그래서 법정까지 논쟁이 비화됐다. 고등학교 교과서에 있는 진화론은 교리에 어긋나므로 창조론으로 바꾸어야 한다는 것이다. 그 재판은 상당히 오래 갔고, 수많은 과학자들이 증인으로 나섰다. 결국 진화론이 이겼다. 물론 법정에서일 뿐이다. 그렇지만 이로써 진화론의 교과서는 바뀌지 않았다. 다행한 일일까? 그것은 스스로에게 물어봐야 할 것이다. 당신의 자녀가 학교에 가서 진화론을 배우기를 원하는가? 아니면 진화론은 틀려먹었으니까 창조론을 믿어야 하겠는가?

성경에 의하면, 하나님이 흙으로 빚어서 사람을 만들었다고 한다. 찰스 다윈은 원숭이가 진화하여 사람이 되었다고 주장한다. 이 문제는 아직도 논쟁 중에 있거니와 우주인의 존재도 이와 비슷한 입장에 처해 있다.

중요한 것은 고등 생물체의 보편성이다. 생물체가 일반적으로 존재할 수 있다면 그것은 우주인의 존재를 긍정하는 결과를 줄 것이다. 그러나 생물체가 아주 특수해서 저절로 만들어지는 것이 불가능하다면 지구 생물은 신이 만든 것이고, 저 먼 별나라에는 그런 일이 일어날 것 같지 않은 것이다.

요는 생물체가 저절로 생겨날 수 있느냐이다. 또다시 진화나 창조냐 하는 문제를 제기한 셈인데, 주역을 공부하는 사람은 어떠한 문제라도 두려워해서는 안 된다. 우리는 앞으로 영혼의 문제도 주역의 관점에서 살펴볼 것이다. 주역은 자연의 진리 그 자체기 때문에 그로써 모든 것을 규명할 수 있다.

지금 영혼 이야기가 나온 김에 한 가지 일화를 소개하겠다. 옛날 스페인 함대가 흑인이 사는 지역에 상륙했다. 그들은 흑인을 마구 죽이고 학대했는데, 누가 교황청에 이렇게 문의했다.

"흑인도 영혼이 있습니까?"

교황청은 그 문제에 대해 상당히 망설였다. 만일 흑인에게 영혼이 있다면 그들도 하나님이 만든 것이고, 또한 학대해서는 안 되기 때문이었다. 교황청은 고심 끝에 판정을 내렸다. 흑인도 영혼이 있다고. 이로써 스페인 군대는 흑인에 대한 만행을 완화시켰다. 그러나 그 이후에도 인류는 1,000년 이상이나 흑인 노예 제도를 유지했다. 인간은 이토록 어리석었던 것이다.

다시 우주인 문제로 돌아오자.

'우주인이 존재하는가? 만일 존재한다면 그들도 신이 창조했는가?'

문제는 심각하다. 그러나 문제 속에 답을 찾는 실마리가 들어 있다. 만일 우리의 존재가 자연적 존재라면 그 논리는 우주로 확대될 수 있고, 그로써 우주인의 존재도 보편적으로 이해될 수 있다.

문제를 바꾸어 보자. 멀고 먼 저 우주의 어느 별에서 생각해 보자. 우주인이 존재하는가? 이 때 지구인이라는 것은 바로 우주인이다. 단지 문제는 생물의 존재가 우주 자연의 보편성인가이다. 우주의 다른 곳에 저절로 생물이 있다면 그들은 지구인을 상상할 수 있을 것이다.

우리는 현재 멀고 먼 별나라, 또 다른 지구의 생물을 상상하고 있는 중이다. 이는 어려운 문제이거니와, 우선 그들이 있다고 가정하자. 그들의 몸은 어떻게 생겼을까? 남녀가 있을까? 있을 것 같다. 음양은 지구의 개념이 아니라 우주의 개념이기 때문이다. 그들은 눈이 있을까? 글쎄……. 그들은 간이나 쓸개 또는 폐나 심장이 있을까? 있을 것 같다. 왜냐 하면 인간의 오장 육부는 필수적 존재이기 때문이다. 이는 생물의 필수 기관이다. 있어도 좋고 없어도 좋은 기관이 아니다. 이들 기관이 없으면 생물 자체가 만들어지지 않기 때문이다. 즉, 기관 → 생물, 이런 관계이다. 동양에서는 오장 육부를 오행(五行)이라는 범주로서 그 존재의 당위성을 얘기한다.

문제를 정리해 보자. 생물이란 무엇인가? 만들어진 것일까? 저절로 생겨난 것일까? 이 문제를 답하면 우주인 문제는 쉽게 풀릴 수 있다. 우선 만들어졌다는 것의 뜻을 따져 보자. 일례로, 자동차를 보면 누가 봐도 만들어졌다는 것을 알 수 있는데, 그 이유는 구조의 임의성이다. 이래도 그만 저래도 그만인 구조가 임의성 구조인 것이다. 즉, 선택의 자유가 있다는 뜻이다. 그런데 생물은 어떨까? 그들에게서 심장이나 폐·간·쓸개 등이 없어도 좋을까? 즉, 생물의 구조는 필연적인가, 아니면 선택적인가?

　요점을 정리해 보자. 인간의 몸을 신이 만듦에 있어 지금의 모습은 선택되어진 것일까? 아니면 몸은 반드시 지금 모습일 수밖에 없었는가? 다시 말해 보자. 인간의 몸은 이래도 좋고 저래도 좋은데, 신이 마음대로 선택해서 만든 것일까? 아니면 인간의 몸은 대자연의 원리에 의해 그렇게밖에 될 수 없었던 것일까?

　이는 어려운 문제이다. 잠시 다른 곳으로 돌아가자. 오늘날 과학은 모든 생물이 DNA로부터 비롯됐다는 것을 밝혀 놓았다. 파리든 개구리든 뱀이든 인간이든 DNA는 같은 종류인 것이다. 그래서 위의 문제를 이렇게 바꿀 수 있다. DNA는 신이 만든 것일까? 자연 발생적일까?

　문제가 단순해졌다. 생물이란 곧 DNA이기 때문이다. 실제로 공룡의 DNA가 있으면 그로써 공룡을 만들어 낼 수 있다. 현재 일본의 어떤 연구소는 매머드를 만들기 위해 매머드 DNA를 찾고 있는 중이다. 그들은 매머드 동물원을 만들 계획인데, 시베리아 벌판 어디에서인가 매머드 DNA를 찾기를 기대하고 있다. 이왕이면 공룡의 DNA도 찾기를 필자는 기대한다. 어쨌건 DNA는 곧 생물이므로 이것이 자연 발생적이냐 아니면 신이 만들었냐가 문제의 관건이다.

　DNA! 이는 왓슨과 클릭에 의해 그 구조가 밝혀졌거니와, 이런 물질의 존재는 진작부터 예측되어 왔다. 일례로, 수학자 폰 노이만은 아직 DNA가 발견되기 전에 그것을 예측한 사람이다. 그는 저절로 번식하고 활동하는 기계를 만들기 위해 필연적으로 갖추어야 하는 요소를 연구한 바 있다. 그 결과, 그러한 기계가 만들어지기 위한 필수 조건은 DNA 같은 물질이 있어야 한다고 결론 맺고, 또한 그 물질의 성질을 규명했다.

폰 노이만은 그 물질의 온갖 성질을 필연적 논리에 의해 찾아냈는데, 그것은 DNA의 성질과 100% 같은 것이었다. 폰 노이만이 '자동 증식 기계 이론'을 통해 유전 물질을 창안한 이후 몇 십 년 만에 실제로 DNA가 발견되었던 것이다. 그리고 DNA란, 모든 생물의 공통 물질이란 것도 밝혀졌다. 당연한 일이었다.

폰 노이만의 논리는 그가 예술 작품을 만들 듯이 임의적으로 지껄인 것이 아니라, 어쩔 수 없는 필연적 결과였던 것이다. 즉, 그것은 우주의 보편적 진리였다. 만일 저 멀고 먼 우주에 생물이 있다면 그것들도 별수없이 DNA를 갖고 있어야만 한다. DNA란, 지구 생물의 특징이 아니라, 그저 생물의 특징일 뿐이다.

보편 법칙이라는 것을 살펴보자. 주사위를 6000,000,000,000만큼 던져 보면, 각 숫자가 $\frac{1}{6}$ 정도씩 나타나는 것을 알 수 있다. 이를 대수의 법칙이라고 하거니와, 우주의 보편법칙인 것이다. 보편 법칙이라는 것은 우주가 천번 만번 죽었다 깨어나도 일정한 법칙이다. 그것은 누가 만들 수 없는 법칙인 것이다. 그럴 수밖에 없는 것이다. 주역의 법칙도 국회에서 만들었다거나 신이 만든 것이 아니라 그저 있을 뿐이다. 그것들은 없을 수가 없다.

이렇듯 생물의 존재 조건이란 DNA인 것이다. DNA는 생물에게 없어도 좋고 있어도 좋은 물질이 아니다. 그것이 아니면 아예 생물은 존재할 수가 없다. 만일 신도 생물이라면 DNA가 존재하게 되어 있다. 부정이 개입되지 않는 한 신이 던진 주사위도 대수의 법칙을 벗어날 수 없고, 또한 DNA의 존재 법칙도 어긋날 수 없다.

폰 노이만은 당초 저 먼 우주에 자기 증식 기계를 파견하는 문제를 연구하다가 DNA 체계를 발견했다. 그리고 얼마 안 있어 자연계에 실제로 DNA 체계가 존재한다는 것이 밝혀진 것이다.

오늘날 생물을 일컬어 폰 노이만 기계라 말한다. 인간도 파리도 참새도 폰 노이만 기계인 것이다. 만일 우주인이 있다 해도 별수없이 폰 노이만 기계인 것이다.

이제 결론에 가까워지고 있다. 폰 노이만 기계, 즉 생물은 그 어느 것이든 DNA가 없을 수 없는데, 문제는 그 물질이 우주에서도 만들어질 수 있느냐이다. 다시 말하지만, 그 물질의 설계도는 우주 공통이다. 단지 실제로 그 물질이 우주에서도 만들어질 수 있느냐이다. 설계의 문제가 아니라 재료의 문제이고, 또한 재료가 어떻게 설계도의 도면대로 만들어지느냐이다.

저절로? 아니면 신이? 다시 원점으로 돌아왔다. 다만 생물이 이제는 DNA라는 물질로 변형되었을 뿐이다. DNA는 신이 만들었는가? 아니면 자연 발생인가? 또한 신이 만들었든 자연 발생이든 지구 이외도 가능한가이다. 요점을 다시 말하면 '어떻게'와 '어디서'이다.

우선 '어디서'라는 문제를 따져 보자. 이 문제는 '지구란 무엇이냐'라는 물음이다. 지구는 특수한가? 신이 만들었나? 흔한 존재인가? 이에 대한 답은 아주 간단하다. 우주의 모든 별은 빅뱅에서 나온 것이고, 지구의 구성은 우주에서 아주 흔한 물질일 뿐이다. 당초 우주 공간의 물질들이 여기저기 뭉쳐져서 수많은 별들이 만들어진 것이다.

지구도 그 중 하나일 뿐이다. 지구의 모든 물질 원소들은 처음부터 지구에 있었던 것이 아니다. 아니 지구라는 것이 처음부터 있었던 것이 아니다. 태초의 우주는 거대한 별을 만들고 그것이 폭발하여 작은 별이 만들어진 것이다. 소위 초신성이란 것이 폭발하여 오늘날 모든 별들이 만들어진 것이다. 지금 현재도 우주에서 초신성이 폭발하는 중이다. 그로써 새로운 별이 계속 만들어지고 있다. 먼 옛날 지구도 그렇게 해서 만들어졌다. 이 우주에서 지구만 특별히 만들어지는 것은 아예 불가능하다.

이제 한 가지 문제는 해결되었다. 지구라는 물질은 우주에 아주 흔한 존재라는 것이다. 마치 바다에 나가면 물이 흔한 존재인 것처럼. 우주에는 지구와 같은 재료 · 환경이 무수히 많은 것이다.

이제 남은 문제는, 그 재료들이 어떻게 해서 DNA가 될 수 있느냐이다. 종교인들은 말한다. 신은 지구에서 지구의 재료를 가지고 DNA를 만들었다고. 그들은 DNA가 발견되자마자 그것은 신이 만들었다고 주장한다.

과연 그러한가? 이 문제를 검토해 보자. DNA는 사실상 엄청나게 복잡하다. 오늘날 그것이 인위적으로 만들어지거나 자연에서 저절로 만들어지는 것이 아님은 분명하다. DNA는 오로지 DNA가 만들 수 있을 뿐이다. DNA란 자기 증식의 능력이 있으므로 처음에 하나만 만들면 그 다음부터는 자동적으로 계속 만들어진다.

그 하나가 문제이다. DNA처럼 복잡한 물질이 신의 힘을 빌리지 않고 저절로 만들어질 수 있느냐이다.

천천히 풀어 가자. 우선 DNA 말고 우주의 다른 물질을 생각해 보자. 물은 어떤가? 이것은 저절로 만들어진 것일까? 답은 그렇다이다. 물은 수수와 산소가 함께 있으면 저절로 만들어진다. 당초 지구의 물이 그렇게 만들어진 것이다. 우주에서도 그렇다. 현재 NASA에서는 오리온좌 근처에 지구의 바닷물보다 수십 배 되는 수증기를 발견해 놓고 있다. 목성의 달에도 물이 있다는 것이 밝혀졌다. 이들은 모두 저절로 만들어진 것이다.

술은 어떤가? 이는 알코올인데 저절로 만들어졌을까? 답은 역시 그렇다이다. 실제로 은하계의 드넓은 우주 공간에는 엄청난 양의 알코올이 존재한다. 이런 식으로 계속한다면 어떤 물질이 존재할까? 그 연장 선상에 DNA도 만들어지는 것이 아닐까?

속단은 금물이다. 아직은 결론을 내릴 때가 아니다. 올라가지 말고 내려와 보자. DNA는 구조가 어떠냐를 따져 보자는 것이다. 그것은 앞서 말한 바처럼 왓슨과 클릭에 의해 밝혀졌는바, C · G · A · T라는 네 가지 물질로 이루어진 것이다.

과학자들은 실제로 C · G · A · T라는 염기를 섞어서 DNA를 만들어 보았다. 그 결과 자연산하고 똑같은 DNA가 만들어졌는데, 이 물질은 신통하게도 자기 증식을 할 수 있었던 것이다. 사실 신통할 것도 없다. DNA란 원래 자기 증식하는 물질인 것이다.

이제 C · G · A · T라는 염기가 문제이다. 이것은 저절로 만들어질 수 있는가? 잠시 다른 곳으로 가 보자. 소련의 위대한 화학자 일리야 프레고진 얘기를 들어 보자. 프레고진은 화학에서 중대한 업적으로 노벨상을 받은 학자인데, 그는 자연에서 심상치 않은 현상을 발견했던 것이다. 그것은 자연의 물질들이 스스로 조직화된다는 내용이었다. 소위 자발적 조직화인데, 물질이란 누가 시키지 않아도 점점 고도화하는 성질을 갖고 있다는 것이다. 이는 주역을 공부하는 사람이 반드시 눈여겨 볼 현상이다. 주역이란 바로 자발적 조직화 현상을 연구하는 학문이기 때문이다. 물질의 자기 조직화란 자연의 보편적 성질이다. 그들은 조건만 갖추어지면 즉시 조직화되는 것이다. 사실 물질에 있어서 조직화가 안 되는 것이 불가능하다.

프레고진은 이를 상세히 규명했는데, 우주의 역사란 물질이 끊임없이 고도화되는 과정이라는 것을 밝혀 낸 것이다. 우주는 현재 도처에서 물질들이 자발적으로 조직화되고 있는 중이다. 그것은 누가 시킨 것이 아니고 그럴 수밖에 없는 법칙에 의거할 뿐이다. 이것은 생물의 진화보다 훨씬 더 포괄적인 물질 자체의 진화인 것이다.

생물은 물질일 뿐이다. 그런데 물질 자체가 진화한다면 A·T·C·G라는 염기가 만들어지는 것은 어쩔 수 없는 일이다. 그 노력은 지구에서뿐 아니라 저 우주에서도 이루어지고 있다. 지구에서 물이 만들어지면 저 우주에서도 만들어진다.

사실 지구라는 것이 저 우주인 것이다. 우리가 지구에서 생각해서 그렇지, 실은 자연의 현상은 장소를 가리지 않는다. 저 우주에서 A·T·C·G가 만들어진다면 지구에서 못 만들어질 이유가 없는 것이다. 우주는 스스로 조직화하는 성질이 존재한다. 이것은 물질 최고의 법칙이다. 뉴턴이 발견한 만유 인력 법칙 못지않은 법칙인 것이다.

이제 결론을 말할 때가 되었다. 누구나 알고 있는 뉴턴의 만유 인력 법칙은 실은 주역에서 말하는 음(陰)의 법칙인 것이다. 그리고 일리야 프레고진이 말하는 우주의 자발적 조직화는 주역에서 말하는 양(陽)의 법칙인 것이다. 우주는 이 두 가지 법칙으로 현상을 만들고 있는 중이다.

생물의 발생은 사건이 아니라 현상인 것이다. 그리고 또한 빈번한 현상인 것이다. 그럴 수밖에 없다. 왜냐 하면 양의 법칙은 음의 법칙과 대칭을 이루고 있기 때문이다. 무생물이 있으면 생물이 있다. 생물이 죽어서 물질이 된다면 물질은 살아서 생물이 되는 것이다. 어려울 것도 없다. 가장 간단한 음양 순환 이치이다.

이제 커다란 결론을 내리겠다.

'우주인은 존재할 수밖에 없다. 또한 그들은 우리와 같은 결론을 내리고 있음이 틀림없다. 그들은 어딘가 있을 우리의 지구인을 발견하기를 고대하고 있다.'

필자가 궁금한 것은 그들의 주역 수준이다. 지구만큼 주역이 발달했을까? 어쩌면 지구의 주역보다 훨씬 발달하지나 않았을까? 그것은 훗날 밝혀질 것이다. 우리는 열심히 공부해서 그들의 주역 수준에 떨어지지 않도록 해야겠다.

玉虛眞經 (16)

萬物向深低 如江水入大海 由此低心者
不勞苦爲大功之主

만물이 저 깊은 아래로 향하는 것이 강물이 바다로 흘러
들어가는 것과도 같다. 그런 까닭에 낮은 마음의 사람은
노고하지 않지만 큰 공(功)의 주인이 되는 것이다.

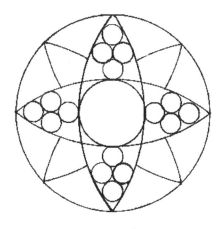

주역의 대법칙

우리는 그 동안 여러 방면에서 괘상을 연구해 왔다. 그러는 과정 중에 주역의 모습이 점차 드러나고 있는 것 같다. 문제는 괘상을 어떻게 해석하느냐이다. 그것은 수리적이거나 시각적 논리 또는 일상적 논리 등을 통해서 이루어질 수 있을 것이다.

이 장에서는 주역의 원리 중 가장 중요한 내용을 고찰해 보자. 잠시 괘상을 살펴보면서 요점으로 접근해 가자.

괘상 ☲과 ☶은 충분한 논의를 거친 것이다. 그럼에도 불구하고 문제는 여전히 많다. 여기서 묻겠다. 두 괘상을 비교했을 때 어떤 것이 양이고 어떤 것이 음인가? ☶은 양값 3이라는 수치를 갖고 있고, ☲은 양값 6이라는 수치를 갖고 있다. 따라서 ☲은 ☶에 비해 양값이 상당히 많아 보인다.

그러나 미심쩍은 면이 없지 않다. 수리 논리를 떠나 단순히 직관적으로 두 사물을 생각해 보자. 연못과 바람 둘 중에 어느 것이 더 활동적이냐? 활동적이라는 말은 곧 양이라는 뜻이다. 바람은 돌아다니는 것이고, 연못은 고여 있는 것이다. 흐르는 물은 바람이고, 고여 있는 물은 연못이다. 무엇이 음이고 무엇이 양인가?

답은 아주 당연해 보인다. 상식적으로 생각하면 된다. 연못의 성질과 바람의 성질은 무엇이 음이고 무엇이 양인가? 바람이 양이 아닌가! 그리고 또한 연못은 음일 수밖에 없다. 이는 너무나 당연하여 다른 견해를 내놓기 어렵다. 사실이 그렇다. 바람은 확실히 양이고 연못은 음인 것이다.

그런데 그 동안 우리는 ☱을 양값이 많은 것으로 취급해 왔다. '선천 복희 팔괘도'만 하더라도 ☴은 ☱ 다음으로 양값이 큰 괘상이었다. ☱은 오히려 음의 값을 갖는 것이었다. 어찌된 일일까? 우리의 직감으로 판단해 보면 분명 연못이 음이고 바람은 양이다. 수리 논리가 잘못된 것일까? 그렇지는 않다. 그렇다면 우리의 직감이 잘못된 것일까? 그것도 아니다. 문제는 무엇일까? 어째서 수리 논리와 상식이 일치하지 않는 것일까? 이 문제를 정밀하게 규명해 보자. 이것은 주역의 논리 중 가장 중요한 것으로, 괘상을 이해하는 데 절대적으로 필요하다.

먼저 ☱을 보자. 이 괘상은 양을 한껏 담아 놓고 있다. 이 말의 뜻을 유의하라. 양을 담아 놓았다는 말은 양이라는 뜻과는 아주 다르다. 그릇에 물이 담겨져 있을 경우 우리는 어떻게 말하는가? 그릇은 음이다. 그리고 그 곳에 담겨 있는 것이 양일 뿐이다.

총체적으로 말하면 무엇이라고 해야 할까? 수치를 가지고 말할 방법이 있겠지만, 그것이 어떻든 간에 바람은 양이고 연못은 음일 수밖에 없다. 이것은 직감이겠지만 양보할 수 없는 현실인 것이다.

연못을 다시 보자. 괘상은 ☱인바, 분명 담겨 있는 것은 최대한이다. 다만 그것은 현재 당장 활동하는 것은 아니다. 그러나 ☵은 현재 당장 활동하고 있는 것이다. 물론 ☵이 양기의 비축이란 것은 전혀 없다. 오로지 활동하고 있을 뿐이다. 반면 ☰은 활동은 없으나 비축은 최대치이다.

따라서 우리는 괘상을 어떻게 이해해야 할 것인가? 어려울 것이 없다. 자연에 따르면 그만이다. 억지로, 인위적으로 이해해서는 안 되는 것이다. 있는 바 그대로 이해하면 그만이다. 즉, 현재 활동 중인 것과 비축되어 있는 것을 구분해서 이해하면 되는 것이다. 예를 들어 어떤 사람이 은행에 아무리 많은 돈을 저축해 놓았어도 지금 당장 쓸 돈이 없으면 굶을 수밖에 없다. 여행지에서 현찰이 없으면 부자도 별수없다. 우리는 비축되어 있는 것과 사용 중인 것을 엄연히 구분해야 한다.

이제 결론에 도달했다. 사물은 현재와 미래가 있다는 것이다. 은행에 저축한 돈은 찾아야 쓸모가 있다. 즉, 미래용인 것이다. 반면 은행에 저축한 돈이 한푼 없다 해도 가지고 있는 돈이 많으면 실컷 쓸 수 있다. 어느 것이 양인가? 쓰는 것인가? 아니면 쓸 수 있는 것인가? 두 가지 모두 의미가 있다. 그렇기 때문에 이·두 가지는 독립된 개념으로 사용해야 하는 것이다.

이제 이것을 정돈하기 위해 우선 비축된 에너지를 논하기로 하자. 이것은 다분히 미래 지향적이다. ☷을 보자. 비축된 것은 얼마인가?

없다. ☵은? 많다. 구체적으로 그 수량을 따지면 6이 된다. 이 수치
는 위에서부터 따져 내려온 것이다. 양이란 내려갈수록 위치 에너
지가 높아진다. 이제 양에 대하여 모든 괘상을 비축 에너지, 즉 위
치 에너지를 계산해 보자.

☷ → 0

☳ → 1

☵ → 2

☶ → 3

☱ → 4

☲ → 5

☴ → 6

☰ → 7

이상에서 표시된 숫자는 양만을 따진 것으로, 위에서부터 아래로
계산한 것이다(2진법으로). 이 수치는 비축 에너지량을 나타냈을 뿐
이다. 결코 활동 에너지를 나타낸 것이 아니다. 음을 나타내 보자.

☰ → 0

☱ → 1

☶ → 2

☷ → 3

☳ → 4

☷ → 5
☷ → 6
☷ → 7

　이상에서 표시한 숫자는 음값이려니와, 음의 위치 에너지를 나타
낸 것이다. 음이란 위로 올라갈수록 위치 에너지가 높아진다. 이러
한 논리는 앞에서도 이미 얘기한 바 있으나 확실히 강조하기 위해
다시 말한 것이다.

　이제 음양에 대해 비축된 위치 에너지 말고 현재 사용되고 있는
에너지를 논의하자. 그럼 양부터 따져 보자. 양이란 아래에 있을수
록 위치 에너지가 높다는 것을 누차 밝혔다. 하지만 양이란 것은
위로 올라갈수록 활동력이 강해진다. 바람도 높아질수록 강하게 부
는 법이다. 촛불도 위쪽이 뜨겁다. 이것을 수치화하면 아래에서부터
위로 올라갈수록 커지는 것이 당연한데, 그 값은 2진법으로 증가할
것이다. 즉 1, 2, 4가 되는 것이다. 이것으로 바람을 따져 보자.

━━ 4
━━ 2
━ ━ -1

　이것에서 양값만 따지면 합계 6이다. 이 값은 활동하는 에너지가
6이라는 뜻이다. 반면 괘상 ☴은 위치 에너지가 6이다.

　그렇다면 ☴의 활동 에너지 말고 비축 에너지는 얼마인가? 간단
하다. 위로부터 아래로 따지면 된다.

```
━━  1
━━  2
━ ━  -4 → 3
```

괘상 ☰의 양의 비축 에너지는 3이다. 물론 활동 에너지는 거꾸로 따져야 하는 것이므로 6이 될 수밖에 없다. 정리해 보면, 괘상 ☰은 양에 있어 비축 에너지는 3이고 활동 에너지는 6인 것이다. 음에 대해 따져 보면 어떨까? 음이란 위로 올라갈수록 위치 에너지가 높아진다. 반면 내려올수록 활동 에너지는 높아지는 것이다.

이러한 논리로 괘상 ☰의 '음 에너지'를 계산하자. 이는 아래에서 위로 따져야 한다.

```
━━  4
━━  2
━ ━  -1
```

-1이다. 그럼 활동 에너지는 얼마인가?

```
━━  1
━━  2
━ ━  -4
```

-4이다. 이제 총체적으로 말하자.

☰은?

양 활동 에너지 →　6
양 비축 에너지 →　3
음 활동 에너지 →　-4

음 비축 에너지 → -1

복잡하기도 하다! 그러나 ☴에 대해서는 이렇게 말해야 충분히 말한 것이다. 어느 하나도 빼놓을 수 없는 요소이다.

이제 우리는 모든 것을 말할 수 있게 되었다. 바람이 활동적이라 는 것은 ☴의 활동 에너지 6을 말하고 있는 것이다. 반면 '바람은 순하고 부드러워서 음이다'라고 말할 때는, ☴의 음 활동 에너지 -4를 말하고 있는 것이다.

바람은 양인가, 음인가? 이 질문은 자세한 것이 아니다. 우리는 바람에 대해 말하라고 하면, 음·양·활동·비축 등 4가지를 대답 할 수밖에 없는 것이다.

같은 논리로 ☴의 값을 논해 보면 다음과 같다.

양 비축 에너지 →   6
양 활동 에너지 →   3
음 비축 에너지 → -4
음 활동 에너지 → -1

이런 방식으로 모든 괘에 확대할 수 있다.
☰은?

양 비축 에너지 7
양 활동 에너지 7

음 비축 에너지 0
음 활동 에너지 0

☷은?

양 비축 에너지 0
양 활동 에너지 0
음 비축 에너지 - 7
음 활동 에너지 - 7

☵은?

양 비축 에너지 4
양 활동 에너지 1
음 비축 에너지 - 6
음 활동 에너지 - 3

☶은?

양 비축 에너지 1
양 활동 에너지 4
음 비축 에너지 - 3
음 활동 에너지 - 6

☳은?

양 비축 에너지 5
양 활동 에너지 5
음 비축 에너지 -2
음 활동 에너지 -2

☷은?

양 비축 에너지 2
양 활동 에너지 2
음 비축 에너지 -5
음 활동 에너지 -5

이렇게 해서 모든 괘의 음양 비축·활동 에너지를 정할 수 있었다. 이상의 값들은 괘상의 가장 중요한 수치이다. 주역의 괘상은 대체로 이러한 수치로써 이해할 수 있다.

예를 들어 ☵에 대해 논할 때 양의 활동이 저조하다고 말할 수 있는데, 그것은 ☵의 양 활동 에너지가 1이기 때문이다. 반면 높은 건물을 ☶이라고 말하는 것은 음 비축 에너지량이 -6이기 때문이다. 또한 ☳는 저력이 있다고 말할 수 있는바, 그것은 양 비축 에너지가 4이기 때문이다. 그리고 ☶은 음 활동량이 -3이기 때문에 안정성이 적다고 말할 수 있는 것이다. ☷은 음 활동량이 -6이나 되

기 때문에 지극히 안정되어 있다고 말할 수 있으며, 양 비축량이 1
이기 때문에 ☷은 엎드려 있다고 말하는 것이다.

이제 우리는 이상에서 논의한 4가지 값을 사용해서 괘상에 대한
극의에 접근해 갈 수 있게 되었다. 이는 팔괘뿐만 아니라 64괘에
확대 적용할 수 있는 주역의 대법칙인 것이다.

玉虛眞經 (17)

滿卽散 空卽聚 王心亦滿則臣散
故大空則爲天下之主也

차 있은즉 흩어지고, 비어 있은즉 모이게 된다. 왕의 마음도 크게 차 있은즉 신하가 흩어지고, 크게 비어 있은즉 천하의 주인이 된다.

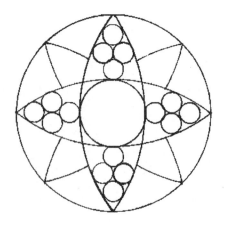

통일장(統一場) 이론

원래 통일장 이론은 자연과학의 용어이다. 이것은 중력과 전기 등 자연에 존재하는 모든 기운을 통합적으로 설명하기 위해 제기된 이론이다. 특히 아인슈타인은 평생을 이 연구에 바쳤으나 성공을 이루어내지 못했다. 통일된 이론이란 사물을 탐구하는 데 있어 누구나 갖고 싶어하는 이론일 것이다. 주역에 있어서도 입장은 마찬가지이다.

우리는 그 동안 주역의 세계에 내재되어 있는 복잡한 요소를 충분히 접해 봤다. 그로 인해 혼돈을 일으키는 독자도 있을 것이다. 그러나 그 동안 공부한 내용을 정확히 이해했다면 전체적 양상을 파악할 수 있었을 것이다.

주역의 이론은 배경이 되는 개념이 있고, 또한 실제로 적용이 되는 이론도 있다. 이 중에서 배경이 되는 이론은 주역의 법칙을 근원적으로 설명해 주고 있기 때문에 철저히 이해해야 하는 것이다. 물론 현실에서는 적용 이론을 빼놓을 수 없다. 그것은 적용 이론이 실제의 사물을 설명해 주기 때문이다.

이 장에서는 실세계에 적용해야 하는 이론에 대해서 고찰해 보겠다. 물론 그렇다 하더라도 적용 이론이 근원으로부터 독립된 것이 아니다. 오히려 근원적인 것에서부터 철저히 또한 체계적으로 발전되어 온 이론이다. 그리하여 마침내 실세계를 해석하는 이론에 도달한 것이다. 우리는 이것을 통일장 이론이라고 부르자.

이제 괘상을 보자.

☲은 4가지 속성이 있음을 앞장에서 살펴본 바 있다. 음의 입장, 양의 입장, 위치 에너지, 활동 에너지 등이 그것이다. 그 속성은 여전하다. 다만 그것들을 보다 간편하게 정리하고자 하는 것이다. 괘상 ☲을 양의 입장에서 보면, 비축 에너지 6과 활동 에너지 3을 갖는다. 반면 음의 입장에서 보면, 비축 에너지 -4와 활동 에너지 -1을 갖고 있다. 이것들의 수치만 써 보자.

6 (양 비축)
3 (양 활동)
-4 (음 비축)
-1 (음 활동)

이제 이것들의 값을 부호를 버리고 생각하자. 수학에서는 절대값이라고 말하는 것인데, 괘상의 4가지 요소를 절대값으로 보자는 것이다. 그러면 위의 값을 따져 보자.

6

3

4(원래는 -4)

1(원래는 -1)

이제 이것을 모두 합쳐 보자. 14가 나온다. 이것을 염두에 두고 다른 괘상들을 살펴보자.

☷은?

양의 활동 에너지　6

양의 비축 에너지　3

음의 활동 에너지 -4

음의 비축 에너지 -1

절대값은 6, 3, 4, 1, 합계는 14이다.

☶은?

양의 활동 에너지　1

양의 비축 에너지　4

음의 활동 에너지 -3
음의 비축 에너지 -6

절대값의 합은 14이다.

☰은?

양의 활동 에너지 7
양의 비축 에너지 7
음의 활동 에너지 0
음의 비축 에너지 0

절대값의 합은 14이다.

☷은?

양의 활동 에너지 0
양의 비축 에너지 0
음의 활동 에너지 -7
음의 비축 에너지 -7

절대값의 합은 14이다.

같은 논리로 ⚏, ☵, ☶, ☳을 따져 보면, 역시 절대값의 합이 14라는 결론을 얻는다. 이 결론은 통쾌한 느낌을 주는 것이려니와, 아주 중요한 것을 시사한다. 모든 괘상은 어떤 체계로 보면 완전한 대칭을 이루는 것이다. 소위 불변량이라는 것인데, 사물의 불변량이 발견되면 그 체계는 완성되었다고 말한다. 14라는 수치, 이는 불변량의 구체적인 값이다.

다시 괘상을 조사해 보자.

괘상 ☳은 앞에서 열거한 바대로 다음과 같다.

양의 비축 에너지   6
양의 활동 에너지   3
음의 비축 에너지 - 4
음의 활동 에너지 - 1

여기서 우리는 무엇을 알 수 있는가? 물론 절대값의 합은 14이다. 다른 것은? 위의 값을 둘씩 짝지어 보자.

양 6+3 = 9
음 4+1 = 5

이렇게 마구잡이로 합쳐서는 틀을 얻지 못한다. 다시 하자.

양 비축＋음 활동
양 활동＋음 비축

이렇게 하면 어떨까? 우선 값을 보자.

양 비축＋음 활동 = 6+1(-1의 절대값)
양 활동＋음 비축 = 3+4(-4의 절대값)

심상치 않은 결과가 나왔다. 불변량이 등장한 것이다. 그 값은 7
이다. 불변량이 등장했다는 것은 통일적 체계가 발견되었다는 뜻이
다. 다른 괘에도 적용되는지 따져 보자.

☷는?

양의 활동 에너지   5
양의 비축 에너지   5
음의 활동 에너지 -2
음의 비축 에너지 -2

양 활동＋음 비축 = 5+2(-2의 절대값)
양 비축＋음 활동 = 5+2(-2의 절대값)

그러므로 또한 7을 얻는다. 지면을 아끼자. 모든 괘상에 적용된다

는 것을 독자들이 직접 확인하라. 요점은 비축＋활동이고 양＋음, 그리고 절대값이다. 통합된 수치는 7이다.

문제는 이것의 의미이다. 물론 불변량이 발견되었으므로 대칭, 즉 법칙을 발견한 것이지만, 실세계에서의 의미를 음미해 보자는 것이다. 우선 법칙과 실세계적 의미라는 두 가지 양상을 이해하기 위해 자연과학에서의 실례를 살펴보자. 문제는 실세계적 의미에 대해서이다.

자연과학에서는 소위 물리적 의미라고 하는 것인데, 먼저 법칙, 즉 방정식을 찾아내고 그것의 실세계적 의미를 따져 본다. 물론 실세계가 먼저 등장하고, 나중에 방정식이 발견되는 것이 대부분이다. 그러나 방정식이 먼저 발견되는 예도 없지 않다.

그 실례로 슈뢰딩거의 파동 방정식이 있는데, 슈뢰딩거는 그 방정식을 발견해 놓고도 실세계에서 그것이 뜻하는 바를 몰랐다. 이 때문에 방정식의 해석을 놓고 많은 학자들의 논쟁이 일어났다. 슈뢰딩거도 당연히 논쟁에 참여했지만, 그는 자기가 발견한 방정식의 뜻을 이해하지 못했던 것이다.

슈뢰딩거 방정식에 대해 실세계적 의미를 제안했던 사람은 막스 보른이라는 과학자인데, 그는 슈뢰딩거 방정식의 물리적 의미를 발견한 공로로 노벨상을 수상했다. 반면 파동 방정식의 발견자인 슈뢰딩거는 노벨상을 받는 데 난관이 있었다. 그것은 방정식이 실세계적 의미보다 먼저 존재했다는 것 때문이었다. 보통 실세계가 먼저 고찰되는 법이다. 뉴턴만 하더라도 사과가 지구에 의해 당겨진다는 것을 먼저 발견하고, 나중에 그것의 수치를 계산했던 것이다.

예전에는 과학의 모든 발견이 이런 식이었다. 하지만 이론이 먼저 발견되고 실세계에 적용 사물이 나중에 발견된다 하더라도 이상할 것은 하나도 없는 것이다.

슈뢰딩거가 바로 그 예에 해당되지만, 노벨상 위원회는 그에서 노벨상 주기를 망설였다. 그래서 아인슈타인에게 자문을 구했던 것이다. 아인슈타인은 거리낌없이 답변했다. 슈뢰딩거의 파동 방정식은 노벨상을 받기에 충분하다고.

결국 슈뢰딩거는 노벨상을 받았다. 그는 노벨상 수상이 결정되었다는 통지를 받고 이렇게 말했다.

"어? 내가 아직 노벨상을 받지 못했었나?"

이 말은 물론 농담이다. 다소 오만하게 느껴질 수도 있겠으나 그는 그만큼 자신의 이론에 대해 큰 자부심을 갖고 있었던 것이다.

이와 비슷한 예는 디락이라는 과학자에게서 찾아볼 수 있다. 그는 어려서부터 대단한 천재였는데, 20대 초반에 이미 노벨상을 받을 이론을 내고 있었다. 그가 이론에서 제시했던 것은 반전자(反電子)라는 것인바, 그는 이론으로 그것을 예언했다. 반전자라는 것은 전자와 대칭적이고 시간을 거꾸로 거슬러 올라오는 신비의 입자였다. 디락은 그러한 입자를 순수 사고로써 발견했는데, 그는 방정식을 발견하고 나서 이렇게 말했다.

"이토록 아름다운 이론을 신이 채택하지 않았을 리 없다."

디락은 자신의 이론의 완벽성에 감동했던 것이다. 후에 디락의 이론에 따라 반전자가 발견되고, 그는 그 공로로 노벨상을 받았다. 이론이 먼저 있고 실세계 사물이 나중에 발견된 예이다.

이러한 방식으로 가장 유명한 것은 불확정성 이론인데, 이 이론은 그 실체가 아직도 다 밝혀진 것이 아니다. 그러나 그 이론은 너무나 완벽해서 추호도 하자가 발견되지 않았다. 다만 불확정성 원리는 너무나 심오하여 아인슈타인조차 이해하는 데 애를 먹었을 정도이다.

이론과 실세계, 이는 당연한 짝이다. 주역의 세계에서도 사물을 괘상으로 번역하고, 또한 괘상에서 실세계 사물을 찾는 것을 근간으로 하고 있는 것이다. 잠시 얘기가 다른 곳으로 흘렀는데, 괘상 논리로 돌아오자.

문제는 음과 양의 활동 에너지+비축 에너지이다. 값은 7이었는데, 이렇게 불변량이 나타나면 반드시 그에 상응하는 실세계적 의미도 있는 법이다. 우리는 이제 그것의 의미를 찾고자 하는 것이다. 괘상을 다시 보자.

☵은 양의 비축 에너지가 6이고 음의 활동 에너지가 1(-1의 절대값)이다. 여기서 생각할 것은 1과 6의 관계이다. 물론 합치면 7이 되지만 그 이유가 문제인 것이다.

먼저 양의 비축 에너지가 무엇인지 고찰하자. 이 문제는 '양은 어떻게 해서 비축되는가?'와 같은 뜻이다. 양의 비축? 이것은 그 원인이 무엇일까? 결론부터 말하면 바로 음의 활동이었다. 즉, 음의 활동으로 인해 양이 비축된다는 것이다. 반대로 양의 활동은 음을 비축시킨다. 활동이란 자신을 소비하는 한편 그 어떤 것을 생산한다. 이를 에너지 불변의 법칙이라고 하거니와 주역에서는 음양의 총량이 불변인 것이다.

간단히 말해 보자. 양이 활동하면 음이 비축되고, 음이 활동하면 양이 비축된다. 이를 다른 말로 할 수도 있다. 양이 비축되면 음이 활동하고, 음이 비축되면 양이 활동한다. 이는 주역의 진리이다. 음과 양을 짝짓고 활동과 비축을 짝짓는 것은 원래부터 자연의 법칙이었던 것이다. 실세계는 음에 의해 양이 고정되고 양에 의해 음이 포획되는 것이다.

이제 모든 것을 정리해 보자. 괘상 ☳은 다음과 같이 말할 수 있다. 첫째, 양이 6만큼 비축되어 있다. 이는 음이 1만큼 활동한 결과이다. 둘째, 음이 4만큼 비축되어 있는바, 이는 양이 3만큼 활동한 결과이다. 이를 시각적으로 생각해 보자.

화살표 방향으로 괘상을 보면 양의 활동과 음의 비축을 보는 셈이다.

이 경우는 양의 비축과 음의 활동을 보고 있는 것이다.

선천 복희 팔괘도는 화살표가 아래로 향해진 것으로, 즉 양의 비축과 음의 활동을 관점으로 한 것이다. 하지만 주역의 원전은 대개 양의 활동, 즉 음의 비축을 위주로 하여 씌어졌다.

예를 들어 건위천을 보면 양이 여섯 개로 되어 있는데, 즉 ☰은

제2권 질서와 혼돈 221

위로 올라갈수록 왕성한 활동력을 보인다. 또한 ☷ 곤위지 '지'는 음이 위로 올라갈수록 무거워지는 것을 설명하고 있다.

물론 어떤 괘상에 있어서는 하향식의 설명도 있다. 예를 들면 ☳ '복'이 괘상인데, 주역의 원전은 맨 아래 양을 주목하고 있는 것이다. ☳의 초양(初陽)은 양의 회복을 의미하는 것으로, 강력한 힘을 갖고 있다. 그 비축량은 위에 있는 모든 음을 능가하고 있는 것이다. 반면 괘상 ☶은 맨 위의 양을 주목하고 있는데, 이는 아래에서 위로의 방식으로, 양의 활동을 위주로 해석한 것이다.

아무튼 이제 주역 전체를 지배하는 이론이 등장했다. 필자는 그것을 주역에 있어서의 '통일장 이론'이라고 명명하겠다. 이 이론은 주역의 모든 괘상을 의미 있게 정돈해 준다. 원전의 해석도 이 범위를 넘어가는 것이 없다.

한 가지 덧붙일 것은, 팔괘에 있어서는 획이 3이므로 1+2+4 = 7인 체계이다. 그러나 64괘는 획이 6이므로 1+2+4+8+16+32 = 63인 체계이다.

이 체계를 마음대로 적용하면 주역을 정복할 수 있다. 이러한 체계는 처음 주역을 공부했을 때 등장했는데, 그 당시는 '아래에서 위로'가 옳은지, '위에서 아래로'가 옳은지도 몰랐고, 또한 하나를 선택한다 하더라도 그 뜻이 무엇인지 몰랐던 것이다.

그리고 사람은 누구나 자기의 취향에 따라 하나의 길을 선택하게 된다. 그로 인해 마침내 주역을 깨닫지 못하게 되고, 평생 다른 의견을 가진 사람과 다투게 되는 것이다. 필자도 초학 시절에는 하나만 선택했기 때문에 어떤 학자와 많이 싸움을 한 적이 있다. 필자는 당시 '아래에서 위로'라는 사상을 가졌었고, 그 학자는 '위에서 아래로'라는 사고 방식을 가졌었다. 알고 보니 그 학자는 선천 복희 팔괘도의 사상을 취했던 것이다.

필자는 당시 생각을 이리저리 바꾸며 고심했었다. 위로 향해야 하나, 아래로 향해야 하나? 그리고 이유는? 필자가 가장 괴로워했던 것은 방법이 두 가지가 있었기 때문이었다. 하나를 취하면 하나를 버려야 되는 것이 아닌가! 이것은 몹시 두려운 일이다. 각자가 나름 대로 의미가 있기 때문이다. 그렇다고 두 가지를 다 선택하자니 그 의미가 또한 문제였다. 대범하기는 하지만 혼돈이 가중된다. 이래도 좋고 저래도 좋다는 식이 아닌가! 딱 부러지게 이유를 밝혀야 하는 것이다. 이는 상당히 어렵고 괴로운 일이다. 과연 올바른 길은 무엇인가? 여기까지 잘 읽어 왔던 독자들은 고충을 충분히 알았을 것이다. 지금에 와서 통일장 이론이 발견된 후에야 겨우 마음을 놓을 수 있었던 것이다.

지금은 괘상을 보는 다양한 방법이 있는 것을 쉽게 이해할 수 있었다. 예를 들어 ䷗ '복'에 있어 초양을 훌륭하게 보는 것은 그것이 비축된 것으로 보기 때문이고, 또한 조심하고 자중하라는 것은 그것이 출발, 즉 활동의 초기라는 방식이었던 것이다.

지금은 모든 것이 수월하다. 괘상 ䷪ '쾌'에 있어서 맨 위의 음은 주목할 만한데, 그것을 강한 독재자로 보는 방식은 음의 비축량이 크다는 관점이다. 한편 맨 위의 음을 위태롭다고 하는 것은 양의 비축량이 크다는 관점에서 해석한 것이다.

여기 음 또는 양의 집합이 있다고 하자. 그것을 어떻게 해석해야 하는가? 이제는 간단히 대답할 수 있다. 활동은 이러이러하고 비축은 이러이러하다. 그리고 양은 이렇고 음은 저렇다 등으로 해석할 수 있는 것이다. 그렇다고 해서 주역이 모두 완성됐다는 것은 아니다. 겨우 올바른 길로 들어섰다는 것뿐이다. 물론 고속 도로에 들어섰다고 할 수 있다. 하지만 갈 길은 아직 멀다. 급할 필요는 없다. 천천히, 꾸준히 나아가면 모든 것이 차례로 드러날 것이다. 자연의 비밀은 밝혀지기 위해 존재한다. 주역의 비밀도 언젠가는 모두 밝혀질 것이다. 분발을 촉구하는 바이다.

玉虛眞經 (18)

道人之空心德出焉 打鼓之聲 實出於其中空也

텅 빈 도인의 마음에서 덕은 나오는 것이요, 가죽을 두드려 나는 북소리도 실은 빈 곳에서 울려나오는 것이다.

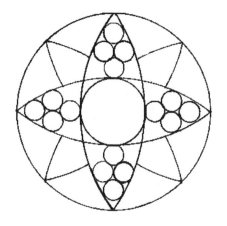

주역의 섭리

잠시 쉬어 가자. 그 동안 공부한 것이 소화될 수 있도록 여유도 있어야 한다. 잠시 필자의 주변 얘기를 해 보자. 물론 주역과 연관된 일에 관해서만 얘기할 것이다. 독자들은 어떻게 생각할지 모르지만 주역은 참으로 재미있다. 필자는 술도 좋아하고, 바둑도 잘 두고, 무술도 하고, 여행도 즐기고, 시나 소설도 쓰고, 사람도 사귀는 등 다양한 취미가 있다. 하지만 주역만큼 재미있는 것은 아무것도 없다. 주역은 필자에게 있어 학문의 최고 목표일 뿐 아니라, 그 자체가 즐거움이다. 주역은 심원하고 아름답다. 그것이 있음으로써 인생이 행복하고 세상이 아름답게 보인다.

그런데 필자는 주역이라는 것 때문에 슬픔도 많다. 주역이 너무 좋은 나머지 인생의 많은 것을 포기해야만 했던 것이다. 어려서의 포부는 자연과학을 공부하여 노벨상을 타는 게 꿈이었는데, 주역 공부가 더 좋아서 자연과학을 전공으로 공부할 수 없었다.

그러나 필자는 35년 동안 자연과학을 아주 열심히, 그야말로 필사적으로 공부해 왔다. 물리·화학·생물·천문학·정신 병리학·수학 등 오늘날 과학은 모두 섭렵하고 있는 것이다. 과학 잡지를 읽은 지도 35년이 된다. 지금도 매월 빠뜨리지 않고 있지만, 이로써 과학의 최신 뉴스에 접하고자 하기 때문이다.

물론 과학의 이론에는 정통해 있다. 상대성 이론이 되었든, 양자역학이든, 입자 물리학이든, 정신 분석학이든, 복잡 적응계든, 인공생명학이든 철저히 공부하고 있는 중이다. 그렇게 함으로써 우주 자연에 대한 이해의 폭이 넓어지고 깊어지려니와, 필자가 그렇게 하는 데는 다른 뜻이 있는 것이다.

그것은 주역의 세계를 보다 심오하게 깨닫기 위함이다. 사실 필자는 현대의 최고 학문을 통하여 주역의 섭리에 접근할 수 있었던 것이다. 만일 필자가 불확정성 원리라든가, 상대성 원리 또는 파동 방정식 등을 이해할 수 없었다면 주역도 깊게 이해할 수 없었을 것이다. 또한 인간의 마음을 탐구한 프로이트·융 등의 정신병리학도 주역 공부에 커다란 도움이 되고 있다.

공자는 뒤늦게 주역에 접해 평생을 연구했거니와, 성인은 어떤 방식으로 주역을 연구했을까? 필자는 그것을 나름대로 짐작하고 있다. 필경 그분들은 자연의 수많은 섭리를 깨닫고 있었을 것이며, 그 모든 것을 통일하는 이론을 찾고 있었을 것이다. 그것이 바로 주역인 것이다. 주역은 자연의 운행과 시공의 근원, 생명의 탄생, 영혼·물질 등 모든 것을 설명해 주고 있다.

필자는 지금 독자들에게 어떤 중요한 사실을 간곡히 들려 주고 있는 중이다. 그것은 주역을 깨닫기 위해 수많은 공부를 하라는 것이다. 주역은 그 자체로는 너무나 심오하여 사전 지식이 충분해야 한다는 뜻이다. 공자는 천하의 모든 학문을 섭렵하여 크게 성취한 후에야 주역에 접했다. 그로써 극한의 경지에 이르렀겠지만, 주역은 사실 쉽사리 달려들어서 쉽게 이해할 수 있는 것이 아니다.

간단한 예로써도 알 수 있다. 만일 필자가 2진법을 모른다거나, 행렬식을 모른다거나, 불확정성 원리를 모른다거나, 대칭 이론을 모른다거나, 정수론을 모른다거나, 군(群)이론을 모른다거나, 위상 수학을 모른다거나, 특이점 이론을 모른다거나 했다면, 사실상 주역의 이해는 불가능했을 것이다.

필자는 어려서 산 속에 틀어박혀 경전을 읽거나 심신을 단련한다든지, 동양 특유의 수도 생활을 한 바 있다. 그로써 사실 인격과 정신력 또는 육체에 많은 발전이 있었지만, 주역만은 예외였다. 예로부터 주역을 연구하는 수많은 학자들이 있었고, 그에 대한 책도 많지만, 필자는 그들로부터 얻은 것이 그다지 많지 않았다.

이것은 필자의 오만이 아니었다. 뉴턴의 예를 들어 보자. 그는 우주 최대 법칙인 만유 인력을 발견했다. 불과 수백 년 전의 일이다. 만유 인력은 앞으로 보게 되겠지만, 주역의 세계에서 아주 중요한 이론이다. 그런데 동양에서 수천 년 동안 그것을 얘기한 사람이 없었다. 주역 학자들도 마찬가지였다. 주역을 알면 실은 만유 인력을 당연히 알 수 있는 것이다.

그럼 옛 사람들은 도대체 주역을 어떻게 연구했단 말인가! 그들은 지구가 둥근지조차 몰랐다. 하물며 4차원이니 시간이니 하는 것을 이해할 수 있었을까? 4차원이니 시간 등은 주역을 공부하는 데 절대적 요소이다. 물론 옛 성인은 인간의 어리석음 때문에 이런 것을 일일이 설명할 새가 없었을 것이다. 하지만 학자들은 왜 그러한 언급을 하지 못했는가? 필경 주역의 이해가 짧았을 것이다. 필자는 30년 전에 주역의 6개 순환군에 대해 처음으로 연구를 했었다. 물론 그 당시 옛날 책으로부터 군주괘는 알고 있었지만, 옛 사람은 그 이상의 연구는 하지 못했던 것이다. 앞장에서 우리는 통일장 이론이라는 것을 접했는데, 그것은 주역의 대섭리임에도 불구하고 옛 사람들은 그들 중 하나의 관점만 고수했던 것이다.

지금 필자가 감히 옛 사람을 질타하는 것은 아니다. 그 당시는 노트도 없었을 것이고 볼펜도 없었을 것이다. 그래서 학문을 연구하는 데 몹시 불편했던 것을 이해할 수 있다. 게다가 책도 귀했을 것이다. 오늘날처럼 종로에 나가서 많은 책을 사 볼 수도 없었다.

필자는 이런 말을 한 적이 있다.

"땅을 파는 데 있어서 넓어야 깊게 팔 수 있다."

주역을 이해하는 데도 마찬가지이다. 자연의 섭리를 두루 깨닫지 못하면 주역은 정말 알기 어렵다. 오늘날 정신에 대해 밝혀진 최신 이론에 의하면, 어떤 사물에 대한 이해란 다른 사물을 이해함으로써 이루어진다고 한다. 즉, 사물의 이해란 협동 작업으로 이루어지는 것이다.

만일 어떤 사람이 산 속에 틀어박혀 오로지 주역 책 한 가지에만 몰두한다면 그는 아무것도 얻을 게 없을 것이다. 주역 책이란 고작해야 64개의 괘상을 그려 놓은 것이다. 그 외에 설명도 좀 있지만, 그것만으로는 광대한 자연의 진리를 이해할 수 없다.

무릇 주역을 공부하는 사람에게 당부하고 싶다. 주역을 이루기 위해서는 여타의 공부를 많이 하라고. 그 중에서도 자연과학이 으뜸이다. 오늘날 서점에 나가면 일반인들이 알기 쉽게 된 수많은 과학 서적이 있다. 필자는 그 모든 책을 무작정 사다가 읽는다. 같은 내용을 수십 번 읽게 되는 경우도 있다. 그러나 가끔씩은 새로운 이론을 접하기도 한다. 그런 것들은 결국 주역을 이해하는 영양분이 되는 것이었다. 이 작업은 끝없이 진행될 것이다. 주역 공부를 중지할 수 없기 때문이다. 어떤 사물의 이해란 반드시 주변 사물의 이해로써만 가능하다는 것, 이는 주역을 공부하는 사람이 절대적으로 유념해야 되는 것이다. 이것을 잠시 설명하고 넘어가자.

유형 전합(類型 全合)이라는 개념이 있다. 이 개념은 하나의 사물이 더 큰 체제에 편입되어 전체적 의미를 획득한다는 것을 의미한다. 예를 들어 서귀포를 생각하자. 이 곳은 제주도의 남쪽 지역이다. 제주도는 이렇게저렇게 생긴 섬이다. 서귀포는 제주도의 남쪽에 위치한 해변 마을이다.

이것이 서귀포에 대한 설명인데, 외국 사람에게 설명해 봐야 무슨 뜻인지 모른다. 크레타 섬에 야타 마을이 있는데, 우리는 크레타 섬이 어디에 있는지 아는가? 간혹 아는 사람도 있을 것이다. 일본 사람은 제주도의 뜻을 알 수도 있다. 하지만 세계적으로 볼 때 제주도는 일반적으로 알려진 섬이 아니다. 따라서 제주도는 한국의 남쪽에 있는 섬이라고 해야 알 수 있다. 한국을 모르는 사람에게는 아시아를 얘기하거나 중국을 알려주어야 한다. 근거를 얘기하자는 것이다.

이렇듯 하나의 사물은 그 자체의 구조가 중요한 것이 아니라, 그 사물이 광대한 세계에서 차지하는 위치를 얘기해야 하는 것이다. 수천 년 전에 유클리드라는 학자가 있었다. 그의 학문을 흔히 유클리드의 기하학이라고 하는데, 인류가 과학이 발달하자 아핀 기하학, 리만 기하학 등이 발견되었다. 그 외에 사영(射影) 기하학이라는 것도 발견되었는데, 나중에 알려진 바에 의하면, 유클리드·아핀·리만 등의 기하학은 모두 사영 기하학에 편입될 수 있다는 것이 밝혀졌다. 앞에서 말한 기하학은 사영 기하학의 부분이었다는 것이 밝혀졌다는 뜻이다. 제주도가 한반도의 남쪽에 있는 섬이라는 것이 밝혀졌다는 것과 같은 뜻이다.

한반도는 중국에 붙어 있다. 중국은 아시아의 동북에 있는 대륙이다. 아시아는 지구에 있다. 지구는 태양을 돌고 있는 자그마한 별이다. 태양은 은하계에 속해 있다. 은하계는 섬 우주에 있는 별의 집단이다. 섬 우주는 또한······.

이런 식으로 하나의 사물은 드넓은 배경이 존재하는 것이다. 뚝 떨어져서는 사물을 이해할 수 없다. 하나의 사물이 성립하기 위해서는 훨씬 전에 그것의 근거가 존재했던 것이다. 그렇기 때문에 사물은 배경이나 근거 또는 연원이 밝혀졌을 때 그 개념이 더욱 분명해진다.

이렇듯 하나의 사물이 더 큰 체계에 의해 그 위치가 설정이 될 때, 그것을 유형 전합이라고 말하는 것이다. 유형 전합이란 뿌리 찾기라고 말할 수 있다. 그리고 사물은 드넓게 유형 전합이 이루어지지 않을 때는 그 개념이 약해지거나 불분명해진다. 주역도 마찬가지로, 하나의 개념은 주변 개념과 연쇄적 관계가 성립되어야 하는 것이다.

우리가 사는 천지 자연은 먼지 하나의 섭리가 우주 전체의 섭리와 추호도 어긋남이 없이 유형 전합되고 있는 것이다. 우리가 집집마다 사용하는 자그마한 TV가 작동하기까지의 원리는 전우주적 법칙이 응용되고 있는 것이다. 그 속의 전자기 현상은 맥스웰의 방정식이 설명하고 있고, 전류의 흐름은 옴의 법칙에 의하고, 회로는 키르호프의 법칙에 의하며, 브라운관의 작용은 양자 역학이다.

큰 건물을 짓는 데는 그 공정에 필요한 수십 가지의 방정식, 즉 자연의 원리가 응용된다. 우주의 사물은 비록 작고 부분적인 것이라 할지라도 전우주적 법칙이 작용하고 있다. 인간이 어떠한 존재인가를 알기 위해서는 원숭이나 고릴라·침팬지 등을 알아야 하며, 사자나 호랑이는 고양이 부류에 속하는 존재인 것이다. 주역의 부분에 관한 것이라 할지라도 광대한 우주의 섭리를 알아야만 하는 것이다.

예를 들어 주역 괘상의 계층 구조는 수학적 이론 분포인 파스칼삼각형의 구조이며, 3태극의 원리는 수학자 칸토르의 먼지 집합 구조를 띠고 있으며, 주역의 괘상 중 효(爻)에 대해 알고자 한다면 첨단 수학인 프렉탈 구조를 이해해야 하는 것이다. 무엇보다도 괘상의 의미는 오늘날 첨단 수학인 위상 수학적 구조를 갖고 있다. 앞에서 말한 사영 기하학은 한때 기하학의 왕관을 차지했지만, 그것도 위상 기하학 속에 포함된다는 것이 밝혀지고 말았다.

태양이란 어디에 존재하는가? 은하계는 어디에 있는가? 주역에서 말하는 통일장 이론은 더 넓은 세계에서 바라보면 어떤 의미가 있을까? 주역의 괘상 표현은 화학에서 사용하고 있는 구조식, 바로 그것이다. 다만 주역은 한 차원 높다는 것뿐이다.

어쨌건 주역을 깊게 통달할 수 있는 조건으로는 여느 학문이 절대적이라는 것을 인식해야 하는 것이다. 만일 자연과학의 엔트로피 개념을 모른다면 주역의 괘상을 통한 시간 현상을 이해하는 데 애를 먹을 것이다. 4차원을 모르면 괘상의 초대칭 구조를 이해할 수 없다. 수학의 허수 개념을 모르면 상하 괘의 교차 관계를 이해할 수 없게 된다.

독자들을 겁을 줄 생각은 없지만, 주역을 완전하게 이해하기 위해서는 수많은 개념을 알고 있어야 되는 것이다. 그러기 위해서는 여타의 학문에 절대로 방관해서는 안 된다. 주역이란 산의 정상에 있으므로 그 하층 구조를 먼저 이해해야 하는 것이다. 하층 구조란 여타의 학문을 통해서 얻어질 수 있다. 주역 자체만으로는 절대로 깨달음이 넓어질 수 없다.

그리고 당초 주역을 공부하는 사람은 그 응용 또한 광대하게 할 포부가 있어야 하는 것이다. 닭 잡는 데 소 잡는 칼을 쓴다는 말이 있는데, 세상을 대충 살아가는 데는 주역의 이치까지 깨달을 필요는 없다. 그런 사람은 무식하지 않을 정도로 조금만 공부하면 된다. 다만 정밀하고 광대한 인생의 포부를 펴고자 한다면 주역이 필요하다. 그리고 또한 주역을 통달하기 위해서는 여타의 학문에 대해 견문을 끝없이 넓혀야만 한다. 현대의 학문에 조예가 깊지 않다면 주역을 깊게 이해하는 것도 바랄 수 없다.

무릇 주역을 공부하는 사람은 만 권의 서적을 두루 읽어야만 하는 것이다. 당초 그만한 포부 없이 주역을 공부한다는 것이 무리였다. 주역이란 인생과 우주를 광대하고 심오하게 깨닫기 위해 필요한 학문이다. 주역을 크게 통달한 연후에는 그 인격과 지혜로 창생을 위하는 데 써야 하는 것이다.

玉虛眞經 (19)

小人之滿心不可出德 如滿腹之石不可出聲也

소인의 마음이 가득 차 있어서 덕이 나올 수 없는 것이,

마치 속이 찬 돌덩이가 소리를 낼 수 없음과 같구나.

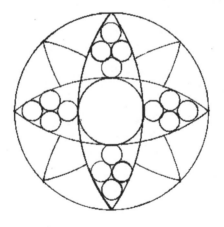

괘상의 조직적 이해

전자에 공부한 통일장 이론을 이용하여 다시 한 번 괘상을 정리해 보자.

이 괘열은 군주괘, 우선 이것을 양의 활동과 음의 비축이라는 관점에서 바라보기로 하자. 이들 군주괘의 수치는 이제 양 활동 에너지+음 비축 에너지라는 방식으로 정리될 수 있다. 이것은 아래에서부터 위로 간단히 합산하는 것이다. 물론 2진법 체계이고, 또한 65가 mod가 된다.

-63, -61, -57, -49, -33, -1……

이 수열은 위의 괘열을 그대로 전개했는데, 규칙성은 아주 단순하게 드러나 있다. 앞의 숫자×2를 하면 되는 것이다. 위의 괘상들이 모두 음의 값을 갖고 있다는 것은 아직 음이 득세하고 있다는 것을 보여 주고 있다. ䷁ 는 완전한 음의 세계이다. ䷖ 은 겨우 하나의 양이 등장한 것이다. ䷪ 는 양이 가득 차서 음을 몰아내기 직전의 모습을 보여 주고 있다. 그 다음은 물론 ䷀ 이 되고, 이것은 다시 ䷫ 로부터 변화를 시작한다.

이것의 뜻은 무엇일까? 자연의 사물이 모두 이와 같은 방식으로 순환한다는 뜻일까? 결코 그렇지 않다. 자연의 사물은 각양 각색으로 변하고 있는 것이다. ䷀ 다음에 ䷀ 을 배치한 것은 반드시 그런 식으로 변화한다는 뜻이 아니다. 그저 괘상 ䷀ 를 보고 ䷀ 을 자연스럽게 기대할 수 있다는 것이다. 실제 자연은 ䷀ → ䷁, 이런 식으로 돌연 변화할 수도 있고, ䷀ → ䷀, 이런 식으로 음이 확산될 수도 있다.

물론 우리 지구의 계절 운행은 군주괘열을 그대로 답습하고 있다. 하지만 자연의 운행이 모두 이런 식은 아니다. 우리의 운명도 그렇고 사회도 그렇다. 모든 사물은 저마다의 상황에 따라 이리저리 변화하고 있는 것이다.

우리가 군주괘처럼 규칙적 변화를 다루고 있는 것은 괘상의 뜻을 이해하기 위함이고, 또한 모든 괘상을 체계적으로 분류하기 위함이다. 군대에서 장병들을 키 순으로 정렬시키는 것은 전체를 질서 정연하게 바라보기 위함이다. 또한 장병들을 그룹으로 나누는 것은 전체를 통제하기 쉽게 하려는 뜻일 뿐이다.

우리는 융통성을 가지고 괘상을 바라보자. 괘열의 전개도 굳이 한 방향만 고집하지 말자. 천체의 운행은 결코 사회의 변화와 일치할 수 없는 것이다. 사회란 잘 나가다가 갑자기 무너지기도 하고, 몰락하던 가정이 어느 날 일어서고, 주식 시장도 들쭉날쭉 변화하고, 날씨는 일정한 법칙이 없다.

세계는 단지 확률로 말할 수 있을 뿐이다. 축구에 있어서 페널티 킥을 차게 됐다고 하자. 이는 득점할 가능성이 아주 많은 상태이다. 그러나 반드시 골인이 된다고는 할 수 없다. 괘상 ☰ 는 ☰ 으로 변화하기 십상이다. 그러나 반드시라고 말할 수는 없다.

사물의 변화란 미시적이든 거시적이든 확률적 이해만 가능하다. 이것이 오늘날 과학이 발견한 절대 법칙이다. 아인슈타인은 이 이론을 끝까지 반대했다. 그러나 모든 과학자들이 점점 확률 이론을 찬성했고, 오늘날 첨단 과학인 양자 역학은 그 토대 위에 건립된 것이다.

일리야 프레고진은 그의 저서 《확실성의 종말》에서 '자연의 현상은 필연성의 행렬이 아니라 가능성의 행렬'이라는 것을 강조했다. 우리가 단순하게 바라보는 군주괘열도 가능성의 행렬일 뿐이다. ☰ 는 ☰ 으로 변화할 가능성이 많다는 것이다.

한때 인도네시아는 괘상 ☰ 와 같은 상황 속에 있었다. 맨 위의 음은 수하르토 대통령의 모습이다. 그는 절대 권좌에서 백성을 탄압하고 있었거니와, 백성들은 그를 몰아내기 위해 총 궐기했다. 그

모습은 ☳의 아래에 가득 차 있는 양(陽)들이다. 이제 이것이
☴ → ☲, 이런 식으로 변화하는지가 관건이었다. 결국 인도네시아
는 그렇게 되고 말았다. 하지만 ☴ → ☷, 이렇게 변할 수도 있었
던 것이다.

북한의 김정일은 ☳ 의 상태를 유지하고 있다. 하늘 위의 우레,
모든 도전을 물리치고 권좌에 올라앉아 있는 것이다. 그러나 장차
는 ☳→ ☲ → ☰의 식으로 변화하여 맑은 하늘을 회복할 수 있
을지도 모른다. 그 때가 언제인지는 알 수 없다.

6.25 동란 당시 우리는 북한군에 의해 ䷗ 상태까지 몰린 적이 있
었다. ䷗은 곧 ䷀로 변할 위기에 처한 모습이다. 그러나 그 당시
UN군은 인천을 급습해서 상황을 변화시켰다. ䷗ → ䷲로 변환시킨
것이다.

䷇ '이', 이것은 음이 아래위로 포위된 모습이다. 양이 위에서 파
고들고 아래서는 치고 올라간다. 6.25 당시 인천에 상륙한 UN군은
북한군을 차단하고 포위망 속에 가두어 놓았던 것이다. 그 당시 미
군은 그 작전을 일컬어 '철벽 햄머 작전'이라고 칭했다. 단단한 방
어벽과, 뒤에서 햄머로 쳐서 납작하게 만드는 작전이라는 뜻이다.
인위적으로 상황을 변화시킨 예이다.

인간 사회는 원래 그런 것이다. 다만 상황이란 것은 언제나 뜻하
지 않은 곳으로 갈 수도 있는 법이다. 크게 나누어서는 두 가지 방
향이라 할 수 있다. 이제 패열도 그런 식으로 따져 보자.

䷁ 는 어떻게 될 것인가? 그 동안 익숙해진 전개는 ䷖ → ䷗일
것이다. 하지만 그것은 필연적이 아니다. ䷁가 돌연 ䷗으로 될 수

도 있다. 다음과 같이 두 가지를 동시에 생각하자.

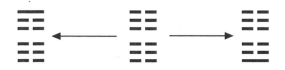

화살표는 가능성을 보여 주고 있을 뿐이다. 물론 ䷀가 변화하는 데는 반드시 두 가지뿐이라는 뜻은 아니다. 그저 알기 쉽게 아래에 서와 위에서를 채택했을 뿐이다. 그렇게 하면 괘상의 뜻을 이해하기 쉽고, 괘상에 있어서 상하의 의미도 분명히 할 수 있다.

위의 괘상을 한 번 더 확산하자.

이 괘열은 화살표로 표시했는데, 그것은 어디까지나 ䷀로부터의 거리를 표시했을 뿐이다. ䷀과 ䷀은 ䷀와 1촌 관계이다. ䷀과 ䷀은 2촌, 계속해서 전개해 보자.

이 그림은 5촌까지를 연속적으로 표시했다. ䷀와 ䷁는 10촌 관계이다. 그러나 주역에서는 12촌이 바로 0촌 관계이기 때문에 10촌은 즉 2촌 관계이다. 다음을 보라.

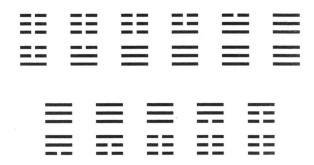

이것은 ䷀에서부터의 거리를 나타냈다. 여기서 보면 ䷀와 ䷁는 2촌 관계이다. 이 말은 각각 ䷀에서 1촌씩 떨어졌다는 뜻이다. 이제 모든 것을 다르게 그려 보자.

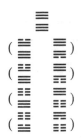

(䷚   ䷗)

이 그림에서 ( )을 해놓은 것은 ☶과 ☳로부터 촌수가 같은 것
들이다. 이들은 ( ) 속에 묶여져 있지만 서로 6촌 관계에 있다. 물론
☶과 ☳도 아주 멀리 떨어져 있는 것 같지만 6촌 관계일 뿐이다.
괘열에서는 가장 멀리 떨어져 있는 것이 6단계이다. 이제 이들 모
두를 음미해 보자.

주역 원전에 보면, ䷖과 ䷗은 괘의 순서가 서로 연접해 있다. 땅
위의 산, 땅 아래의 우레는 둘 다 순수한 땅, 즉 ☷에 가장 가까이
있는 괘상이다.

다음 단계가 ䷎과 ䷗으로, 역시 원전에서는 이웃한 순서로 되어
있는데, 둘 다 ☷에서부터는 2단계의 거리이다.

☳와 ☶는 ☷에서부터 3단계 거리에 있다. 즉 ☳와 ☶는 중
앙에 위치하고 있는 것이다. 이것은 무엇을 뜻하는가? 음양은 이
괘상들에 있어서 균형을 유지하고 있다. ☷는 어디로 향할 것인가?
양이 이기면 ☱이 되어 ☰ 쪽으로 접근하게 된다. 물론 ☳도 양
이 이기면 '대장'이 되어 ☰ 쪽으로 이끌리게 되는 것이다.

그런데 세상 일은 어떻게 되는가? 한 번 균형이 무너지면 계속해
서 그 길로 향하게 된다. 다음을 보자.

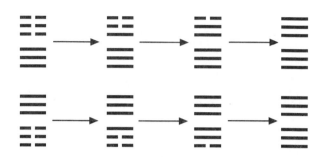

이것은 사회적 흐름이다. 우리 사회에서는 부자가 더 부자 되고, 가난한 사람은 더욱 가난해진다. 반면 인위적인 힘이 작용하지 않는 세계에서는 균형을 향해 가려는 힘이 작용한다.

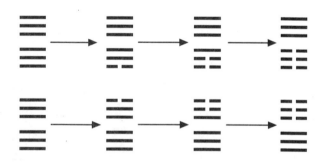

여기서 종착은 ䷁와 ䷀이다. ䷀에서 시작해도 마찬가지의 결과가 된다. 다음을 보자.

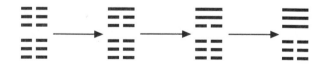

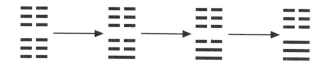

이것들은 무엇을 뜻하는가? 자연적 사물은 균형점을 향해서 움직여 간다. 그러나 인위적 사회에서는 치우침 쪽으로 움직여 간다. 운동 경기에서 한 번 균형이 무너지면 한쪽이 일방적으로 유리해지는 것도 이런 연유 때문이다.

이 변화는 힘겹게 일어나지만 비교적 쉽다.

다음은 더욱 쉬운 것이다.

이것은 이미 대세가 기울었기 때문이다. 자연적 세계와 인위적 사

회에서의 사물의 흐름은 서로 대조적인데, 이는 또한 음과 양의 법
칙으로 표현될 수 있다. 다시 괘상을 보자.

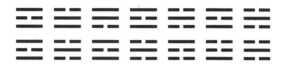

이 괘열은 순환군 C에 속한 것이다. 이제 이것을 앞의 방법으로
조사하자.

우선 한 단계만 확산시켜 놓고 보자. ䷜과 ䷗은 물이 아주 적은
상태를 표현하는 괘상이다. ䷗은 이제 겨우 물이 생기기 시작하는
괘상이고, ䷜은 물이 메말라 있는 모습이다. 비유하면 ䷗은 양이
하나 남아서 멸망 직전이고, ䷜은 이제 겨우 하나 나온 것과도 같
다. 순환군 C를 전부 써 보자.

(☵   ☲)
☵

이 그림은 앞서 보여 준 군주괘와 같은 방식으로 그린 것이다. 모두 7층으로 되어 있는데, 주역의 체계는 원래 7층으로 되어 있다. 이것은 아주 중요한 것으로, 앞으로 상세하게 규명하게 될 것이다. 지금은 균형과 치우침을 공부하는 중이다.

위 그림에서 균형은 중앙에 표시되어 있는바, 물과 불의 균형은 두 가지 괘상으로 나타난다. 즉, ☵와 ☲이다. ☵에서 물과 불은 균형을 이룬 축적 상태를 보인다. ☲는 물과 불이 균형을 이룬 활동 형태를 보이고 있는 것이다. 이제 7층 균형도를 4＋3 체제로 분해해 보자.

☷
(   )   (   )
(   )   (☵   ☷)
(☷   ☵)   (   )
(   )   (☵   ☷)
(☷   ☵)   (   )
(   )   (☷   ☲)
☲

위 그림을 좌우로 합치면 7층 균형도가 된다. 나눈 이유는 각층의 괘상이 양극(陽極)으로부터 어떤 성분을 이루는가를 보기 위함이다.

좌측을 보자. 위와 아래는 화극(火極)과 수극(水極)이다. 즉, 위로 올라갈수록 화가 많아지고 아래로 갈수록 물이 많아진다.

그림은 화극에 가까이 가면 ☲와 ☲이 출현한다. 이 두 괘는 화(火)가 많다는 것을 보여 주고 있다. 그리고 중요한 것은 ☲와 ☲은 같은 층, 즉 높이가 같다는 것이다. ☵와 ☵은 물이 많은 괘이다. 물론 같은 층에 있다.

우측을 보자. ☵와 ☵는 균형점에 있다. 아래쪽은 ☵와 ☵인데, 이 괘상들은 화(火)의 기운이 아주 적은 상태, 즉 수극(水極) 가까이 자리잡고 있는 것이다. 위쪽은 ☲과 ☲인바, 이 괘상들은 수(水)의 기운이 아주 적은 상태이기 때문에 화극(火極) 가까이에 자리잡고 있다.

다른 괘열을 보자.

이 그림은 산극(山極)과 택극(澤極)과의 사이를 7계층으로 나눈 것이다. 앞의 괘열과 같은 논리로 전개되었는데, 특이한 모습이 하

나 눈에 뜨인다. 즉, ( ) 속의 괘상 짝이 서로 뒤집은 관계가 아니라
는 점이다. 앞의 괘열들은 어김없이 뒤집은 관계였고, 원전 주역에
서 순서상 이웃에 위치해 있었다. 그런데 ䷠ '산택(山澤)' 괘열에서
는 그렇게 되어 있지 않다.

그러나 염려할 것은 없다. 우리는 하나의 일관된 논리로써 전개하
는 중이다. 즉, 우리가 보고 있는 것은 하나의 법칙이란 뜻이다. 주
역의 원전에 적용한 논리와 괘열에 적용한 논리는 서로 다르기 때
문에 결과도 다를 뿐이다. 일부 같은 모습을 보이는 것은 우연의
일치라고 보면 된다. 다만 64개의 괘상들 중에 44개가 일치를 보이
고 있는 것은 시사하는 바가 없지 않다. 이는 나중에 따져 보기로
하자.

지금은 7층 균형도를 조사하고 있는 중이다. 산택괘열에서 산극
쪽을 보자. 가까이 ䷳과 ䷎가 있다. 일견 보기에 두 괘상은 서로
많이 다른 것처럼 보인다. 어쩔 수 없는 일이다. 우리의 감각이 그
렇게 되어 있기 때문이다.

그러나 감각보다 더 정확한 것은 규칙 논리인바, 우리는 괘열 계
층도(卦列階層圖)에 입각하여 배치했을 뿐이다. 그 결과 ䷳과 ䷎는
같은 층에 나타났다. 그것으로 된 것이다. ䷳과 ䷎는 누가 뭐래도
같은 층에 있는 것이다.

같은 층에 있다는 것은 어떤 지점으로부터 의미 간격(意味間隔)이
같다는 뜻이다. ䷳과 ䷎는 그림에서 보듯이 ䷳ 으로부터 거리가
같다. 이 결과로써 우리는 ䷳ 과 ䷎ 의 뜻을 이해하는 요소를 얻을
수 있는 것이다.

괘상이란 구조 자체가 복합적이기 때문에 단순하게 이해하기가 쉽지 않은 법이다. 그래서 괘상을 이해하기 위한 많은 요소가 필요하다. 그 요소를 많이 찾아본다는 것이 바로 주역의 수련이다. 의사는 대학을 졸업하고도 병원에서 오랜 기간 동안 임상 경험을 갖는다. 그 동안 인체에 대한 다양한 이해를 얻게 됨은 물론이다. 주역 공부도 다양한 이해를 얻기 위해 많은 체계에 접해야 하는 것이다.

우리는 지금 계층 구조를 통해 괘상을 점검하는 중이다. ䷀은 어떤 괘상인가? 많은 내용을 얘기할 수 있을 것이다. 그러나 어떤 사실 하나만 간단히 얘기해 보자. 괘상 ䷀은 연못이 다 흩어진 상태이다. 괘상 자체가 '물이 흩어진다'는 뜻인 것에서도 알 수 있는 사실이지만, 그보다 더 깊은 범주 논리에 의해 ䷀은 연못에서 먼 괘상이라는 것을 알 수 있다. 즉, ䷀은 ䷀ 가까이 존재하는 괘상이라는 것이다. 가깝다는 것은 의미가 접근되어 있다는 뜻이다.

마찬가지로, 같은 층에 있는 ䷀도 ䷀과 가까이 있다. 괘상 ䷀는 땅이 융기되어 크게 떨치고 일어나는 괘상이려니와, 그것의 수준은 산을 만들기에 충분하다는 것을 본 계층도는 보여 주고 있다.

산과 연못의 균형점은 ䷀과 ䷀이다. 이들의 바로 위쪽에 ䷀과 ䷀이 있는데, 이 기회에 ䷀과 ䷀의 뜻을 보다 깊게 이해해 보자.

☷ 은 하늘에서 양의 기운이 내려와 땅 속에 깊게 파고든 형상, 따라서 음의 기운이 상승하고 있다. 이 괘상 자체에서 이미 산의 방향으로 가고 있다는 것을 이해할 수 있는 것이다. 하지만 얼마만큼 갔는지 그 자체로서는 알 길이 없다. 그것은 계층도 내의 위치로 판가름되는 것이다. ䷀은 이제 겨우 균형점을 넘어서 ䷀으로

향하기 시작했을 뿐이다.

☵ 은 어떤가? 괘상 자체는 물 속에 벌레가 빠져 있는 모습으로, 또한 물기가 빠지고 흙의 모습이 점점 나타나려는 중이다. 어린아이가 뱃속에서 자라고 있는 모습이 바로 이것인데, 뱃속의 아이는 어느 날 단단해져서 밖으로 나온다. '메뎅이 같은 아이'라는 말도 있지만, 이는 ☶ 을 의미한다. ☵ 이란 아직 단단한 형태를 이루지 못한 것이다. 하지만 이제 막 물덩이(택)에서 벗어나 고체(산)로 향하기 시작했다.

균형점 아래 있는 괘상도 마찬가지 방식으로 해석할 수 있다. 반드시 유의해야 할 것은, 괘상이 우리의 감각과 다르다 해도 계층도상의 위치가 중요하다. 그것은 마치 나침반과 위치를 종합해 놓은 것과 같은 것이다. 우리의 감각은 계층도에 맞게 수정되어야 하는 것이다.

바둑을 배울 때 우리는 흔히 시각적 판단에 의존하는데, 그것이 정수(正手)와 많이 동떨어진 경우가 있다. 바둑의 고수 사카다는 이것에 대해 말한 바 있다.

"진리란 어째서 우리의 시각과 이토록 동떨어져 있을까?"

주역도 마찬가지이다. 우리가 괘상에 대해 갖고 있는 관념은 때로 실제의 뜻과 많은 차이를 드러낸다. 그럴 경우, 우리는 우리의 생각을 수정해 나가야 한다. 그러기 위해 괘열의 각종 체제를 공부하는 중이다.

하나의 괘상은 단번에 그 전모를 깨달을 수 없다. 이유는, 우리의 사고 방식이 체계적이지 않기 때문이다. 인간은 우연히 발생한 언어에 의지하여 관념을 습득해 왔기 때문에 체계상 오류를 일으키는 것이다. '우습다'의 반대말이 '무섭다'인가? 우리는 각각의 뜻을 알고 있다. 하지만 서로의 관계는 잘 모른다.

사물이란 각각의 뜻이 분명하면 관계도 분명해지련만, 각각의 뜻을 알기가 여간 어려운 게 아니다. 왜냐 하면 사물이란 반드시 다른 것과 연관지어질 때만 그 자체의 의미가 분명해지는 것이다. 따라서 밖을 알면 안을 알 수 있고, 안을 알면 밖을 알 수 있는 것이다. 관계를 알면 자체 내용이 분명해지고, 자체 내용을 알면 관계가 분명해지는 법이다.

우리가 지금 공부하는 7층 균형도는 관계를 분명히 하기 위해서이다. 그로써 괘상 자체의 현주소와 구조가 모습을 드러내게 된다. 계층도 하나만 더 분석해 보자. 이번 것은 다소 특이한 것이다. 다음 그림을 보라.

$$
\begin{array}{ccc}
& \equiv\!\equiv & \\
(\ \equiv\!\equiv & & \equiv\!\equiv\ ) \\
(\ \equiv\!\equiv & & \equiv\!\equiv\ ) \\
(\ \equiv\!\equiv & & \equiv\!\equiv\ ) \\
(\ \equiv\!\equiv & & \equiv\!\equiv\ ) \\
(\ \equiv\!\equiv & & \equiv\!\equiv\ ) \\
& \equiv\!\equiv &
\end{array}
$$

이 계층도는 H군을 그린 것인데, 자세히 보면 괘가 중복되어 있다. 그 이유는 H군의 원소는 4개밖에 없기 때문이다. 세 번 반복해서 쓰면 12개가 되는데, 이것을 ䷗와 ䷪ 중심으로 정리하면 본 계층도가 나온다. 원래 H군은 4개이지만, 실상은 12로 표시해도 상관없다. 다만 여기서는 괘상의 뜻을 분명하게 하기 위해 중복된 것을 치워 보라. 그러면 계층도는 다음과 같이 된다.

$$(\quad ䷗ \quad ䷪ \quad)$$

이 그림은 3층 구조이다. 중앙 균형층은 ䷗와 ䷪인바, 서로 수준이 같은 것은 물론이다. ䷗는 산이 허물어지는 것, 또한 ䷪는 연못이 메꾸어지는 것, 따라서 ䷗와 ䷪는 ䷀와 ䷁ 두 극점으로부터 거리가 같다.

䷪는 낮은 연못을 상징한다. 원래 괘상 ䷹가 낮은 연못인데, ䷪도 낮은 연못인 것이다. ䷹와 ䷪ㅅ 중에서 어떤 것이 더 낮은 연못인가는 또 다른 문제이다. 여기서는 ䷗와의 비교만 중요하다.

䷗는 낮은 산이다. 괘상 ䷹는 낮은 연못이지만, 또한 잔잔한 바람을 상징한다. 따라서 ䷗는 위력이 작은 우레를 의미하는 것이다. ䷡을 보라. 이것은 하늘 위의 우레이다. 그러나 ䷗는 고작 산 위에 있는 우레일 뿐이다.

7층 논리는 이 정도로 하자. L군과 D군이 남아 있지만, 각자가 해 보면 된다. 요점은 어디까지나 계층이다. 하나의 괘상이 어떤 극점으로부터 정해진 위치에 자리잡는 것은 괘상끼리의 비교를 할 수 있다는 뜻에서 의미를 갖는다.

우리는 임의의 괘상에 대해 높낮이를 평가할 수 있다. 이럴 경우, 양극점은 ䷀과 ䷁이다. 하지만 이 장에서는 ䷀과 ䷁ 외에도 다른 극점을 사용하여 괘상들이 어떻게 배치되는가를 살펴보았다. 또한 우리는 이 장에서 사물이 반드시 순환하는 것이 아니라, 다양한 방향으로 전개될 수 있다는 것을 배웠다. 물론 여기서는 두 가지 방향만 고찰함으로써 기준점으로부터의 거리를 측량한 것이다. 다시 한 번 예를 들어 보자.

䷀과 ䷁은 음극(陰極)에서 보면 거리가 같다. 따라서 ䷀↔䷁와 같은 관계는 ䷁ ↔ ䷀에서도 성립한다. 일방적인 화살표는 존재하지 않는다는 뜻이다. 즉, ䷁는 ䷀도 될 수 있고 ䷁도 될 수 있다. 반대로 ䷀이 ䷁로 될 수 있고, ䷁ 도 ䷀로 될 수 있다. 각각의 확률은 같은 것이다.

사물은 방향 관계가 아니라 위치 관계이다. 제주도를 부산 남쪽에 있다고 해도 되고, 부산을 제주도 북쪽에 있다고 해도 된다. 정해진 기준점은 없는 것이다. 기준점은 필요에 따라 변할 수 있다. 하지만 제주도와 부산의 간격은 변하지 않는다. 다만 제3의 기준점에서 보면 방향마저 뚜렷이 나타나게 된다.

계층도가 바로 제3의 기준점, 즉 극점(極點)을 기점으로 해서 괘상의 거리와 방향을 알아본 것이다.

玉虛眞經 (20)

貴人服之美衣 王居雅殿 空於中也 吾在衣中屋中住空
能示衆以美壯嚴

귀인이 입는 아름다운 비단옷도, 나라님이 사는 훌륭한 궁궐도, 속은 다 비어 있는 것이다. 내가 옷 속, 집 속, 빈 곳에 있는 까닭에 남에게 아름다운 것, 장엄한 것, 찬 것을 보여 줄 수 있는 것이다.

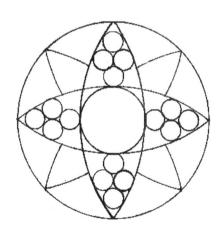

괘상의 황금 분할

원래 황금 분할은 기하학에서 나오는 명칭이다. 이것은 직사각형의 가로 세로의 비율을 의미하는 것으로, 담뱃갑이나 성냥갑, 또 화투장이나 트럼프와 같은 모양에 쓰인다. 황금 분할이라는 거창한 이름이 붙어 있는 것은, 그렇게 비율을 정하면 인간의 시각에 가장 편안한 느낌을 주기 때문이다. 담뱃갑이 만일 정사각형이라면 분명 피로감을 줄 수 있을 것이다. 화투장이 정사각형이면 고스톱을 치는 데 지장을 줄 수도 있다. 영화 화면이나 TV 화면도 정사각형이면 상당히 피곤할 것이다. 그래서 황금 분할이다.

그러나 괘상의 황금 분할이라는 것은 좀 다르다. 정사각형을 의미하는 것이다. 이렇게 하는 것은 괘상 4개를 정사각형으로 배치함으로써 4개의 괘상을 동시에 이해하고자 함이다. 괘상에 있어서 황금 분할이라는 이름은 전래적 명칭은 아니다. 단지 필자가 주역을 현대화하는 과정에서 나타난 개념이다. 물론 이 개념은 괘상을 이해하는 데 절대적 요소이다.

예를 들어 보자. 괘상 ䷂ 에 대해서 우리는 알 만큼 알고 있다. 어느 순환군에 속하는가? 계층도에서는 어느 위치에 있는가? 양값 또는 음값은 얼마인가? 괘의 이름은 무엇인가? 등을 알 수 있고, 또한 ䷂ 이 잉태된 아이를 상징한다거나, 미지의 세계로 출발하는 모습이라든가, 미역국 속에 고깃덩이가 있다거나, 얕은 물의 큰 고기라든가, 길 잃은 사냥꾼이라든가 등등 여러 방면에서 알고 있는 것이다.

그 동안 공부해 온 것이 모두 그것이었다. 하나의 괘상에 대해 아는 것이 많아질수록 그 괘상의 극의는 점점 파악될 것이다. 우리는 또 하나의 임의의 괘상을 말할 수 있다. 예컨대 괘상 ䷫ 에 대해서도 말할 수 있는 것이다.

이제 하나의 거대한 질문을 만들어 낼 수 있다. 즉 괘상 ䷂ 과 ䷫ 의 중간 지점에는 과연 어느 괘상이 있느냐? 이렇게 물을 수도 있는 것이다. ䷂ 과 ䷫ 가 같은 순환군에 속해 있으면 간단할 수도 있다. 그러나 우리는 임의의 괘상을 두 개 선택해서 그것을 양 극점으로 하는 4각 구조를 찾고자 하는 것이다.

임의의 괘상에 있어서 중간 괘상은 무엇일까? 이 물음은 아주 중요하다. 괘상과 괘상간의 질적(質的)인 의미, 이는 하나의 괘상이 저마다의 위치에서 다른 괘상과 연관을 갖는바, 그 연관성은 또한 괘상의 중계를 의미한다는 것이다. 실생활을 예로 들어 보자. 우습지도 않고 슬프지도 않은 기분은 무엇일까? '무섭다'라는 기분이 그것에 해당된다. 무섭다라는 말은 분명 우습다도 아니고 슬프다도 아니다. 하지만 우습다와 슬프다의 정 중간의 기분이라고도 말할 수 없다.

우리가 알고자 하는 것은 바로 이것이다. 정 중간! 괘상 두 개 사이에 존재하는 정 중앙 괘상은 무엇인가? 이것을 밝힘으로써 모든 괘상간의 관계를 정확히 밝힐 수 있다. 물론 어떤 괘상들은 바로 옆에 붙어 있어서 그 사이에 어떤 괘상이 없을 수도 있다. 우리는 괘상을 촘촘히 배열하여 모든 괘상의 위치를 파악하고자 한다.

시작하자. 괘상 ☰과 ☷는 양 극단으로, 그 중간 괘상은 ☳ 또는 ☴ 이다. 괘상이 두 개로 나타나는 것은 순환성 때문이다. 왜냐하면 갈 때와 올 때가 각각 다르게 나타나기 때문이다. 그런데 ☰과 ☷는 같은 소속군(군주괘)에 속해 있기 때문에 순환성은 자명하다. 그러나 서로 다른 소속을 갖고 있을 때는 어떻게 되는가? 여전히 순환성을 갖고 있을까?

이것은 또 하나의 흥미로운 질문이다. 앞에서 제시한 괘상을 보자. ☷과 ☶인바, 이 둘은 같은 소속이 아니다. ☷은 F군이고 ☶는 L군이다. 이 둘 사이에는 무슨 괘를 배치해야 좋을까?

다른 괘를 먼저 보자. 예를 들어, ☵와 ☶ 사이에는 ☷이 있다. 하지만 ☵의 반대 괘, 즉 ☰를 포함시켜 보면 4개의 괘상은 정사각형이라고 할 수 없다. 실제로 군주괘를 그려 놓고 괘상 4개, 즉 '☷ ☷ ☷ ☰'를 살펴보라. 순환성을 갖고 있다. 그러나 그 순환은 정사각형이 아니다. 괘상 '☷ ☷ ☰ ☷', 이 4가지는 순환성이고 또한 정사각형이다. 우리가 유의해야 할 것은 바로 정사각형 순환인데, 이것이 소위 괘상의 황금 분할이다.

‘▤ ▤ ▤ ▤’는 결코 황금 분할은 아니다. 문제는 ▤와 ▤ 사이에 ▤을 배치했기 때문에 발생했다. ▤이 아닌 다른 괘는 없을까? 이 물음의 뜻은 ▤와 ▤을 양극점으로 하는 원을 그리고 그 사이에 교차 관계로 존재하는 두 점을 찾자는 것이다.

‘▤’과 ‘▤’ 사이에 ‘▤’와 ‘▤’가 존재한다는 것은 원의 둘레를 12로 한 상태에서이다. 원의 둘레를 굳이 12로 하지 말고 4개로 해도 무방하다. 작은 원을 그려 보자는 것이다. 물론 원의 둘레가 4의 배수, 즉 8, 12, 16, 20, 24 등이면 그 안에서 황금 분할된 괘상의 그룹을 여러 개 찾을 수 있다.

황금 분할된 예를 몇 개 살펴보자.

‘▤▤▤▤’, ‘▤▤▤▤’, ‘▤▤▤▤’ 등은 분명 황금 분할된 것들이다. 위의 예는 모두 같은 순환군 소속이었기 때문에 당연했다. 물론 같은 순환군 소속이라도 서로 가장 멀리 마주보는 괘상이어서 가능했던 것이다. 그렇다면 서로 이웃해 있는 괘상은 무슨 방법으로 황금 분할을 찾을 수 있을까?

예를 들어 다음 괘열을 보자.

▤▤▤▤▤ ……

이것은 C군 전개도인데, 바로 이웃해 있는 ▤와 ▤의 사이에 무엇이 있을까? 문제의 뜻만 분명히 알면 된다. 왜냐 하면 답은 의외로 간단하기 때문이다. 답을 먼저 말하고 그것의 의미를 따져 보

자. 먼저 답을 말하면, ☷와 ☳ 사이의 괘상은 ䷜과 ䷝이다. 즉, '䷜ ䷝ ䷞ ䷟'는 정사각형 순환을 이루고 있다.

어떻게 해서 나왔을까? 다시 보자.

이 괘상에서 위의 것만 바꿔 보자. 즉, ䷜의 윗것 ☵와 ䷝의 윗것 ☲의 자리를 바꾸자는 것이다. 그러면 ䷰과 ䷿가 나타난다. 물론 아랫것을 바꿔도 마찬가지이다. 결국 두 괘상을 교차시키자는 것이다. 그러면 아래와 같이 된다.

반대로 '혁'과 '미제'를 교차시키면 다음과 같이 원래 것이 된다.

이는 무엇을 뜻하는가? 간단하다. 4개의 괘상이 4각형으로 배치되었다는 뜻이다. 이는 다음과 같이 표현할 수 있다.

$$ \text{䷫} + \text{䷁} = \text{䷖} + \text{䷠} $$

이러한 방식은 모든 괘상에 확대될 수 있다. 처음에 제시된 문제를 보자. 그것은 ䷗과 ䷒의 사이에 존재하는 괘상들이었다. 그것은 다음과 같이 ䷗과 ䷒의 합으로 나타낼 수 있다.

$$ \text{䷗} + \text{䷒} = \text{䷒} + \text{䷗} $$

모든 괘상에 대해 이런 수식이 존재할 수 있다. 그런데 문제는 이 것에서 무엇을 알 수 있는가이다. 우선 알 수 있는 것은 자연의 현상 중에 사물과 사물이 만나면 변화할 수 있다는 것인데, 그 변화란 일정한 틀 속에 존재한다는 것이다. 이는 과학에서 에너지 불변의 법칙이라는 것인바, 이 법칙은 자연의 보편 법칙으로서 주역의 세계에서도 당연히 성립된다. 이것이 황금 분할에서 알 수 있는 것이다.

다음으로 유의할 것은 무엇인가? 괘상의 충돌을 다시 보자. ䷗은 ䷒와 충돌(접촉)했다. 그 결과 다음과 같이 네 가지 조각으로 분해되었다.

○   ☷   ○   ☷
☶ + ○, ☳ + ○

이제 이것이 다른 것과 조합되면 새로운 괘상을 탄생시킨다. 그런
데 중요한 것은 높낮이이다. 높은 것은 반드시 낮은 것과 짝을 이
루어야만 괘상을 탄생시킨다. 이것은 운명의 법칙이다. 사물과 사물
이 만났을 때는 높낮이가 적당해야 하나로 합쳐지는 것이다. 궁합
도 이 개념인데, 나쁘다 좋다를 떠나서 만날 수 있으냐 없느냐가
먼저 중요하다. 사물은 성질도 중요하지만, 그것의 위상, 즉 높낮이
가 더욱 중요한 것이다.

앞으로 높낮이 개념은 괘상을 분해 해석하는 데 필요한 개념이다.
이 장에서는 괘상을 이루기 위해서는 높낮이가 중요하다는 것을 인
식하면 그만이다. 이것은 자연계의 사물이 아무것이나 만나면 서로
괘상을 이루는 것이 아니라 선별적이라는 것을 의미한다.

다음을 보자. 황금 분할에서 알 수 있는 세 번째 사항은 괘의 성
질이다. 예를 들어 ☶은 위가 바뀌어 ☳으로 변했는데, ☷의 성질
은 여전하다는 것이다. 물론, 전체적 성질은 이미 바뀌어 있다. 하
지만 그 부분 중에는 바뀌지 않은 부분이 있는 것이다. 사물은 천
천히 단계적으로 변화한다. 그리고 사물은 구성 요소 중 조금만 변
화해도 전체적으로는 새로운 국면에 접어든다. ☶에서 ☷는 미지
의 세계로 나아가는 것이었다. 그러나 ☷를 만남으로 인해 이제는
분명한 목표가 정해진 것이다. 괘상 ☳은 목표를 향해 돌진하고 있
는 모습이다.

반면 ☷이 ☵으로 변했을 때를 보자. ☵은 혼돈 속에 빠져서도 꾸준히 활동하는 모습이다. 그러나 ☶은 좌절을 의미한다. 난관에 봉착하여 주저앉은 모습이다. 또한 ☵에서 ☶으로의 변화는 방황에서 휴식으로 가는 의미가 있다.

위에서 알 수 있는 것은 무엇인가? 사물은 점진적으로 변화한다는 것이다. 그리고 부분의 약간의 변화는 전체의 커다란 의미 변화를 뜻한다는 것이다. 이로써 우리는 자고 깨면 어느 새 다른 국면에 처할 수 있다는 뜻이다.

황금 분할의 네 번째 의미를 보자. 그것은, 사물의 변화는 반드시 순환적이며 또한 계층적 변화라는 것이다. 계층이란 크게 나누어 두 개로 되어 있다. 사물은 이중 구조를 갖고 있는 것이다.

사람에 대해 이중 인격자란 말이 있는데, 이는 다소 모순이 있는 말이다. 인간은 원래 이중성을 갖고 있다. 삼라 만상이 모두 이중성을 갖고 있는 것이다.

사물의 순환성은 유연성을 뜻하기도 하는데, 그것의 원인은 이중성이다. 바깥에 의지해서 안이 변화하고, 또는 안에 의지해서 밖이 변화한다. 주역의 구조도 이중으로 되어 있는바, 그로써 4단계의 순환성을 갖게 되는 것이다.

황금 분할의 다섯 번째 의미를 보자. 이는 주역 자체를 공부하는 데 쓰인다. 가장 중요한 대목이다. 그것은 괘상을 분해하여 괘상을 이해할 수 있는 것이다. 괘상 ☶의 뜻은 무엇인가? 잘 알 수 없으면 ☳를 더해 보자. 그러면 ☶과 ☱이 나온다. ☶은 아는가? 우뚝 서서 주변을 살피고 있다. ☱은 연못이 물을 받아들여 안정된 모습이다. 따라서 〓은 안정된 바탕 위에 멀리 바라볼 수 있는 모습이다.

다른 예를 보자. 〓의 뜻을 아는가? 여기에서 〓를 더해 보면 〓과 〓을 얻는다. 〓은 바람이 물로 들어가 흩어 놓는 모습이다. 〓은 미지의 세계로 파고드는 것이다. 따라서 〓은 바람의 힘으로 〓이 더욱 강하게 돌진하는 모습이다. 곡괭이의 손잡이와 끝이 서로 힘을 합쳐 땅을 파헤치는 모습인 것이다.

한 가지만 더 예를 들어 보자. 〓는 무슨 뜻인가? 잘 모르면 〓를 더해 보라. 그러면 〓과 〓을 얻는다. 〓에서 〓은 하늘 아래 물인바, 위로 나서서 감당할 수 없다는 것을 뜻한다. 또한 하늘은 물을 벗어나 위로 솟구친다. 반면 〓은 연못이 아래에서 가만히 있으므로 물을 받아들일 수 있는 것이다. 따라서 〓는 연못의 경거 망동을 경계하고 하늘의 드높은 긍지를 보여 준다.

이와 같이 괘상에 괘상을 더하는 것은 괘상의 이해를 높여 주는 것이다. 물론 〓만 더하라는 법은 없다. 임의의 괘상을 더해 소기의 목적을 거두면 된다.

황금 분할은 또 다른 의미가 많이 있으나 이 정도로 그치자. 다시 등장하여 또 다른 이치를 규명하는 데 쓰일 것이다. 오늘날 소립자 물리학에서도 이 원리를 사용하고 있다는 것을 밝혀 둔다.

玉虛眞經 (21)

吾在空而示衆以盈 吾不傷也

내가 빈 곳에 있고 남에게 찬 것을 보여 주면 나는 언제
나 상하지 않게 된다.

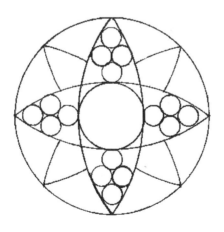

주역은 무엇인가?

전편에서 주역을 왜 공부하는가를 물은 적이 있다. 그럴 듯한 대답은, 천지 자연의 이치를 규명하기 위해서이다. 만일 이러한 뜻으로 주역을 공부하는 사람이 있다면 그는 제대로 공부하는 사람이라고 할 수 있다. 그러나 천지 자연의 이치라고 말하면 너무나 포괄적이어서 정확한 뜻을 알기 어렵다. 좀더 구체적인 답은 없을까?

필자는 주역을 30년 이상 공부해 왔지만 의도는 아주 분명하다. 이것을 말하기 전에 주역을 공부하는 사람들의 유형을 살펴보자.

과학자인 아인슈타인은 그야말로 주역을 통해 자연의 비밀을 파헤치려 했던 것이다. 그는 통일장 이론이라든가, 물질의 궁극 등을 주역을 통해서 알려고 했다. 닐스 보어 같은 물리학자는 주역을 통해 물질과 파동의 상보적 관계를 발견하고 그에 따른 자연의 비밀을 추구했다.

융 같은 정신의학자는 주역의 범주 이론을 통해 정신의 유형이라
든가, 인간 의식의 원형(原型)이라는 개념을 연구하는 등 깊게 연구
하였다. 미적분학의 발견자인 라이프니츠는 주역을 보편학의 개념
으로 받아들였다.

제갈공명은 주역을 통해 병법 원리를 깨달았으며, 장량은 병법과
경륜에 주역의 원리를 적용했다. 주역은 한의사들이나 무술인들에
게도 원리를 제공하고 점쟁이들에게도 섭리를 제공한다.

그렇다면 주역은 어떤 목적에 사용하는 것이 가장 심오하다고 할
수 있을까? 잠시 이 문제를 고찰해 보자. 물론 필자의 의견을 얘기
할 수밖에 없다.

필자는 어린 시절 주역에 뛰어들었으며, 그것으로 인해 인생의 많
은 부분을 포기해야 했다. 후회가 되는 것은 아니다. 오히려 잘됐다
고 생각하고, 다시 태어나도 주역을 공부하겠다고 맹세한다. 생이
만 번 계속된다 하더라도 역시 주역을 공부할 것이다.

필자에게 있어 주역은 우주와 인생을 규명하는 절대적 학문이지
만, 또한 그것은 무엇과도 바꿀 수 없는 취미 그 자체이다. 주역은
소설이나 영화·음악·술·여자·바둑·스포츠 등 인생의 무엇보다
도 재미있는 것이다.

어쨌건 주역은 무엇을 위해 공부해야 하는가? 우선 사주 팔자, 즉
운명 감정을 위해 주역을 공부한다고 하자. 이에 대해 필자는 최하
의 주역 공부를 하는 사람이라고 말하겠다. 그런 사람은 공연히 주
역 공부하면서 골치 썩을 필요가 없다. 주역은 그것에 적합한 학문
이 아니다. 더군다나 사주 팔자나 풀기 위해 주역을 공부한다면 효

율은 최하가 될 것이다. 닭 잡는 데 소 잡는 칼을 쓰겠는가! 차라리 주역 공부를 하지 않는 것이 낫다. 필자는 사실상 그런 사람에게 주역을 가르칠 필요를 느끼지 않는다.

다른 경우를 보자. 주역은 '사서 삼경'이라는 아주 유식하고 중요한 경전에 속하는데, 그 중에서도 주역은 으뜸의 자리를 차지하고 있다. 그래서 예로부터 선비들은 공부를 많이 한 다음 최종적으로 주역을 공부했다. 이들은 주역을 인격 내지 철학서로 읽는 것이다.

나쁠 것은 없다. 다만 주역에서 그들이 얻는 인격은 무엇이며, 또한 어떤 철학을 얻는가? 그것을 위해 공부하는 사람의 경우 얻는 것은 적다. 《명심보감》이나 《육도삼략》 등을 권하고 싶다.

주역 원전은 지독히 어려운 한문으로 이루어져 있으며, 표현은 아주 상징적이어서 저자의 의도조차 분명하지 않다. 게다가 오늘날 사용하지 않는 한문으로, 중국인조차 무슨 뜻인지 모른다. 자칫하다가는 저자가 쓰지 않은 엉뚱한 해석을 꾸며 댈 수도 있다.

그리고 내용은 괘상풀이여서 한문만 아는 옛 선비들이 알 것이 별로 없다. 논리는 수학자나 논리학자 또는 과학자 등이 풀어내는 것이지 한문학자가 풀어내는 것이 아니다. 주역은 문학 서적이나 인격 서적이 아니다.

그렇기 때문에 사서를 읽고 삼경을 읽는 식의 공부는 유식하기는 하나 써먹을 만한 주역의 이치는 얻어지지 않는다. 한학자의 주역 공부는 그저 주역 서적학이라고 할 수 있다. 주역의 큰 목적에 결코 부합할 수 없는 공부이다.

다음으로 한의사나 병법가・무술인・정신 분석가 등은 주역을 자신의 전문 분야에 활용하고자 하는 것이니 실용적 의미에서 주역 공부의 가치가 있다고 하겠다.

그 다음은 자연 과학자, 특별히 자기 전공에 활용 방안을 찾고자 하는 것이 아니라, 주역에서 자연의 원리를 찾고자 하는 사람들이다. 아인슈타인·하이젠베르크·닐스 보어 등과 같은 사람인데, 주역을 훌륭한 스승으로 삼을 수 있다. 주역에서 큰 가치를 얻을 수 있다.

다음으로는 점쟁이. 사주 팔자와 점은 아주 다르다. 점이란 사주를 몰라도 된다. '내일 무슨 일이 있을까?' 하고 직접적으로 천지 신명에게 묻는 행위이다. 이런 일에는 주역을 빼놓고 있을 수 없다. 아주 훌륭한 일이다. 점이란 절대 미신이 아니다. 오히려 점을 치는 마음에서 인격을 볼 수 있다. 하지만 점에 의존해서 사는 것은 옳지 않다. 공자는 말했다.

'군자는 점을 자주 치지 않는다.'

매사에 점을 치는 것은 하늘을 모독하는 행위이다. 점은 중요한 일에 가끔 쳐야 하는 것이고, 인지(人智)를 다한 연후에 치는 것이다. 노자는 말했다.

"선한 마음으로 헤아리면 점을 치지 않아도 알 수 있다."

점이란 군자가 빼놓을 수 없는 중요 수단이다. 왜냐 하면 하늘에 가르침을 청하는 행위이기 때문이다. 성인도 점을 친다. 점을 치기 위해 주역을 공부한다면 이는 가치가 있다.

또 다른 사람을 보자. 주역을 통해 인생과 우주의 섭리를 깨닫고자 하는 사람. 이는 포부가 큰 사람이다. 주역을 열심히 공부하면 크게 성취할 것이다. 도인들이 그런 의도로 주역을 공부한다.

또 다른 사람을 보자. 주역을 통해 사물의 구조를 이해하려는 사람. 신의 언어와 뜻을 연구하는 사람에 해당되는 사람으로, 최고의 공부를 하는 사람이다. 주역을 수학의 한 분과로서 공부하는 사람도 이에 해당된다. 이런 사람이야말로 반드시 주역을 공부해야만 한다.

마지막으로 한 종류를 더 보자. 주역이 좋아서 공부하는 사람, 또는 주역이 도대체 무엇인지 끝까지 알고자 하는 사람(공자가 그토록 주역을 좋아한 이유는 무엇일까?), 주역을 좋아하고 주역 자체를 무조건 공부하려는 사람, 이런 사람들은 최고 중의 최고이다.

玉虛眞經 (22)

萬鳴之鼓其中空不傷 萬轉之輪其中空亦不傷

故其虛爲眞矣

만 번을 울린 북도 그 빈 곳은 상하지 않고, 만 번을 구른 수레도 그 중앙 빈 곳은 상하지 않는다. 그래서 허(虛)를 진(眞)이라고 한다.

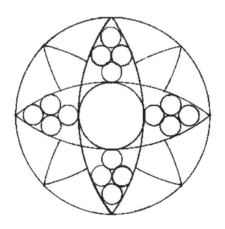

괘상의 연산 체계

주역의 이론은 상당히 번거롭다. 그러나 끝이 있으니 걱정할 것 없다. 아무리 어려운 문제라도 풀릴 수 있으며, 하나씩 풀어 가다 보면 어느 새 주역의 모든 체계가 한눈에 들어온다. 주역은 의학만큼이나 광대하여 모든 분야를 깊게 통달할 수는 없다. 하지만 주역은 한 분야를 알면 그것이 바로 다른 분야에도 적용되는 논리이기 때문에 의학처럼 번거롭지는 않다.

주역은 마치 수학과 같아서 분과는 많지만 서로가 밀접하게 연관이 되어 있다. 그래서 큰 봉우리 개념만 터득하면 그 사이에 있는 세세한 논리는 저절로 알게 되는 것이다.

주역은 유한한 체계인 것이다. 예술이나 무술처럼 가도가도 끝이 없는 세계가 결코 아니다. 비록 주역이 무한한 세계를 다루지만, 논리는 유한한 것이다. 유한한 논리로 무한한 세계를 모두 바라볼 수 있다는 것이 주역의 묘미이다.

온 우주 중에서 이와 같은 학문은 없다. 주역은 자체로써 완성된 학문으로서, 모든 것을 알 수 있는 학문인 것이다.

지금 이 책을 읽고 있는 독자들은 주역의 논리가 복잡하고 지겨울지 모르지만 알고 보면 이처럼 가치 있고 재미있는 것은 온 세상을 통틀어서 없다. 그 동안 대충 넘어간 부분이 있다면 다시 한 번 공부해서 확실히 알고 넘어가야만 한다. 사실 그 동안 공부한 내용은 며칠 분밖에 되지 않는다. 물론 1,000년 전 사람이 30년 공부한 논리를 담고 있다.

나아가 보자. 이 장에서 공부할 내용은 괘상의 상호 연산, 즉 가감승제(加減乘除)이다. 우리는 이를 통해 6개의 순환군이 각각 어떠한 성질을 갖고 있는가를 살펴보게 될 것이다. 소위 '관계 정의'라고 하는 것인데, 이것은 사물의 외연적 정의이다. 사물이란 자체 구조를 이해하는 것도 중요하지만, 다른 사물과의 관계가 더욱 중요하다는 것을 이미 밝힌 바 있다. 이 장에서는 모든 괘의 관계를 밝히고자 한다. 그로써 숫자가 갖는 주역에 있어서의 근본적 성질도 이해할 수 있을 것이다.

먼저 군주괘를 살펴보자.

☰ ☱ ☲ ☳ ☴ ☶ ……

이들의 값은 63, 61, 57, 49, 33, 1 등인바, 이 수열들은 군주괘 특유의 숫자들이다. 이 숫자들은 65를 한 순환으로 하는 세계에서만

의미를 갖는다. 물론 65라는 숫자는 천지 자연의 삼라 만상을 모두
나누어 놓은 범주수(範疇數)이다. 이 중에서 65는 곧 0으로, 태극의
숫자라는 것은 이미 밝힌 바 있다. 65 또는 0은 음도 양도 아닌 중
성의 숫자이다.

이제 범주수 모든 것의 수성(數性)을 조사해 보자. 수성이라는 것
은 숫자가 갖고 있는 범주적 특성을 말한다. 사물이 괘상으로 표현
되고, 괘상이 또한 수로써 표현될 수 있는 것은 바로 수성의 의미
가 확립되어 있을 때만 의미가 있다.

예를 들어 보자. 노자는 '도생일(道生一) 일생이(一生二) 이생삼(二
生三) 삼생만물(三生萬物)'이라 하였는바, 1이란 천의 숫자이고, 2는
지의 숫자이다. 3이란 충(冲)의 숫자이지만, 이는 태극을 범주화한
숫자인 것이다.

따라서 이 세계는 3을 범주수로 한 체계이다. 아주 간단한 경우라
고 할 수 있는데, 오행의 체계는 10으로, 조금 많다. 그러나 주역은
괘상이 64개가 되기 때문에 범주수는 65에 이른다.

우리는 이들 중 우선 63, 61, 57, 49, 33, 1 등의 수성을 조사하려
는 것이다. 먼저 이들 숫자에 1을 곱해 보자. 그러면 그대로 나온다.

  63, 61, 57, 49, 33, 1

무슨 뜻일까? 신중히 살펴보자. 깊은 뜻이 있다. 1을 곱했는데, 1
이란 어떤 숫자인가? 바로 E군에 속한 숫자이다. 63, 61, 57, 49, 33
등도 E군에 속한 숫자이다. 우리는 방금 E군의 숫자에다 E군의 숫

자를 곱했다. 그 결과, 다시 E군의 숫자를 얻은 것이다. 즉, E×E = E가 된 것이다.

이번에는 1이 아닌 33을 곱해 보자. 33은 E군에 속한 숫자이다. 우리가 지금 하고 있는 일은 E군에 E군을 곱하는 작업이다. 그러면 수열은 2079, 2013, 1881, 1617, 1089, 33이 되고, 이들 숫자를 65 mod로 정리하면 -1, 63, -61, 57, -49, 33 등이 된다.

이들 숫자는 무엇인가? 모두 E군에 속한 숫자들이다. 결국 E×E = E라는 결과를 얻는다. 다른 숫자들을 곱해도 마찬가지 결과를 얻게 된다(각자가 확인해 보라!).

이를 수학적으로 표현하면, 'E는 곱하기 연산에 대해 닫혀 있다'라고 말한다. 이것은 수학의 군(群) 이론의 표현 방식인데, 심오한 뜻이 있는 것이다. 그러길래 수학자들이 애써 이런 표현을 사용하는 것이지만, 군 이론은 사물을 분리하는 데 쓰인다.

예를 들어 자연수란 더하기에 대하여 닫혀 있는 수를 말한다. 1, 2, 3, 4, 5 등의 숫자를 마음대로 더해도 자연수만 나온다는 뜻이다. 즉 1+5 = 6(자연수), 3+273 = 276(자연수) 등이다. 이것은 당연한 얘기 같지만 아주 중요하다. 자연수의 정의가 내려지고, 더하기의 뜻도 밝혀진다.

다른 예를 보자. 자연수는 곱하기에 대해 닫혀 있다.

2×3 = 6(자연수)

4×7 = 28(자연수)

이것도 더하기와 같은 성질이 있는데, 그렇기 때문에 자연수는 더하기와 곱하기에 대해 닫혀 있다고 말한다.

그런데 자연수는 나누기에 대해서는 닫혀 있지 않다.

$2 \div 6 = \dfrac{1}{3}$ (자연수가 아니다)

$4 \div 8 = \dfrac{1}{2}$ (자연수가 아니다)

보는 바와 같이 자연수는 곱하기와 더하기에 의해서만 닫혀 있는 수이다. 이것이 자연수의 수성(數性)이다.

고도의 수학 이론이 나와서 복잡하겠지만 내용은 별게 아니다. 누구나 이해할 수 있는 내용이지만, 그것이 중요한지 몰랐을 뿐이다. 그러나 위의 이론이 중요하다는 것은 믿어 의심치 말라. 군(群) 이론은 19세기 수학자 아벨이 창안한 이론인데, 이 이론은 인류가 앞으로 300년간이나 연구해야 할 중대한 문제를 보여 주고 있는 것이다.

우리도 지금 주역의 순환군(循環群)을 분석하는 데 아벨의 군이론을 사용하고 있는 중이다. 그 방법밖에 없기 때문이다. 사물의 집단은 아벨의 군 이론을 통해 정리되고 그 특성이 확인될 수 있을 뿐이다.

괘상을 다시 보자.

이것은 H군에 속한 괘들인데, 숫자를 쓰면 다음과 같이 된다.

39, 13, ‑39, ‑13

여기에 13을 곱해 보자. 그러면 다음과 같이 된다.

‑13, 39, 13, 39

이것들은 H군에 속한 숫자이다. 39를 곱해도 마찬가지이다. 결국 H×H = H라는 결과를 얻는다. 이것은 H군은 곱하기에 의해 닫혀 있다는 뜻이다. 다른 군을 보자.

이것은 L군에 속한다. 수로 나타내면 다음과 같다.

‑45, ‑25, 15, ‑35, ‑5, 55

이것에 5를 곱해 보자. 그러면 다음과 같이 된다.

35, 5, -55, -45, 25, 15

이것들은 어김없이 L군에 속하는 숫자들이다. 따라서 L×L = L 이라는 결론이다. 즉, L군은 곱하기에 의해 닫혀 있다.

여기까지 읽은 독자들은 모든 군들이 소속 군의 숫자를 곱하면 제자리로 귀결한다고 생각할 수 있을 것이다. 즉, 어떤 군 R이 있다고 할 때, R×R = R이라는 식이다. 모든 군들이 이렇게 되어 있을까? 어디 보자.

이것은 F군인데, 숫자로 표시하면 다음과 같다.

-9, 47, 29, -7, 51

여기에 7을 곱해 보자. 그러면 다음과 같이 된다.

-63, -61, -57, -49, -33

이 수열은 E군이다. 7 외에 다른 F군의 숫자를 곱해도 마찬가지이다. 따라서 F×F = E이다. 즉, F군은 곱하기에 대해 닫혀 있지 않다. 다른 괘열을 보자.

이 괘열은 C군으로, 수치로 나타내면 다음과 같다.

27, -11, 43, 21, -23……

이제 이것에 C군의 숫자 11을 곱해 보자. 그러면 다음과 같은 숫자가 나온다.

37, 9, -47, -29……

이 수열은 F군에 속하는 숫자들이다. 다른 C군 숫자를 곱해도 마찬가지이다. 따라서 C×C = F이고, 즉 C군은 곱하기에 의해 닫혀 있지 않다.

마지막 D 괘열을 보자.

이것을 숫자로 전개하면 다음과 같다.

- 3, 59, 53, 41, 17……

여기에 D군의 숫자 3을 곱해 보자. 그러면 다음과 같다.

-9, 37, 29, -7, 51……

이들은 F군인바, D군의 다른 숫자를 곱해도 결과는 같다. 따라서 D×D = F, 즉 D군은 곱하기에 의해 닫혀 있지 않다.

이제 모든 군에 자기 자신의 숫자를 곱하는 결과를 검토해 봤다. 이를 정리해 보자.

E×E → E
H×H → H
L×L → L
F×F → E
C×C → F
D×D → F

여기서 알 수 있는 것은 E·H·L군은 스스로를 곱하면 스스로가 나오는 군이고, F·C·D군은 그렇지 않다는 것이다. 이것이 군의 특성이다. 하지만 이것으로 군의 의미가 확실히 보이지 않는다. 그렇기 때문에 좀더 조사해 볼 필요가 있다. 우리가 조사하고자 하는 것은 각 군의 상호 관계와 특성이다.

이제 각 군에다 E군을 곱해 보자.

$$E \times E \to E$$

이것은 이미 살펴본 것이고, H×E, L×E, F×E, C×E, D×E 등을 계산하자. 이 계산은 각 군의 숫자 하나만 계산해 보면 된다. 군과 군의 곱은 언제나 같은 결과가 나오기 때문이다. 이 결과는 자체로서 중요한 의미를 갖는데, 그것은 괘상을 군으로 나눈 것이 일정한 법칙을 갖는다는 것이다. 즉, 괘상을 군으로 나눌 필요가 있었다는 뜻이 된다.

괘열의 계산을 보자.

$$L \times E \to ?$$

L군 소속 숫자 중 아무거나 하나 해 보면 된다.

$$5 \times 2 \to 10$$

5는 L군이고 2는 E군이다. 그런데 10은 L군이다. 즉, L×E → L 이 된다. 소속 군 숫자 아무거나를 사용해도 같은 결과를 얻는다. (각자 계산해 보라!)

$13 \times 2 = 26$

13은 H군, 따라서 H×E → H이다. 이어 다른 괘열을 모두 조사해 보자.

F군의 7은 7×2 → 14, 14는 -51로서 F군, 즉 F×E → F

27은 C군 소속, 27×7 → 54, 54는 -11로서 C군, 즉 C×E → E

마지막으로, D군 소속 숫자 3, 3×2 → 6, 6은 -59로서 역시 D군 소속, 즉 D×E → E가 된다.

이상의 모든 것을 함께 써 보자.

E×E → E
L×E → L
H×E → H
F×E → F
C×E → C
D×E → D

여기서 알 수 있는 것은 각 군에 E군을 곱하면 변화가 없다는 것이다. 이는 E군의 독특한 성질이다. 자기 자신은 주장하지 않고 남하자는 대로 하는 성질인 것이다. 과연 군주괘다운 인격(?)이 아닐

까! E군은 무소유의 성질을 가지고 있는 것 같다. 또한 평화를 지
키고 남을 참견하지 않는 성질을 갖고 있는 것이다.

만일 E군이 이러한 성질을 가지고 있지 않았다면, 당초 우리는
순환군 6개를 나누지도 못했을 것이다. 순환군이란, 임의의 숫자에
다 2를 곱해서 나타난 그룹일 뿐이다. 필자는 30년 전 처음으로 군
주괘에 접했다. 그것을 다시 쓰면 다음과 같이 된다.

이 괘열은 한눈에 보아서 대단히 단순하고 아름다운 규칙이 나타
난다. 그러나 이것을 수치로 나타내면 더욱 안정된 규칙이 밝혀진
다. 그것은 곱하기 2를 한 결과였던 것이다. 필자는 30년 전, 이 사
실을 발견하고 뛸 듯이 기뻤다. 그리고 이 법칙을 모든 괘에 적용
시켜 보았다.

그랬더니 짐작했던 대로 모든 괘들이 군주괘처럼 정렬된다는 것
을 발견했다. 그들은 시각적으로도 일정한 법칙이 있었는데, 그것은
다름 아닌 E를 곱하는 것이었다. 물론, E군 중에서도 2를 곱했을
때의 수열이었던 것이다.

그런데 만일 우리가 2가 아닌 4를 곱하는 방식으로 괘열을 만들
면 어떻게 될까? 이것을 잠시 살펴보고 지나가자. 바쁘니까 결과만
나열하겠다.

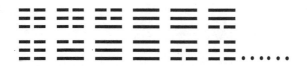

이 괘열은 6단계를 한 주기로 한다. 규칙은 눈에 뻔히 보이는데, 이는 곱하기 4를 시도한 결과이다. 물론 E군에 속해 있는 괘열로서 한 칸씩 생략하고 건너뛴 것이다. 다른 결과를 보자.

이 괘열은 4단계 순환 체계인데, 곱하기 8을 한 결과이다. 같은 방식으로 16을 곱해 보자.

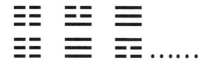

이것은 3단계 순환 체계이다. 특이한 괘열로 볼 수 있겠지만 별게 아니다. 순환군 12개 틀 안에서 3단계 순환을 이루었을 뿐이다. 결국 12개 순환 체계를 벗어날 수 없다. 그리고 가장 중요한 사실은 12단계 순환 체계를 이루게 하는 규칙은 오직 E군 중 2라는 숫자이다. E군에 다른 숫자를 곱한다 하더라도 온전한 순환 체계를 이룰 수 없다. 이것이 바로 E군의 가치이다. E군은 남을 파괴하지 않는 아주 유순한 괘열 체계인 것이다. 다른 괘열을 보자.

$2 \times 13 = 26$

이는 E군 숫자와 H군 숫자를 곱한 것이다. 이제부터는 그냥 E군
과 H군이라 하자. 그것은 어떤 숫자를 골라서 시행해도 마찬가지이
기 때문이다. 같은 소속의 숫자들은 똑같은 성질을 취한다. 말하자
면 단체 행동을 하는 것인데, 그래서 같은 소속군이라고 하지 않는
가! 다시 나아가자.

26은 H군 소속이다. 즉 E×H → H가 된다. 다른 계산을 보자.

$13 \times 13 = 39$ 즉,

H×H → H, 같은 방식으로 계속하면,

$7 \times 13 = -39$, 즉 F×H → H
$3 \times 13 = 39$, 즉 D×H → H
$27 \times 13 = -39$, 즉 C×H → H

모두 한 번에 써 보자.

E×H → H

H×H → H

$$F \times H \rightarrow H$$
$$C \times H \rightarrow H$$
$$D \times H \rightarrow H$$

일목 요연한 규칙이 나타난다. H군은, 곱하면 남을 파괴하여 자기 자신으로 변환시킨다. 대단한 특성이다. E군은 자신이 파괴되어 남으로 변하는데, H군은 반대이다. 굉장히 난폭한 괘가 아닌가! H군의 성질이 이렇게 못돼 먹었기(?) 때문에 H군을 곱하는 것으로는 괘열을 구성할 수 없다. 모조리 H만 나타낼 테니까.

예를 하나 들어 보자.

1, 13, 39, –13……

이 수열은 처음 수열에다 13을 곱해 나가는 수열인데, 계속해 보면 이상한 결과가 나타난다.

1, 13, 39, –13, –39, 13……

무엇이 이상한가? 1이 제거되지 않았는가! 처음에 동기를 제공해 준 은혜도 모르고 자기네들만의 수열을 만들고 말았다. 이는 H를 곱한 것으로는 64괘를 순환군 체계로 분류할 수 없다는 뜻이다. 다시 말하지만 64괘는 오직 E군의 은혜, 즉 온순히 남을 따르는 성질에 의해서만 체계화될 수 있다는 것이다. 우리는 방금 H군의 난폭한 성질을 보았다. 그들은 무작정 자기화(自己化)하는 성질을 갖고 있었던 것이다.

다른 패를 보자. 이번에는 L군의 성질이다. L군의 숫자는 5, 10, 15 등으로, 바로 5의 배수들이다. 이제 이들을 각 군에 곱해 보자.

$2 \times 5 = 10$, 이는 $E \times L \to L$이다.

$3 \times 5 = 15$, 이는 $D \times L \to L$이다.

$7 \times 5 = 35$, 이는 $F \times L \to L$이다.

$27 \times 5 = 5$, 이는 $C \times L \to L$이다.

$5 \times 5 = 25$, 이는 $L \times L \to L$이다.

L군의 성질이 어떤가? H군과 많이 닮아 있다. L군은 H군처럼 남을 무시하고 오로지 자기화시키는 것이다. L군 역시 공적 질서를 창출할 수는 없다. 그런데 L군과 H군을 비교하면 어느 것이 더 난폭할까? 이 둘은 서로 자기를 강하게 주장하는 것들이니 그것들끼리 만나 보게 하자는 것이다.

13×5, 이것은 $H \times L$이다.

26×5, 또는 13×25도 마찬가지이다.

이들은 어떤 답을 내놓을 것인가?

$13 \times 5 = 65$

답이 나왔다. 65라는 숫자는 어떤 숫자인가? 태극 숫자이다. 즉, 0인 것이다. 0은 괘상이 없다. 태극이란 것은 괘상 이전의 존재인 것이다. 또한 0은 어느 쪽으로든 치우치지 않는 숫자이다. 즉, 중성(中性)인 것이다.

H×L → 0, 어째서 이런 결과를 맺었을까? 그것은 H와 L의 싸움의 결과이다. H와 L은 서로 자기 쪽으로 당기고자 하는 존재이니 두 존재가 만나서 멸망한 것이다. 왜냐 하면 죽어도 양보할 수 없는 존재들이기 때문이다. 이들은 절충하지 않고 아예 죽음의 길을 택하고 말았다.

주역의 군환에 있어서 죽음이란 남김이 없다는 뜻인데, 이 사실은 아주 중요하다. 태극을 포함한 주역 괘상 전부는 정5각 또는 정13각으로 분해되는데, 태극점에서 H군과 L군은 서로 만난다. 따라서 H군과 L군은 태극의 성질을 잘 설명해 주고 있다. 앞으로 오행을 연구할 때 이 성질이 유용하게 쓰일 것이다.

이제껏 설명한 내용을 정리해 보자.

$$E×R → R$$
$$L×R → L$$
$$H×R → H$$
$$H×L → 0$$

R은 임의의 괘상군이다. E에는 무엇을 곱해도 변화가 없으니 E군을 타화군(他化群)이라고 하자. 타화라는 뜻은 E군은 무슨 괘를

만나든지 그것에 권리를 넘겨 준다는 뜻이다.

L과 H는 자화군(自化群)이다. 이들은 무엇을 만나든지 그것을 파괴하고 자기의 섭리만 남겨 놓는다. 자화군끼리 만나면 멸망하고 만다.

이렇게 해서 E·L·H군의 성질은 분명해졌다. 다만 L과 H군의 성질이 같아서 문제이다. 이들을 서로 구분하는 방법은 없을까? 물론 구조를 살피면 알 수 있겠지만, 곱하기를 했을 때 나타나는 관계만을 가지고 따지고 싶은 것이다. 이는 더 큰 체계를 공부할 때 등장하게 된다. 곱하기 관계에서는 H와 L은 특성이 같다.

이제 다른 군환들의 성질을 보자.

$$D \times D \rightarrow F (3 \times 3 = 9)$$
$$C \times C \rightarrow F (21 \times 21 = 51)$$

이것은 앞에서 이미 살펴본 것들이다. C와 D는 F로 향하는 성질이 있다. 이 둘은 같은 유형인데, $C \times D$는 어떻게 될까? 보자.

$$3 \times 21 = 63, 63은 E군이다.$$

즉, $C \times D \rightarrow E$가 된다. C와 D가 만나면 평화스럽게 E로 향하는 것이다.

$F \times F$를 보자.

$7 \times 7 = 49$, 49는 E군이다. 즉, $F \times F \to E$가 된다. 함께 써 보자.

$C \times C \to F$
$D \times D \to F$
$C \times D \to E$
$F \times F \to E$

여기서 알 수 있는 것은 F는 E로 가는 중간 과정이라는 것이다. 즉, F는 중계하는 수이다. 다음을 보자.

$21 \times 7 = 17$, 17은 D군, 7은 F군.
$3 \times 7 = 21$, 21은 C군.

따라서 다음과 같다.

$C \times F \to D$
$D \times F \to C$

여기서도 F는 C와 D의 중간에 있다. 이제 F의 성질을 말할 수 있다. F는 중화군(中化群)인 것이다. C와 D는 양화군(兩化群)이다. 이제 모든 군의 특성을 알 수 있게 되었다. 이들을 함께 써 보자.

E   → 타화군(他化群)

L, H → 자화군(自化群)

C, D → 양화군(兩化群)

F　　 → 중화군(中化群)

여기서 알 수 있는 것은 군들의 짝이다. L과 H가 짝이고 C와 D가 짝이다. 또한 F와 E는 짝이 없으니 특성상 그들이 바로 짝인 것이다. 이제 각 군들이 갖고 있는 특성과 특성으로 인한 짝짓기가 가능하게 되었다.

이런 일들은 무슨 의미가 있는가?

첫째는 분류라는 것이다. 우리는 당초 주역 64괘를 6개 순환군으로 나누었다. 지금은 이들 각 군의 특성을 살펴보고 그들이 또다시 어떤 연합을 형성하는가를 규명한 것이다. 주역이란 첫째가 분류이다. 무한히 많은 사물을 64개 유형으로 분류한 것이 주역의 위대성이다. 이것은 6개로 나누면 더욱 심오해진다. 나아가서 6개의 군환을 3개 내지 2개의 짝으로 분류하자는 것이다.

두 번째로 중요한 것은 괘상들로 가감승제의 연산을 할 수 있다는 것이다. 앞으로 살펴보겠지만, 우리는 두 개의 괘상을 임의로 합칠 수도 있다. 예를 들어 다음과 같이 말이다.

☰ + ☷ → ?

이러한 괘상 방정식이 성립된다는 것은 그만큼 괘상에 대한 통찰이 깊어진다는 것을 의미한다.

☷ − ☷ → ?

이 방정식은 '서합'이란 괘상에서 음기를 몽땅 제거하면 무엇이
되느냐를 의미한다. 무엇일까? 그것은 괘상의 수치로 탐구할 수 있
다. 우리는 이제껏 곱하기 연산을 연구해 왔는데, 이것의 결과들로
부터 괘상의 특성이 규명될 것이다. 아직 갈 길은 멀다.

이제 세 번째의 내용을 보자. 우리는 각 군의 연산을 통해 다음과
같은 짝을 얻었다. 즉, C−D, E−F, H−L이다. 그런데 이들 군들을
시각적으로 보면 상황이 달라진다. 다음의 괘들이 있다고 하자.

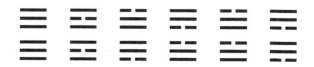

우리는 이들을 어떻게 짝지을 것인가? 이유를 따지지 말고 시각
적 감각으로 따져 보자. 그러면 누구를 막론하고 다음과 같이 짝을
맺을 것이다.

☰☷, ☷☰, ☶☱ .

이 방식을 기호로 쓰면 다음과 같다.

E−C, D−H, F−L이다.

이 결과는 앞서 살펴본 곱하기 연산에 의해 밝혀진 결과와 상당히 다르다. 시각적 방식은 완전히 대칭적이다. 그러나 곱하기 연산에 의해서 밝혀진 짝들은 비대칭이다.

어째서 이런 결과들이 생겨났을까? 우리의 의문은 시각과 연산 중 어느 것이 맞느냐이다. 시각이 맞는 것이라면 연산의 의미는 무엇이냐? 또한 연산이 맞는 것이라면 시각은 무엇이냐?

우리는 난관에 봉착한다. 시각 대칭과 연산 비대칭, 이 두 가지는 어느 하나 버리기 아깝다. 연산이란 논리를 의미한다. 시각이란 감각에 해당된다. 또는 본능일 수도 있다. 그런데 어째서 두 결과는 다를까? 진리란 하나여야 하지 않겠는가? 과연 E의 짝은 F일까, C일까? 그리고 H는 하필 L과 짝이 될까?

이러한 문제들은 괘상의 심오한 구조를 시사해 주고 우리가 사물을 보는 방식에 중대한 오류가 있다는 것을 암시하고 있다. 그 중에서도 H와 L의 짝 특성은 비대칭적인 것으로, 이를 과학에서는 완전성 문제라고 한다.

완전성이란 대칭적이란 뜻이려니와, 자연의 사물은 수많은 대칭으로 본질을 이해할 수 있는 법이다. 대칭이란 크기가 있게 마련인데, 작은 체계에서는 비대칭인 것이 더 큰 체계에서는 대칭이 된다.

이 장에서 우리는 순환군들이 비대칭 짝을 맺는다는 것을 밝혀냈다. 이는 당연히 이상한 일이다. 당연히 더 큰 체계를 발견해야 하는 것이다. 필자는 이것을 규명하는 데 12년이 걸렸다. 상당히 긴 세월이라고 할 수 있겠는데, 그만큼 가치가 있었다. 괘상의 숨겨진 의미를 더욱 깊게 알 수 있기 때문인 것이다.

　괘상을 보는 방법! 이는 시각적이어야 하나, 논리적이어야 하나? 이것은 아주 중대한 문제이다. 주역에서는 수리와 상리(象理)라고 하는데, 이에 대한 논쟁은 수천 년간 지속되어 왔다. 이 장에서는 수리와 상리가 대치되는 상황을 알게 되었고, 또한 비대칭이 발생함으로써 더 큰 체계가 필요하다는 것을 깨닫게 된 것이다.

　이 정도로 지루한 장을 마치자. 수리 논리를 좋아하는 독자들에게는 오히려 흥미가 있었을지도 ,모르겠다. 어쨌건 주역을 공부하는 데 반드시 넘어가야 할 봉우리를 방금 넘어선 것이다.

玉虛眞經 (23)

後踏者有前步 睡者有醒 坐者有立 故現活者 將死焉

死處亦將有活焉 由此 大死之處必有大活起也

뒤에 있는 발이 앞으로 나아가는 것이고, 자고 있는 자
가 깨어나는 것이고, 앉아 있는 자가 일어나는 것이다. 그
런 까닭에 지금 살아 있는 곳은 장차 죽는 바 되는 것이
요, 죽어 있는 곳은 장차 살아나는 바 되는 것이다. 그런
까닭에 크게 죽어 있는 곳에서 큰 생(生)은 일어나는 것이
다.

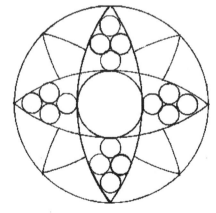

괘상의 위상 직선

내친 김에 괘상의 수리 논리를 확장하자. 이 장에서는 괘상의 수치를 분수까지 넓혀 보자는 것이다. 예를 들어 $\frac{1}{2}$이라는 숫자는 괘상으로 무엇이냐? 또는 $\frac{1}{7}$은 괘상으로 무엇이냐? 등을 규명해 보자는 것이다.

괘상의 수치를 분수에까지 확장하는 것은 괘상과 괘상 사이를 미세하게 나누기 위함이다. 사물간의 거리란 얼마든지 미세하게 나눌 수 있는데, 각 지점은 괘상으로 표현할 수 있을 것이다.

우리가 만일 모든 괘상을 직선에 배치하고, 또한 괘상과 괘상 사이를 미세한 괘상으로 메꾸고, 또다시 이들 미세한 괘상 사이를 더 미세한 괘상으로 메꾸어 나간다면 어떤 일이 벌어질까? 무한한 괘상이 계속해서 나타날까? 이러한 질문은 시간의 원리를 규명하는 데 절대 필요한 것이다.

예컨대 우리의 세계에 있어 어떤 상황이 있을 때, 그것은 괘상으로 표현할 수 있다. 그 상황이 ☰☰이라고 하자. 다음 순간, 이 괘상은 무엇으로 변할 것인가? 이 문제는 미래를 아는 방식에 대한 질문이 된다.

또한 ☰☰ → ☰☰, 이런 식으로 변한다고 할 때, 두 괘상 사이에는 시간 간격이 존재한다. 사물이란 점진적으로 변한다는 뜻이다. 그렇다면 두 괘상간의 변화하는 중간 단계에는 어떤 상황, 즉 어떤 괘상이 놓여야 하는가?

다르게 물어보자. 어떤 사람이 1년 후에 부자가 된다고 하자. 6개월 후에는 어떤 상황일까? 3개월 후에는? 이 물음은 상황과 상황 사이의 상황을 묻고 있는 것이다. 이는 즉 시간의 흐름을 규명하자는 뜻이다. 주역은 사물을 분류 해석하고 또한 사물의 변화, 즉 미래를 알기 위해 존재하는 학문이다. 분수들의 괘상화는 이것을 위해 필요한 작업이다.

다시 예를 보자. 숫자 1은 괘상 ☰☰이다. 2는 ☰☰이다. 만일 ☰☰ → ☰☰로 변화한다고 하자. 이는 1에서 2로 변한다는 뜻이다. 이 때 1은 반드시 1.5라는 지점을 통과할 것이다. 1층에서 2층으로 가는 사람은 반드시 그 중간 지점을 통과하지 않겠는가! 즉, 1 → 1.5 → 2가 될 것이다.

그러나 이 과정을 더 세분할 수 있다.

$$1 \rightarrow 1.25 \rightarrow 1.5 \rightarrow 1.75 \rightarrow 2$$

이와 같을 때, 1.25, 1.5, 1.75 등은 괘상으로 무엇일까? 이것이 우리의 의문이다. 1년 후를 안다 해도 그 과정을 알아보자는 뜻이다. 충분히 이해했을 것이다.

잠시 다른 문제로 돌아가 보자. 본 논리를 괘상에 적용하기 전에 비슷한 문제를 예로 들기 위함이다. 수학에는 수직선이라는 말이 있다. 중학교 과정에서 나오는 내용이지만, 주역을 이해하는 데 편리한 개념이다. 먼저 자연수를 보자.

1 2 3 4 5 6

이것은 자연수열이다. 우리는 이것에 괘상을 부여하는 방법을 이미 터득한 상태이다. 그런데 1과 2 사이, 또 4와 5 사이 등에는 소수(小數)라는 무수히 많은 숫자들이 있다. 그 수는 무한대이다. 얼마든지 세분할 수 있기 때문이다. 즉, 1과 2 사이는, 비록 간격이 1이지만, 세분하면 무한한 점으로 나열시킬 수 있는 것이다. 물론 각 점은 숫자로 표현할 수 있다.

그런데 우리의 관심은 두 가지이다. 첫째, 소수들은 괘상으로 표현할 수 있느냐이고, 둘째, 수직선 상의 두 지점이 무한히 세분되듯 괘상의 세계에서도 무한히 세분되는가이다.

이 두 가지 질문 중에 두 번째 질문에 먼저 답하자. 답은 '아니다' 이다. 주역은 괘상이 64개밖에 없기 때문이다. 따라서 아무리 세분해도 괘상은 반복해서 나타날 것이다. 그렇기 때문에 두 지점간에 표시할 괘상은 64개 한도 내에서 존재한다.

이제 첫째 문제를 해결하자. 소수는 괘상으로 표현할 수 있는바, 이것이 되면 괘상과 괘상 사이를 얼마든지 세분할 수 있다. 이것을 해 보자. 우선 따져 보고 싶은 것은 $\frac{1}{2}$ 이다. $\frac{1}{2}$ 을 알면 1과 2 사이를 알 수 있고, 또한 2와 3 사이도 알 수 있다. $1+\frac{1}{2}$, $2+\frac{1}{2}$ 등은 1과 2 사이, 2와 3 사이의 숫자이다. 문제는 $\frac{1}{2}$ 이다.

따져 보자. 먼저 염두에 둘 것은 65가 mod라는 것이다. 즉, 65 = 0이다(이것은 65 = 0보다 더욱 강조된 수학적 기호이다). 따라서 다음과 같이 된다.

65+1 = 0+1, 즉 66 = 1.

이것의 양변을 2로 나누자. 그러면 다음과 같이 된다.

$\frac{66}{2}$ $=\frac{1}{2}$ 이 된다. $\frac{66}{2}$ 은 33이니 $\frac{1}{2}$ 은 33이 되는 것이다. 얼마나 간단한가! $\frac{1}{2}$, 즉 33은 괘상으로 ☷이다. 이것을 사용해 1과 2의 중간 괘를 찾아보자.

1, $1+\frac{1}{2}$, 2

여기서 $1+\frac{1}{2}$ → 1+33이다. 따라서 34가 찾는 괘상이다. 그런데 34 = -31이므로 이것을 괘상으로 하면 ☷이다.

결국 ☷ ☷ ☷가 되는데, 우리는 이것을 더 늘일 수 있다. ☷과 ☷ 사이와 ☷와 ☷ 사이의 괘를 만들어 집어넣으면 된다. 해 보자.

이것은 ䷀ ䷁ ䷂ 를 수열로 고쳐서 계산한다. 즉 1, -31, 2에서 1, (-15), -31, (-47), 2를 얻을 수 있다.

여기서 -15는 1과 -31의 중간 숫자, 즉 $(1-31) \times \frac{1}{2}$ 에서 얻고, -47은 $(-31+2) \times \frac{1}{2}$ 에서 얻는다. 이 수열은 괘상으로 다음과 같이 된다.

䷀ ䷁ ䷂ ䷃ ䷄

이 수열을 더 늘이려면 다음의 ( ) 속을 채워 넣으면 된다.

䷀ ( ) ䷁ ( ) ䷂ ( ) ䷃ ( ) ䷄

1, $(1-15) \times \frac{1}{2}$, -15, $(-15-31) \times \frac{1}{2}$, -31, $(-31-47) \times \frac{1}{2}$, -47, $(-47+2) \times \frac{1}{2}$, 2

인바, 이것을 괘로 고치면 아래와 같다.

䷀ ䷁ ䷂ ䷃ ䷄ ䷅ ䷆ ䷇ ䷈

우리는 당초 '䷀ → ䷁' 사이의 괘상을 얻고자 했는데, 전술한 방법으로 '䷀ ䷁ ䷂ ䷃ ䷄ ䷅ ䷆' 등을 얻었다.

이 괘열은 더 길게 하려면 얼마든지 할 수 있다. 계속하면 어떤 괘열이 얻어질까? 이것은 여기서 생략하겠다. 당장 특별한 의미가 없기 때문이다. 다만 $\frac{1}{2}$ 이 괘상으로 ☷이란 것을 알고 넘어가자.

$\frac{1}{3}$ 은 괘상으로 무엇일까? 66이 1이라는 것을 이용하자. $\frac{1}{3} = \frac{66}{3}$ 이 아닌가! 따라서 $\frac{66}{3} = 22 \rightarrow \text{-}44$가 된다. 괘상으로는 ☷이다.

다음으로 구할 것은 $\frac{1}{5}$인데, 이 괘상은 괘상으로 만드는 것이 쉽지 않다. 그냥 넘어가자. 다음은 $\frac{1}{7}$이다. ($\frac{1}{4}$ 과 $\frac{1}{6}$ 은 건너뛰었는데, $\frac{1}{2} \times \frac{1}{2} \rightarrow \frac{1}{4}$ 이고 $\frac{1}{2} \times \frac{1}{3} = \frac{1}{6}$ 이기 때문에 생략했다.)

$\frac{1}{7}$ 은 어떻게 찾아낼까? $7 \times 9 = 63$을 이용하면 된다.

$$\frac{63}{7} = 9 \rightarrow \frac{1}{7} = \frac{9}{63} \rightarrow \frac{1}{7} = \frac{9}{\text{-}2} \rightarrow \frac{1}{7} = \frac{\text{-}56}{\text{-}2}$$
$$\rightarrow \frac{1}{7} = 28 \rightarrow \text{-}37$$

을 얻고 이를 괘상으로 나타내면 ☵이 된다.

다음으로 찾을 것은 $\frac{1}{11}$ 이다. ($\frac{1}{9} = \frac{1}{3} \times \frac{1}{3}$ 이기 때문에 넘어간다)

$$\frac{1}{11} = \frac{66}{11} = 6 \rightarrow \text{-}56$$

괘상으로는 ☷이다. 다음은 $\frac{1}{13}$ 과 $\frac{1}{15}$ 인데, 이것은 매우 어렵다. 그냥 넘어가자. 다음은 $\frac{1}{17}$ 인데, 이것은 다음을 이용하면 쉽게 된다.

$$\frac{1}{17} \times \frac{1}{14} = \frac{1}{68} = \frac{1}{3}$$

어떤가? 그러면 이렇게도 된다

즉, $\frac{1}{17} = \frac{4}{3}$ 인 것이다. $\frac{4}{3}$ 는 $\frac{1}{3} \times 4$ 이니 괘상으로는 ▦이다. 다음은 $\frac{1}{19}$ 인데, 이것은 $\frac{1}{19} \times \frac{1}{4} = \frac{1}{76} = \frac{1}{11}$ 을 이용하면 된다. 즉, $\frac{1}{19} = \frac{4}{11}$ 인 것이다. $\frac{4}{11}$ 는 괘상으로 ▦이다.

다음은 $\frac{1}{23}$ 이다. 이것은 $\frac{1}{23} \times \frac{1}{8} = \frac{1}{-11}$ 을 이용하면 된다. $\frac{1}{23} = \frac{8}{-11}$ $\frac{8}{-11}$ 은 괘상으로 ▦이다.

다음은 $\frac{1}{25}$ 인데, 이것은 어려우니 그냥 넘어가자. 다음은 $\frac{1}{29}$ 이다. 이것은,

$\frac{1}{29} \times \frac{1}{2} = \frac{1}{-7}$ 을 이용하면 된다. 즉, $\frac{1}{29} = \frac{2}{-7}$, 괘상으로 는 ▦이다.

다음은 $\frac{1}{31}$ 인바, 이것은 $\frac{1}{31} \times \frac{1}{2} = \frac{1}{-3}$ 을 이용하면 된다. 즉, $\frac{1}{31} = \frac{2}{-3}$, 괘상으로는 ▦이다.

다음은 $\frac{1}{37}$ 인데, 이것은 $\frac{1}{37} \times \frac{1}{2} = \frac{1}{9}$ 을 이용한다. 즉, $\frac{1}{37} = \frac{2}{9}$, 괘상은 ▦이다.

다음은 $\frac{1}{41}$ 이고, 이는 $\frac{1}{41} \times \frac{1}{2} = \frac{1}{17}$ 을 이용하면 된다. 즉, $\frac{1}{41} = \frac{2}{17}$, 괘상은 ▦이다.

다음은 $\frac{1}{43}$ 이고, 이는 $\frac{1}{43} \times \frac{1}{2} = \frac{1}{21}$ 을 이용한다. 즉, $\frac{1}{43} =$

$\dfrac{2}{21} = 3$, 괘상은 ䷒이다.

다음은 $\dfrac{1}{47}$이고, 이는 $\dfrac{1}{47} \times \dfrac{1}{2} = \dfrac{1}{29}$을 이용한다. 즉, $\dfrac{1}{47} = \dfrac{2}{29}$, 괘상으로는 ䷗이다.

다음은 $\dfrac{1}{53}$이고, 이는 $\dfrac{1}{53} = \dfrac{1}{-12}$을 이용한다. $\dfrac{1}{-12} = \dfrac{1}{-3} \times \dfrac{1}{4}$, 괘상으로는 ䷗이다.

다음은 $\dfrac{1}{59}$인바, 이것은 $\dfrac{1}{-6}$이다. 괘상으로는 ䷗이다.

다음은 $\dfrac{1}{61}$, 이것은 $\dfrac{1}{-4}$로서 괘상은 ䷒이다.

$\dfrac{1}{5}$, $\dfrac{1}{13}$ 등 분모가 H군이거나 L군일 경우에는 괘상을 찾기 어렵다. 굳이 이것을 찾고자 하는 사람은 각자 노력해 보라. 괘상이 무엇인지 새삼 느끼게 될 것이다.

이 장에서는 분수를 괘상으로 하는 법을 공부했다. 이것을 활용하면 괘상과 괘상 사이에 아주 풍부한 괘열을 구성할 수 있다. 필요에 따라 자유 자재로 응용하면 된다. 한 가지 예로써 흥미 있는 괘열을 만들어 보자. 괘열이란 괘가 변화해 가는 과정이므로 사물이 시간에 따라 변화하는 과정을 이해할 수 있게 해 준다. 즉, 시간을 연구할 수 있는 것이다. 괘열 하나를 보자.

䷗ → ䷀

이것은 극단적인 변화 과정이다. 극에서 극이다. 우리는 이것을 7단계의 변화로 나타내 보자. (이것을 6단계나 3단계, 2단계, 4단계 등으로 나타내는 것은 별 재미가 없다. 군화론에서 실컷 따져 봤기 때문이다. 7단계는 상당히 애매한 과정이다.)

7단계란 ䷁ 와 ䷀ 사이를 7로 나누는 것인데, 우리는 $\frac{1}{7}$ 의 괘를 알고 있기 때문에 가능하다. 계산해 보자. 번거로운 과정이니 결과만 제시하겠다.

䷁ 는 -63, 여기서부터 7단계만에 ䷀, 즉 63에 도달하는 것이니 수열은 다음과 같다.

-63, -45, -27, -9, 9, 27, 45, 63

이것을 괘열로 만들면 다음과 같다.

䷁ ䷗ ䷂ ䷎ ䷍ ䷏ ䷢ ䷀

이 괘열은 아주 홍미로울 뿐 아니라 중요한 괘열이다. 아래위가 같고, 팔괘가 모두 사용된 것이다. 우리는 괘와 괘 사이의 간격을 임의로 늘이고 줄이고 할 수 있다. 이것은 앞으로 괘상의 흐름을 연구할 때 강력한 수단이 된다.

또한 여기서 제기되는 중대 의문은 천지 자연계의 사물이 1, 2, 3, 4라든가 1, $1\frac{1}{3}$, $1\frac{2}{3}$, 2, $2\frac{1}{3}$ 등으로 변천되어 가는가이다. 그렇다면 우리는 이미 시간의 비밀을 안 셈이 된다. 괘상의 점증적 변화를 미시(微視) 수준에서 해결했기 때문이다.

그러나 자연계의 흐름이 어떤지는 아직 알 수 없다. 다만 점증적 괘상의 열을 위상직선 또는 괘직선이라고 해두자. 위상직선은 괘를 연구하는 데 두고두고 중요하다.

玉虛眞經 (24)

生德之大源天也 其功亦成於地 天侍聖者亦生於地

생덕(生德)의 근원인 하늘도 그 공은 땅에서 이룩하고,
하늘이 받드는 성인도 땅에서 나오는 것이다.

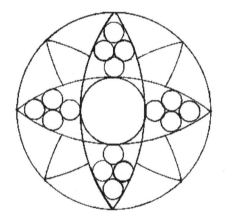

순환군의 진화

이 장에서도 수리 논리적 작업을 계속할 것이다. 논리가 지겹고 골치가 아픈 사람은 잠시 책을 덮어 두고 쉬어도 좋다. 주역은 급하게 공부할 필요가 없다. 많이 공부할 필요도 없는 것이다. 천천히 확실하게 깨달아 나아가면 그만이다. 공부는 양적인 것이 중요하지 않다. 질적인 공부가 중요한 것이다. 주역이란 하나의 논리에서 모든 것이 파생되기 때문에 부분의 논리가 그대로 전체에 적용된다.

이 장에서 할 일은 다소 기술적인 것으로, 6개 순환군을 중첩시키려는 것이다. 그로써 12단계 순환 과정을 변환시킬 수 있다. 다음 괘열을 보자.

이것은 군주괘열이다. 수열로 변환시키면 다음과 같다.

-63, -61, -57, -49, -33, -1

이제 이들의 간격 사이에 괘상을 하나씩 채워 넣자.

-63, (-62), -61, (-59), -57, (-53), -49, (-41), -33, (-17), -1

이들 수열 중 ( ) 안의 숫자만 끄집어 내보자.

-62, -59, -53, -41, -17

이것을 괘열로 만들면 다음과 같다.

이 괘열은 정확히 D군이다. 재미있는 결과이다. E군의 중앙에 D 군이 잠재되어 있다는 뜻이다. 이는 E → D라는 군 변환이다. 다른

말로 E군은 전체가 D군으로 변환될 수 있다는 뜻이다. 그렇다면 D
군도 전체가 동시에 E군으로 변환되는가?

따져 보자. D군 사이에 E군이 나오는가를 보면 된다. 얼핏 보면
당연한 일로 보인다. 당초 E군의 중앙에서 발생된 것이 D군이었다.
시계로 보면 1, 3, 5, 7, 9, 11에서 2, 4, 6, 8, 10, 12가 나온 것과 같
다. 이것은 거꾸로 하면 다시 원상태가 된다. 즉 1, 3, 5, 7, 9, 11 ↔
2, 4, 6, 8, 10, 12인 것이다.

주역의 순환군도 그렇게 되는가? D군의 중앙을 보자. 그것은,

  $-62,\ (\ ),\ -59,\ (\ ),\ -53,\ (\ ),\ -41,\ (\ ),\ -17$

에서 ( ) 속을 채워 넣는 것이다. ( ) 속은 두 숫자간의 중간 숫자이
다. 즉,

  $-62,\ (-28),\ -59,\ (-56),\ -53,\ (18),\ -41,\ (36),\ -17$

중에서 ( ) 속 숫자만 끄집어 내면

  $-28,\ -56,\ 18,\ 36$

이 된다. 이것을 괘열로 고치면,

▤ ▤ ▤ ▤ ……

이 되는데, 이것은 F군이다. 이상하다? E군의 중앙은 D군이었는데, D군의 중앙은 E군이 아닌 것이다. 비가역(非可逆) 현상이 나왔다. 하지만 이상하게 생각할 필요가 없다. 보이는 대로 자연스럽게 받아들이면 된다. 우리는 지금 주역의 비기(祕機)를 발견하고 있는 중이다.

현재까지는 E → D → F까지 진행되어 왔다. 역(逆) 화살표가 성립되지 않는 것은 주목할 만한 사건이다. 당초 순환 체계 E의 중앙을 취하여 D를 만들었으므로 E가 나와야 마땅하다. 시계에서 홀수로 환을 두른 다음 중앙을 취하면 짝수가 된다. 그 역도 성립하는 것이다. 그런데 E는 D로 가고, D는 F로 갔을 뿐이다. F는 또 어디로 갈 것인가?

7, 14, 28, 56, -18

이것은 F 군의 수열인바, 각 항의 중앙을 취하면,

-22, -44, 42, -46

등이 전개되는데, 이는 C군이다. 이제까지를 다시 보면 E → D → F → C이다.

여기서 잠시 생각해 보자. 기대할 수 있는 것은 C에서 H 또는 L로 가고, 결국에 가서는 모든 군이 다 등장한다는 것이다. 그렇게 되기만 하면 얼마나 좋을까! 모든 군을 정렬할 수 있기 때문이다.

군과 군간의 관계가 확실하게 정의되는 것이다. 그렇지 않아도 각 군의 관계는 다소 혼잡스러운 데가 있다. 어떤 군 자체 내에서는 괘와 괘간의 위치 관계도 아주 선명하다.

자, 기대를 가지고 C를 조사하자.

27, 54, 22, 44, 42

이들은 C 군의 수열인바, 중앙을 취하면,

8, 16, 32, 64

가 나온다. 이것은? 바로 E군이다! 상황은 어찌 되었는가? 원대 복귀가 아닌가! 순환하고 있는 것이다. 전체를 써 보자.

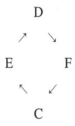

이것은 매우 간결한 법칙을 나타내 보이고 있는 것이다. H와 L이 빠져서 다소 아쉽지만, 4개의 군이 고리를 이룬다는 것은 상당한 의미가 있다. 게다가 원래 H와 L은 성질(?)이 좀 이상한 것이었다. H와 L은 남과 타협을 못 하는 존재니까 순환 파티(?)에도 불참한 것이리라.

우리는 중대한 결론을 얻어냈다. 자연과학이나 수학에서라면 '아름답다'고 평했을 것이다. E에서 출발해서 다시 E로 돌아왔다는 것은 간단히 말해서 군들간의 순환성이지만, 방향이 뚜렷이 지정되어 있다는 것은 또 하나의 특성인 것이다.

$$E \rightarrow D \rightarrow F \rightarrow C \longrightarrow E$$

이것은,

$$E \rightarrow C \rightarrow F \rightarrow D \longrightarrow E$$

하고는 완전히 다르다. 방향이라는 것이 있기 때문이다. 이는 비대칭이라는 뜻이다. 우리의 자연계는 과거와 미래가 비대칭·비가역 관계이다. 우리는 방금 비대칭·비가역을 순환군 사이에서 발견했다.

이제 6개 순환군의 관계는 거의 밝혀지고 있는 중이다. H와 L이 빠진 것은 나름대로 이유가 있을 것이다. 이는 철저히 조사해서 전체의 질서 속에 자리매김을 해 주어야 할 것이다. 우선은 4개의 군이 순환한다는 것을 주목하라. 이는 각 군이 단체로 변환한다는 뜻이다. 군 하나의 체계를 볼 때, 그 안에서 각 괘는 순환하고 있었다. 그로써 우리는 각 괘의 성질을 비교할 수도 있었고, 시간의 흐름을 음미할 수도 있었다.

다시 보자.

☷ → ☷ → ☷ → ☷ → ☷ → ☰

군이 화살표를 사용한 것은 군 내의 변환 과정을 강조하기 위함이다. 이제 이들 전체가 동시에 변하는 모습을 표현하자.

☷ → ☷ → ☷ → ☷ → ☷ → ☰
↓   ↓   ↓   ↓   ↓ ……

아래로 향한 화살표는 동시적인 변환을 의미한다. 이것을 다시 써보자.

Ⓔ → Ⓓ → Ⓕ → Ⓒ

이것은 단체 이동을 표현한다. 당초 하나의 괘라는 것도 효로 이루어진 것이므로 괘의 변화란 결국 단체 변화이다. 자연의 사물이란 원래 단체로 변화하는 존재이다.

그 동안 우리는 무한한 사물을 유한한 괘상 64개로 만들어 표현했고, 이들 64개를 다시 6개의 순환군으로 만들어 분류했고, 다시 이들 6개 중 4개를 한 덩어리로 묶는 데 이른 것이다. 그만큼 괘상이 단순해졌다는 뜻이다. 아직도 남아 있는 H와 L군은 따로 조사해 봐야 한다. 그리고 최종적으로는 6개 순환군 모두의 현주소를 밝혀야 하는 것이다.

H군을 조사해 보자.

13, 26, 52, 39

이것이 H 군의 수열이다. 이제 이것의 중간을 취해 보자. 그러면,

- 13, - 26, - 52, - 39

가 나온다. 이는 역시 H군이다. H군은 다른 군이 끼여들 여지가 없다. 즉,

H → H → H → H……

인 것이다. L군을 살펴보자.

5, 10, 20, 40, 15

이것이 L군의 수열인바, 그 중간을 취하면,

- 25, - 50, - 35, - 5, - 10

이 나온다. 이는 명백한 L군, 결국 L군도 고집(?)을 꺾지 않았다. 즉,

$$L \to L \to L \to L \to L\cdots\cdots$$

인 것이다. 이로써 순환군 6개는 모두 조사를 마쳤다. 그 결과 E, D, F, C가 한 덩어리, H가 한 덩어리, L이 한 덩어리라는 것이 밝혀졌다. 결국 세 덩어리인 것이다. 이래서는 안 된다. 본래 의도는 6개 순환군의 상대적 관계(위상 관계)를 알고자 하는 것이었다. 그런데 4개의 군만 질서를 잡았으므로 아직 미비점이 있는 것이다.

게다가 우리가 잊어서는 안 될 것은 H와 L의 성질이다. H는 그럴 수 있다. 하지만 L은 다분히 이상하다. 시각적으로 보면 L은 F와 짝이어야 하고, 또한 H외의 다른 군들처럼 원소가 12개인 것이다. 순환군은 원소가 12개인 것 5 그룹과 원소가 4개인 1 그룹이 있다. 그래서 원소가 4개밖에 없는 H군은 특수하다고 할 수 있는데, L 군은 멀쩡한데(12개 원소) 왜 특수하게 행동하는가?

이 문제는 반드시 규명해야 할 문제이다. 주역 괘상 모두를 단순하게 이해하기 위함이다. 학문이란 원래 그런 것이다. 복잡한 것을 정렬하여 단순한 원리를 찾는 것이다. 지금껏 우리는 상당히 어렵고 지겨운 논리를 전개해 왔다. 이것은 일종의 논리 전투였다. 지치면 아무것도 할 수 없으므로 잠시 쉬고 다시 도전하자.

玉虛眞經 (25)

上帝食之神果 其根亦立於地

저 상제(上帝)가 먹는 신귤도 그 뿌리가 땅에 있는 것이
다.

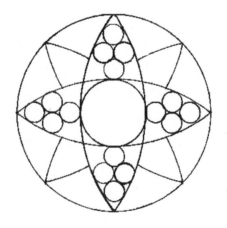

천명(天命)과 주역(周易)

천명이라는 것은 숙명이나 운명과 같은 뜻으로 사용되지만, 때로는 더욱 강한 의미로 사용되기도 한다. 그것은 보통 운명이라고 말하여지는 것과는 달리 마치 하늘의 뜻이 직접 작용하는 것처럼 느끼게 한다.

물론 여기에서는 '하늘'이라는 의미가 확실하게 정의되어 있지는 않다. 종교에서 신(神)이라는 의미는 곧 하늘로 일컬어진다. 그러므로 천명이라는 것은 신의 명령으로도 이해될 수 있다. 그러나 도(道)를 궁극적인 가르침으로 하는 주역에서는 천명을 천지 자연의 커다란 섭리라고 한다.

자연의 섭리란 신의 명령과는 달리 어찌할 수 없는 당연한 원리로 여겨진다. 신의 명령이라는 것은 비록 그것이 타당할지라도 어떤 존재가 일부러 선택했다는 부담을 지울 수가 없다. 동양에서는 오랜 세월 동안 천명을 일컬어 가장 공평하고 이유 있는 섭리, 그러면서도 개별적인 이유가 게재되지 않은 타당한 작용으로 이해되고 있는 것이다. 이는 분명 신의 명령과는 다르다.

동양에도 종교에서의 신과 같은 존재가 있다. 그는 바로 옥황상제이며, 종종 옥황상제의 명이 천명과 같이 쓰이기도 한다. 그러나 천명과 옥황상제의 명은 전혀 다르다. 비록 우주에서 가장 권위 있는 명령일지라도 옥황상제의 명은 신이라는 존재가 개입한 것이다. 그러나 천명은 명령자가 없다.

인간의 운명, 이는 신의 명령인가? 결코 그럴 리가 없다. 신은 인간의 운명에 관여해서는 안 된다. 운명은 어디까지나 자연적인 섭리에 의해 공정하게 결정되어야 한다. 이것을 천명이라 하며, 공자가 관심을 가졌던 것 또한 바로 이것이다. 공자는 군자가 두려워해야 할 것이 세 가지 있다고 하였는바, 첫째는 대인(大人)이고, 둘째는 성인의 말씀, 그리고 셋째는 천명이었다.

천명이란 권세에 의해 만들어지는 것이 절대 아니다. 그것은 타당한 운명이다. 진리란 신에 의해 보장되는 것이 아니라, 진리 그 자체로서 이미 알맞은 조건을 갖춘 것이다. 신이 오히려 진리의 품 안에 속할지언정 진리 자체가 신의 명령은 아닌 것이다.

한 가지 예를 들어 보자. 퀴즈 경품에 있어서 정답자가 너무 많아 몇 사람을 다시 추첨한다고 하자. 이 때 당첨된 사람은 흔히 운이 좋다고 말한다. 그렇다면 이것은 신이 조작해서 당첨시켰을까? 절대 그렇지 않다. 이것은 결코 신의 명령에 의해 이루어진 일이 아니다. 친구끼리 점심 식사 값 내기로 동전 던지기를 했을 때, 그 결과는 신의 명령에 의해 나타나는 것일까?

진리를 규명함에 있어 모든 것을 신의 명령이라고 한다면 학문은 필요 없게 된다. TV가 작동하는 것은 자연의 섭리에 맞게 장치를 조립했기 때문이다. 아무렇게나 만들어진 장치가 신의 명령에 의해 작동되는 것은 아니다. 또한 오늘은 이런 원리에 의해 TV가 만들어졌는데, 내일 또다시 자연의 원리가 바뀔 수는 없는 일이다.

그러므로 주역은 자연의 섭리를 일깨워 주는 학문 체계일 뿐 신의 명령서가 아니다. 공자가 주역에 관심을 가졌던 이유도 바로 이 섭리 때문일 뿐 신의 명령서로서 주역을 공부한 것은 절대 아니다. 주역은 또한 점치는 일을 가능케 하지만, 점이라는 것도 신의 명령을 해석하는 게 아니다. 예언을 해석하는 일과 점치는 일은 아주 다르다. 점이란 미래를 아는 방법인데, 여기서 미래란 자연 그 자체의 섭리로써 결정된다.

자연의 섭리를 이해하기 위해 예를 하나 들어 보자. 옛날 이조 시대에 서산대사와 사명당이 만났다. 사명당은 서산대사가 점을 잘 친다는 소문을 익히 듣고 있었으므로 이번 기회에 그에 도전해 보기로 했다.

사명당은 새를 손에 쥐고 서산대사에게 물었다.

"이 새가 죽겠습니까, 살겠습니까?"

사명당의 의도는 뻔하다. 서산대사가 내뱉는 말과 반대로 할 생각이었던 것이다. 이것은 점이 아니다. 단지 게임일 뿐이다. 점이란 신이든 인간이든 어느 누구도 관여하지 않을 때 비로소 미래를 아는 방법이다. 점을 치고 난 다음에 그 결과를 인위적으로 바꾸는 것은 점과는 무관한 일이다.

점이란 자연의 섭리를 감응시키는 것으로서, 평등하고 자연스러울 때 행할 수 있다. 주역의 점은 64괘 각각이 나올 확률이 같다. 특정한 괘가 많이 나오게 되어 있다면 그것은 이미 점이 아니다.

몇 사람이 무인도에 갇혀 있다고 상상해 보자. 이 때 너무 배가 고픈 나머지 누군가를 잡아먹어야만 한다면 제비뽑기를 할 수밖에 없을 것이다. 어떤 한 사람에게 그것을 명령할 수는 없는 일이다. 이 때 나타나는 제비뽑기의 결과는 자연적인 섭리이다.

과학에서는 이것을 우연이라고 하는데, 사실 섭리와 우연은 좀 다르다. 상당히 어려운 개념이므로 여기서 쉽게 풀이할 수는 없지만, 섭리는 결코 우연이 아니라는 사실만을 기억해 두자. 오히려 어떤 이유에 의해 우연이 파괴되고 하나의 사물이 결정되는 것이 바로 섭리이다. 이 문제는 주역을 공부하면서 아주 깊게 다루게 될 것이므로 너무 깊이 생각하지 말자.

단지 천명이란 신의 명령이 아니라는 것, 또한 천명이 섭리라고 할 때 그것은 우연이 아니라는 것, 그리고 점을 칠 때는 우연이라는 조건을 이용하지만, 점괘는 우연이 아니라는 것이다. 문제가 너무 심원하기 때문에 좀더 가볍게 풀어보자.

한 가지 예를 보자. 축구 경기를 할 때 그에 앞서서 조(組) 추첨이 있다. 모두들 약한 팀과 싸우기를 바라기 때문에 아예 우연에 맡기는 것이다. 이 때 우연이란 것은 상당히 합리적이다. 결과는 어차피 정해지겠지만, 누구도 불만을 가질 수 없는 결과인 것이다.

각 팀은 추첨 결과에 따르기로 하고 제비를 뽑는다. 이는 점치는 것과 동일하다. 우리는 그 결과에 승복해야 하는데, 그 결과는 누가 일부러 만드는 것이 아니다. 굳이 말하자면 천지 신명의 섭리인 것이다.

또 한 가지 문제를 살펴보자. 두 사람이 32만 원씩 걸고 동전을 던지기로 한다. A와 B가 각각 앞면, 뒷면을 정해 놓고 세 번 이기면 64만 원을 갖는 게임이다. 소위 5판 3승제이다. 게임이 시작되고 A가 한 번 이겼다고 하자. 즉, 스코어가 1 : 0인 것이다.

이 때 A와 B가 둘 다 사정이 생겨 게임을 중단하기로 했다고 하자. 그렇다면 돈을 어떻게 분배하는 게 옳은가? 물론 이미 얻은 점수는 유효한 것으로 하고 말이다. 이 책의 독자라면 어떻게 분배하겠는가? 이 문제는 다분히 수학의 문제가 아니다. 소위 올바른 경우의 문제이다. 흔히 우리는 이런 말을 한다.

"저놈은 경우가 없는 놈이다."

이 말은 섭리를 모른다는 뜻이다. 동전 던지기로 내기를 한 것은 천명의 배분(?)에 따라 한 사람이 돈을 몽땅 갖기로 한 것이었다. 그런데 도중에 둘 다 마음이 바뀌어 게임을 중단하기로 했을 경우 올바르게 나누는 방식은 무엇일까?

이 때 가장 먼저 생각할 것은, 과연 이런 경우에 정답이 있느냐이다. 물론 답은 있다. 그것은 섭리에 의한 답이다. 주역은 섭리를 밝히는 학문이고, 그 근원은 태극에 있다. 태극의 성질은 많이 논의되었지만, 그 중의 하나는 공평이었다.

이제 문제는 어떻게 공평하게 배분하느냐이다. 이 문제는 유럽에서 아주 유명했던 것이다. 이것은 당시 물리학자·수학자·철학자·신학자·운동 선수·주부·법률가 등에게 공개적으로 던져졌던 문제이다.

물론 수많은 답이 쏟아져 나왔지만 어떤 사람은 이 문제에 정답이 존재하지 않는다고 말한다. 그러나 절대 그렇지 않다. 그 사람은 자연의 섭리에 대해 알기를 포기한 사람이다. 또는 어리석어서 그것을 밝혀낼 능력이 없는 사람이다.

이 문제에는 공평하고 확실한 답이 있다. 이 책을 읽고 있는 우리는 주역을 공부하는 사람들이기 때문에 당당히 이 문제에 도전해야만 한다. 왜냐 하면 공평한 섭리를 깨달아야 하기 때문이다. 공평이란 주역의 최고 진리이다. 천천히 이 공평에 대한 문제를 풀어 보자. 그 과정에서 우연이나 천명 또는 섭리라는 것도 자세히 이해하게 될 것이다.

먼저 공평성의 예를 보자. A와 B가 동전을 한 번도 던지지 않았는데 게임이 중단되었다고 하자. 즉, 0 : 0인 상황이다. 이러한 때는 돈을 어떻게 분배해야 하는가? 당연히 반반씩 나누어 가져야 한다. 왜냐 하면 이길 확률이 반반이기 때문이다. 이 게임 자체가 우연에 의존한 것이기 때문에 확률이 반반이라는 것은 매우 공평한 일이다. 이 상황에서는 천명이 아직 밝혀지지는 않았지만, 우연이 곧 평등한 것이므로 그것을 천명이라 일컬어도 좋다. 실제로 천명은 어떤 결과가 나타나기 전까지는 공평한 섭리를 갖고 있다.

오늘날 재판에 있어서 당사자끼리 합의를 보면 그것으로 모든 게 끝이다. 서로 이혼에 합의했다면 그것을 말릴 법은 없다. 이 경우 남의 가정사에 참견하지 않는 것이 바로 공평인 것이다. 그러나 그들 부부의 의견이 엇갈린다면 판사가 대신 결정을 내리게 되는데, 이 때 판사의 결정은 확률이 반반이다. 판사는 섭리에 따를 뿐 어느 누구의 편을 들지 않기 때문이다.

물론 그것은 부부가 제시하는 조건이 서로 균형을 이루었을 경우이다. 이 때는 별수없이 제3자, 즉 판사가 결정을 내리게 된다.

도박의 경우는 이미 재판에 회부된 것과 같다. 이 때 두 사람은 똑같은 조건으로 하늘에 판정을 맡기는 것이다. 도박에서 하늘의 판정은 주사위에 나타난다. 그러나 주사위를 던지기 전까지는 상대방을 이길 확률이 서로 반반이다.

만일 주사위를 던져 1 : 1이 된 후 게임을 중단한다면 돈을 어떻게 분배해야 할 것인가? 이 때는 당연히 각자의 돈을 갖고 헤어지면 된다. 0 : 0이나 1 : 1도 마찬가지이다. 2 : 2도 물론 같은 경우이다. 그런데 문제는 1 : 0일 때 발생하게 된다.

이 문제는 17세기 프랑스에서 대두되었는데, 그 당시 이것을 해결하기 위해 세계 석학들이 몰려들었다. 그 중에는 수학자인 동시에 과학자·사상가·문학가인 파스칼도 있었고, 페르마라는 수학자 겸 법률가도 있었다.

당시 수많은 답안이 제출되었지만 모두 틀린 답이었다. 그 중 파스칼과 페르마는 각각 다른 방법으로 정답을 내놓았다. 파스칼은 이 문제를 풀면서 새로운 수학을 창안했고, 페르마는 평등 섭리를 추구하면서 문제를 풀었다. 두 사람은 편지를 주고받으면서 자기 주장을 펼쳤는데, 표현 방식이 좀 다를 뿐 내용은 완전히 같은 것이었다.

우리는 그들의 사고 방식을 배워야 한다. 그들은 평등한 섭리, 즉 태극의 섭리를 이용했다. 이젠 그들의 생각을 따라가 보자. 이들은 하나의 가정에서 출발했는데, 그것은 섭리를 밝히기 위한 노력의 일환이었다.

현재 스코어를 2 : 1이라고 가정해 보자. 즉, A가 2이고 B가 1인 경우, 한 번 주사위를 던져 B가 이기면 어떻게 되는가? 그러면 오히려 2 : 2가 되므로 속 편하다. 반씩 나누어 가지면 되기 때문이다. 그러나 다시 A가 이기면? 이 때는 3 : 1이 되므로 A가 몽땅 갖는다(먼저 3점을 얻는 사람이 이기는 게임이기 때문이다).

그러므로 2 : 1일 때가 매우 중요하다. 여기서 한 번 더 주사위를 던져 3 : 1이 되면 A가 64만 원을 가진다(3 : 1이나 3 : 0이나 3 : 2나 모두 마찬가지이기 때문이다). B가 이기면 2 : 2가 되기 때문에 각자 32만 원씩 가지면 된다. 그런데 2 : 1인 상황에서 아직 주사위를 던지기 전이라면 어떻게 분배하는 것이 좋을까? 천천히 살펴보기로 하자.

이 때는 두 가지 경우로 생각해 볼 수 있다. A가 64만 원을 가질 경우와 32만 원을 가질 경우 중 하나이다. 왜냐 하면 A가 이기면 3 : 1이 되므로 64만 원을 갖게 될 것이고, B가 이기면 2 : 2이므로 32만 원씩 가질 수 있기 때문이다.

B는 어떤가? 만약 B가 이기면 32만 원을 갖는다. 그러나 지게 되면 단돈 일 원도 남는 것이 없다.

그 동안 살펴본 내용을 정리해 보자. A와 B가 2 : 1인 상황에서 주사위를 한 번만 더 던진다면 A는 64만 원이나 32만 원을 가질 수 있다. 64만 원이나 32만 원을 갖게 될 확률은 반반이다(동전의 앞면이 나올 확률과 뒷면이 나올 확률은 같기 때문이다). 다시 말해서 A는 져도 32만 원을 가질 수 있고, 이기면 64만 원을 갖는다. B는 이겨도 32만 원밖에 못 갖고 지면 단 한 푼도 못 갖는다.

요점만을 다시 쓰면 다음과 같다.

A는 64 아니면 32

B는 0 아니면 32

A는 이기든지 지든지 64만 원 중에 32만 원을 가질 수 있다. 그러므로 32만 원은 무조건 A의 소유이다. 다만 나머지 32만 원을 가지고 승부하는 것이다. A가 이기면 남은 돈 32만 원을 마저 가지면 되고, B가 이기면 32만 원은 B의 차지가 된다.

그러므로 문제는 남은 돈 32만 원이다. 과연 이것을 누가 갖게 될 것인가? 물론 동전을 던져 보면 알 수 있겠지만 현재는 서로에게 반반의 권리가 있는 것이다. 하지만 동전을 던지기 전에 게임을 그만두면 32만 원을 반씩 나누어 가지면 된다. 즉, 16만 원씩 갖는 것이다. 따라서 A는 처음에 확보해 둔 32만 원+16만 원 → 48만 원을 갖고, B는 16만 원을 가지면 된다.

여기까지 이해가 잘 안 되는 독자는 처음부터 다시 읽어 보라. 이는 지능의 문제가 아니라 경우의 문제이기 때문이다. 주역은 경우가 밝지 않은 사람은 공부하기 어렵다. 계속 공부해 보자.

스코어가 2 : 0일 때를 한번 생각하자. 이 때 동전을 한 번 더 던진다면 A는 이겨서 다 갖거나 2 : 1 상황이 된다. B의 경우는 져서 0이거나 이겨서 2 : 1 상황이 될 수도 있다. 따라서 A는 이기든지 지든지 2 : 1 상황은 보장되어 있는 반면, B는 이겨 봤자 2 : 1 상황이 된다.

우리는 이미 2 : 1 상황일 때 돈을 배분하는 방법을 살펴보았다. 그러므로 그 때는 A가 48만 원, B가 16만 원으로 나누어 가지면 모든 것이 해결됨을 이미 알고 있다.

2 : 0 상황인 지금은 어떤가? A는 져도 48만 원을 갖는 것이고 나머지 16만 원을 차지하기 위해 승부하는 것이다. 그러므로 지면 48만 원, 이기면 48+16만 원, B는 이기면 16만 원, 지면 0원이다. 그러므로 16만 원을 반씩 나누면 되는 것이다. 즉, A는 48+8 → 56만 원, B는 8만 원이다.

상황을 바꿔 보자. 1 : 0일 경우는 어떨까? 이 때 한 번 더 동전을 던지면 A는 져서 1 : 1 상황이 되든지, 이겨서 2 : 0 상황이 되든지 둘 중 하나이다. B도 이겨서 1 : 1 상황이 되든지, 져서 2 : 0 상황이 되든지 둘 중 하나이다.

2 : 0 상황에서 돈을 배분하는 방법은 이미 살펴보았다. 즉, 56 : 8이었다. 따라서 A가 지면 1 : 1이니까 32만 원, 이기면 56만 원을 갖게 된다. B는 이겨 봐야 32만 원, 지면 8만 원을 갖게 된다. 다시 말하면, A는 져도 32만 원을 확보하지만, B는 질 경우 8만 원밖에 되지 않는다.

그러나 문제는 24만 원이다. 이것을 이기는 사람이 갖게 되는 것이다. 물론 누가 이길지 아직은 모르는 상태이다. 확률은 반반이다.

여기서 게임을 중단한다면 24만 원을 반씩 나누어 가지면 된다. 따라서 A는 32+12 → 44만 원, B는 8+12 → 20만 원이다.

이제 답이 나왔다. A와 B가 동전을 한 번 던져서 1 : 0인 상황이 되고, 이 때 게임을 중단하면 A는 44만 원, B는 20만 원을 갖게 된다. 쉽다면 쉽고 어렵다면 어려운 문제이다.

17세기 당시 이 문제를 푼 사람은 오직 파스칼과 페르마, 이 두 사람뿐이었다.

필자는 수십 년 전에 이 문제에 접하고 정답을 풀어낸 바 있다. 당시 필자는 이 문제가 주역과 연관이 있다고 생각했기 때문에 필사적으로 달려들었다. 이 문제는 시간의 흐름을 가정하고 공평을 논하는 문제인 것이다. 주역이란 곧 괘상을 의미하는 것이고, 괘상은 미래의 가정을 기묘하게 표현하고 있다.

'☶(剝)'은 어디로 가는가? 현재는 어떤 상황인가? 동전 게임에서 1 : 0이면 어디로 가는가? 현재의 뜻은 무엇인가? 이것은 44만 원, 20만 원으로 나눔의 섭리를 제공해 준다. '☶'은 어떠한 섭리를 제공해 주는가? 이 문제는 각 효(爻)를 해석해야 한다. 이렇듯 주역은 세속의 많은 문제와 연관이 있다.

파스칼은 앞에서 나온 문제를 해결하기 위해 확률이라는 개념을 만들어 냈는데, 오늘날 이 확률을 이용하여 보험 회사·카지노 등이 존재하는 것이다. 또한 양자 역학이나 게임 이론도 만들어졌다. 물론 주역의 이론에는 이미 그것이 내재하고 있었던 것이다.

玉虛眞經 (26)

玄泉無限之淸水 亦出於地也

현천(玄泉)의 한없이 맑은 물도 죽은 저 땅에서 나오는
것이다.

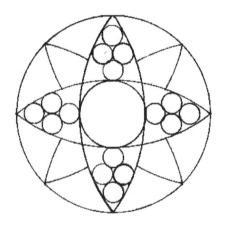

주역의 각 분과(分科)

주역은 의학과도 비슷하게 닮아 있다. 그렇기 때문에 각 분과도 있는 것이다. 예를 들어 6개 순환군론은 내과에 해당된다. 순환군 이론은 괘상의 집단적 의미를 논하는 것이다. 괘 집단이란 우리 몸에 비유해 보면 장기에 해당된다. 그것은 단체적 기능과 위상(位相) 관계를 논하기 때문에 주역 전체를 한눈에 바라볼 수 있게 해 준다.

주역에는 피부과에 해당되는 것도 있는데, 그것은 대소(大小) 선천 복희 팔괘도 등 주역 괘상 전체를 한 번에 정렬시키는 것으로, 괘상 수치화 작업도 그에 해당된다.

주역에 있어서 외과는 효사론(爻辭論)이다. 이는 괘상을 해부학적으로 논하는 것으로 괘상의 구조를 시각적으로 알게 해 준다. 주역에는 이외에 성형외과에 해당되는 분과도 있으며, 심지어는 신경 정신과에 해당하는 분과도 있다.

성형외과는 괘상 전체를 계층 구조로 보는 방식이다. 앞에서 다루었던 계층 이론은 내과에 해당되지만, 성형외과에서는 보다 전문적으로 다루게 된다. 신경정신과는 위상 음양학이라고 일컬어지는데, 이는 주역을 가장 치밀한 조직으로 분류하고 그것의 역동적 구조를 공부하는 것이다.

주역의 또 하나의 분과는 간호학으로, 원전 주역이나 응용 주역이 이에 해당된다. 물론 적당한 분과를 선택하기 어려운 것도 있지만, 여기서 여러분은 단지 주역이 이처럼 많은 분야로 나뉘어진다는 사실을 이해하면 된다.

이 여러 분야 중에서도 내과는 주역의 기초이므로 철저히 이해하고 넘어가야만 한다. 어느 학문이든 마찬가지겠지만, 주역도 기초가 엉성하면 엉뚱한 신비주의에 빠지게 된다. 물론 주역에는 사람들의 흥미를 유발시키는 신비한 내용이 많다. 하지만 이 신비라는 것에도 논리의 질서가 포함되어 있는 법이다. 논리란 기초가 튼튼해야 멀리까지 펼칠 수 있다. 주역에서의 기초란 내과라고 할 수 있다.

필자가 주역을 연구함에 있어서 가장 역점을 두었던 분야도 바로 내과였다. 내과는 다소 수리 논리적이어서 매우 싫어하는 사람도 있는데, 그런 것이 싫다면 무엇 때문에 주역을 공부하는 것일까? 주역은 온 우주의 이치를 총망라하는 것으로써 당연히 어려운 부분도 있을 것이다. 그렇지 않다면 어떻게 삼라 만상을 설명할 수 있겠는가!

그러나 미리부터 겁먹을 필요는 없다. 주역은 너무나 잘 조직되어 있기 때문에 세속의 잡학(雜學)보다는 아주 쉽기 때문이다. 그런데도 불구하고 온 세상의 어려운 이치는 주역 속에 다 들어 있다. 다만 주역을 공부하는 사람이 스스로 주역의 이치를 깨닫기를 포기한다면 주역은 한낱 문화적 유물로 전락하게 된다.

玉虛眞經 (27)

草木出於低土 神龍出於深池 眞人出於溪谷
此故 死處有生之說也

저 낮은 땅에서 초목이 나고, 깊은 연못에서 용이 나고,
계곡에서 진인이 난다. 그런 까닭에 죽은 곳에서 생(生)은
일어난다고 하는 것이다.

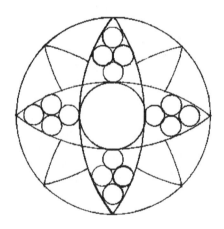

지성의 수준

이제 사람에게 주어진 수준, 즉 능력에 대해서 논해 보자. 아무리 뛰어난 사람일지라도 모든 것에 다 능통할 수는 없다. 물리학의 천재인 뉴턴은 체스(서양 장기)에 소질이 없어서 번번이 제자에게 졌다고 한다.

여러분은 피카소의 그림을 보면 무엇을 느끼는가? 그 그림은 엉터리일까? 아니면 심오한 그 무엇일까? 그것은 미술에 뛰어난 재능이 있거나 여간한 수준이 않고서는 판단하기 어려운 일이다. 음악에 있어서도 유행가 곡조가 있는 반면, 모차르트의 심오한 곡조도 있다.

따라서 사람은 저마다의 수준에 따라 사물을 이해하게 된다. 그렇기 때문에 어떤 분야의 전문가에게는 매우 중요한 것임에도 불구하고 그에 대해 전혀 문외한인 사람에게는 무가치한 존재가 되기도 하는 것이다.

예를 들어 괴델(미국의 수학자·논리학자)의 불완전성 정리라는 것이 있는데, 이것은 수학·과학·철학을 통틀어 인류가 가장 심오하게 논리의 세계로 들어갔다고 일컬어지는 것이다. 괴델의 정리는 수학과 논리학의 근본을 뒤흔들어 놓는 이론으로서, 그로 인해 전세계 학계가 휘청거렸다.

그러나 이처럼 엄청난 파장에도 불구하고 그 이론의 중요성을 알고 있는 사람은 그리 많지 않다. 그 이유는 첫째, 불완전성 정리라는 이론을 잘 이해하지 못하기 때문이다. 둘째, 이해했다 하더라도 왜 중요한지 깨닫지 못하는 것이다. 이러한 일이 발생한 것은 소위 각자의 수준이 틀리기 때문으로, 아인슈타인이 상대성 원리를 발견했을 때도 그런 일이 일어났다.

상대성 이론은 세계를 떠들썩하게 만들었지만, 그 이론을 이해하는 사람은 몇 명 안 되었던 것이다. 그럼에도 그토록 세상이 떠들썩했던 이유는 몇몇 전문가들이 대단하다고 추켜세웠기 때문이다. 아인슈타인은 그 이후 노벨상을 타고 세계적으로 유명해져서 오늘날 20세기 최대의 과학자라고 일컬어지고 있다.

그는 괴델과 아주 친했었다. 아인슈타인이 그보다 훨씬 위였지만 그들은 어느 누구보다도 친했던 것이다. 아마도 천재들끼리의 이해심 때문이었을 것이다. 그러던 어느 날 아인슈타인이 괴델에게 이렇게 고백했다.

"내가 과학자가 된 것은 어쩔 수 없는 일이었네. 나는 자네를 따라갈 만큼의 수준이 못 되었기 때문이지."

아인슈타인은 수학을 그의 이론에서 자유 자재로 구사했지만, 괴델에게 비교해 보면 그는 어린애의 수준이나 마찬가지였다. 그리고 상대성 이론도 괴델의 불완전성 정리에 비하면 아주 쉬운 논리였다. 물론 아인슈타인도 수학과 논리의 수준이 일반 사람들보다 아주 높았기 때문에 괴델의 정리를 확실하게 이해했지만 말이다.

필자도 괴델의 정리를 보고 크게 감명을 받았었다. 그 이론은 모든 명제를 수치화하여 단순하게 설명한다.

이 점에 있어서 괴델의 이론은 주역과 많이 비슷하다. 그는 모든 명제에 대해 괴델수라는 것을 부여함으로써 사물 해석의 단순화가 가능했던 것이다. 물론 그는 사물을 분류한다거나 순환성을 논하지는 못 했다. 하지만 사물에 수치를 대입시킨 것은 천재적 발상이었다.

필자가 그 이론에 무척 감동했던 것도 바로 그 이유 때문이었다. 사물의 수치화, 그리고 그것을 이용한 명제의 증명, 그것은 가히 신기에 가까웠다. 물론 필자는 괴델의 이론 중에 사물 수치화에 주목했다.

여기서 그 이론을 모두 상세히 논할 수는 없지만, 필자가 다루고자 하는 것은 수준에 관한 얘기를 하고자 할 뿐이다. 사물을 이해하는 데 있어서 수준이란 아주 중요한 역할을 한다. 물론 인간은 모든 분야에서 수준이 높을 수는 없다. 그러나 반드시 수준이 높아야만 할 두 가지 이유가 있다.

첫째는 인격의 수준으로, 이는 지상 최고의 가치가 있는 것이다. 그 다음에는 지성(知性)의 수준이다. 인간은 누구나 지성이 높아야만 한다. 그러나 지성은 지식과는 아주 다른 개념이다. 지성을 추구하는 학문으로는 철학이 있는데, 주역도 이와 마찬가지로 지성을 높이기 위해 공부하는 것이다.

물론 주역에는 지성을 추구하는 외에도 특별한 지식을 습득한다는 또 하나의 목적이 있다. 주역은 사물을 이해하는 데 특별한 수단을 제공해 준다. 즉, 주역의 괘상을 통해 만물을 쉽게 이해할 수 있는 것이다. 하지만 만물을 이해하기 위해서는 우선 괘상을 깨달을 수 있는 일정한 지성 수준이 있어야만 한다.

한 가지 일화를 소개하자. 필자는 십여 년 전에 미국에서 주역을 강의했었다. 그 당시 컴퓨터 논리에 정통해 있던 한 명의 수강생이 있었다. 1학기 강의를 마칠 즈음 그가 말했다.

"주역에 있어서는 선생님이 최고라고 해서 강의를 들었는데, 정말 실망했어요."

그는 결국 수업을 포기하고 말았다. 그에게는 주역이 전혀 재미없게 느껴졌던 것이다. 그러나 그는 결코 어리석은 사람이 아니었다. 그는 주역의 깊은 논리도 이해했지만 그 이론이 무엇을 뜻하는지는 몰랐던 것이다.

예를 들어 우리는 사랑이 무엇인지 알고 있다. 그러나 사랑이 인생에 있어서 얼마나 중대한지 모른다면 깊은 사랑을 알 수 없는 것이다. 이처럼 이해에도 수준이 있다. 깊은 이해란 사물 자체의 구조를 깨달을 뿐만 아니라 그 사물이 도대체 세상의 무엇과 연관이 되는지 이해한다는 뜻이다.

우리가 제주도를 손바닥 들여다보듯 훤하게 안다 해도 그것이 아시아에서, 혹은 이 지구에서 어떤 위치에 있는지를 모른다면 진정한 제주도의 의미는 안다고 할 수 있겠는가! 사물의 깊은 이해란, 다른 말로 그 사물의 가치를 안다는 것이다.

괴델의 정리는 너무나 어려워서 이해하기도 어렵지만, 이해한다 해도 그 가치를 깨닫는다는 것은 더욱 어려운 일이었던 것이다. 다행히도 그 가치를 아는 사람이 있었기 때문에 오늘날 괴델은 유명해질 수 있었다. 그러므로 어떤 사물의 가치를 이해한다는 것은 지성의 수준이 그만큼 높다는 것을 의미한다.

어떤 사람들은 아직까지도 주역의 가치를 잘 모르고 있다. 특히 우리 나라 과학자들이 그에 속하는데, 그들은 광대한 우주를 연구하면서도 그 우주의 이치를 편협하게 바라보기 때문이다. 그러나 주역은 모든 것을 이해시키는 지혜를 얻게 해 준다. 즉, 지성 그 자체를 높여 주는 학문인 것이다.

그렇기 때문에 무릇 주역을 공부하는 사람은 이 세상에 존재하는 모든 것의 최고 수준을 이해할 수 있도록 끊임없이 노력해야 한다. 하나의 논리를 단순히 이해했다는 것은 누가 무슨 말을 하는지를 알았다는 것에 불과하다. 하지만 깊은 이해란 그 이론적 중대성, 즉 가치를 이해하는 것이다.

중세 유럽에 가로아라는 천재가 있었다. 그는 자신의 전 생애를 바쳐 연구했던 이론을 유서로 남겼는데, 많은 학자들은 처음에는 그 가치를 몰랐었다. 그러나 어떤 학자가 뒤늦게 그 가치를 깨닫고 부랴부랴 그 이론에 주목했다. 결국 오늘날에 와서는 그의 이론이 수학 역사상 획기적인 것으로 밝혀졌다.

수학은 하나의 언어학에 지나지 않는다. 물론 고도의 지성이 포함되어 있지만 말이다. 주역도 마찬가지이다. 그것은 하나의 표현 수단에 불과하지만 심오한 섭리가 포함되어 있는 것이다. 고도의 지성이 아니라면 주역을 이해할 수 없다.

최근에는 자주 현대 과학 이론이나 수학 이론을 들고 나온다. 그것은 주역을 이해하는 데 가장 편리한 수단이기 때문이다. 이런 방법이 아닌 만화책 읽듯 쉽게 주역을 이해시킬 수 있으면 얼마나 좋겠는가!

하지만 그럴 수는 없다. 주역은 상당한 지성을 필요로 하는 것이다. 속된 말로, '뭐가 무서우면 시집을 오지 말랬다'는 말이 있다. 논리가 무서우면 주역을 공부할 수 없다. 진리란 명백한 것이다. 그리고 공정하다. 개인의 감상이 절대 아닌 것이다.

지성이란 우주 공통이다. 그리고 입체적 이해인 것이다. 입체적 이해란, 사물 그 자체를 이해하고 또한 연관된 가치를 깨닫는 것이다. 그래서 지성 수준이라는 것을 강조하게 된다. 실컷 설명을 듣고 나서 '그게 뭐지?' 하고 묻는다면 아예 보따리를 싸야 한다.

고대의 대수학자 유클리드는 평소에 동전을 준비해 두었다고 한다. 왜냐 하면 그는 제자들의 질문에 대비하기 위해서였다.

어떤 제자가 이렇게 물었다.

"선생님, 기하학은 배워서 무얼 하지요?"

그러면 유클리드는 제자에게 동전을 던져 주면서 이렇게 말했다.

"에끼 이놈아, 너는 이거나 가져가라."

실제로 필자도 그런 질문을 받은 적이 있다.

"선생님, 주역은 공부해서 무얼 하지요?"

필자는 유클리드처럼 그 사람에게 동전을 던져 주지는 않았으나 강의는 자동적으로 중단되었다.

그가 주역에서 원하는 것은 단지 사주 팔자를 보는 방법이었다. 주역으로 그것을 알 수 없는 것은 아니지만, 주역의 용도는 그보다 훨씬 더 폭넓게 이용된다. 지성의 수준이 미달하는 사람은 이상하게도 중요하지 않은 일에 더 많은 관심을 보인다. 그리고 정작 중요한 것에 대해서는 시무룩하게 대하고 크게 실망한다.

주역은 그 자체로써 삼라 만상을 설명하고 있을 뿐만 아니라, 인간의 정신을 개조하여 지성을 높이는 일을 실현시킨다. 그렇기 때문에 기초 개념을 철저히 터득해야만 한다. 왜냐 하면 주역의 논리는 모든 것이 하나로 연결되어 있기에 어느 한 부분을 이해하지 못하면 다른 부분도 차츰 이해할 수 없게 되어 버린다.

그리고 무엇보다도 중요한 것은 하나의 개념이 다른 개념과 비교하여 어떤 가치를 갖고 있는지에 있다. 즉, 개념의 등급을 말한다. 지성의 수준이 낮은 사람은 아주 높은 등급의 개념을 이해하지 못한다. 그러므로 자신의 수준에 맞는 등급을 선택해야만 엉뚱한 곳을 헤매지 않게 된다. 옛말에 '제사는 뒷전이고 젯밥에만 관심을 둔다'는 말이 있는데, 주역도 이와 마찬가지로 필요 없는 응용에만 신경 쓰는 사람은 결코 주역을 터득할 수 없다.

주역은 등급 높은 개념을 이해함으로써 다른 모든 이론을 포괄할 수 있는 힘을 가질 수 있다. 그래서 당장 개념이 재미가 없어도 그것이 중요한 개념이라면 결사적으로 이해하도록 노력해야 한다.

그 다음으로 중요한 것은 그 개념이 어느 곳으로 길을 연결시켜 주느냐로서, 이는 다른 문제들과의 통합을 의미한다. 지성이란 하나의 사물을 바라봄에 있어 그 사물 자체만을 이해하는 것이 아니라 연관된 사물을 함께 이해하는 것이다.

그것은 마치 우리가 제주도의 지리를 훤히 안다고 해서 그 섬에 대해 모두 다 안다고는 할 수 없는 것과 같다. 우선 제주도가 어디 있는 섬인지를 알아야 한다. 즉, 더 큰 세계에서 바라보았을 때조차도 알 수 있도록 제주도의 위치를 잘 파악하고 있어야 한다는 뜻이다. 바로 이것을 수준이 높다고 말할 수 있다. 그런데 하나의 개념을 독립적으로 이해하는 것은 가장 낮은 수준이다. 물론 그나마도 이해 못 하는 사람이 있는바, 그들은 아예 수준조차 논할 수 없는 사람이다.

그렇다면 사물을 다른 사물과 연관해서 쉽게 이해할 수 있는 방법이 존재하는가? 특별한 방법은 없다. 단지 여러 분야에 걸쳐 견문을 넓히다 보면 어느 한 분야에서도 그만큼 깨달음이 깊어질 수 있다. 또한 이미 알고 있는 개념도 계속해서 음미하면 사고의 영역이 더욱더 넓어지게 마련이다. 그런데 사물은 가끔 엉뚱한 곳에서 연관성이 불쑥 나타나기도 한다. 하나의 사물을 이해하다가 그 연관성을 발견하여 자연히 다른 사물을 이해할 수 있는 단서가 되기도 한다.

주역은 맨 처음에 좀처럼 이해할 수가 없다. 왜냐 하면 오늘날 인류의 사고방식을 완전히 벗어나 있기 때문이다. 그러나 차츰 익숙해지다 보면 광대한 신대륙을 발견하게 될 것이다. 최고의 지성, 사물에 대한 보편적 이해, 간단 명료함 등 주역은 사물에 대한 새로운 인식 방법을 제공해 준다. 그것은 어느 순간부터 무제한적으로 다가오게 마련이다.

단지 처음에는 주역의 개념과 용도가 무엇인지, 그래서 어떻다는 것인지 무척 알기가 어렵다. 그것은 내용이 너무나 심오하기 때문이다. 하지만 주역은 시간이 지나고 읽으면 읽을수록 쉬워진다. 독자들도 그렇게 느낄 것이다. 지금 당장은 숲 속을 헤매는 느낌일지라도 머지않아 좀 높은 곳에서 숲을 바라보는 느낌으로 바뀔 수 있다. 그리하여 산과 바다, 섬과 육지 등을 이해하고 마침내 지구가 둥글다는 것을 이해하게 된다.

玉虛眞經 (28)

拾得永死之心生無盡也

영원히 죽어 있던 저 마음을 일으켜 얻는다면 삶은 다하지 않을 것이다.

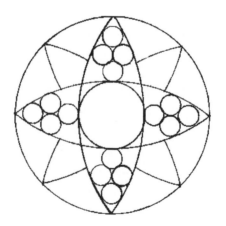

괘상의 생태계

다시 주역의 이론을 살펴보자. 이 장에서는 괘상을 이해하는 독특한 방법을 제시할 것이다. 그것은 팔괘가 위상(位相) 공간을 이동하면서 만들어 내는 갖가지 괘상이다.

우리는 팔괘를 상하로 배열하여 괘상을 만들어 그 모양을 보고 이해하게 되는데, 괘상의 하나하나에는 만나고 흩어지고 발생하고 소멸하는 생태계를 이루고 있다. 그러므로 괘상을 이해함에 있어서 생태계 모델은 아주 유용하다.

하나의 예를 살펴보자. 괘상 ䷗(復)에서 우선 ☷만 생각해 보자. 위치가 어떤가? 단순히 아래에 있다고만 생각하지 말고 그 정도를 생각해 보자는 것이다. 괘상 ䷲은 어떤가? 우레는 하늘 높이 올라가 있다. ䷗의 ☷와 ䷲의 ☷는 상당한 거리가 있는 것이다. 이 관계를 고찰하는 것은 괘상을 이해하는 중대한 실마리를 제공해 준다.

먼저 이 괘상의 높이를 생각해 보자. 가장 높은 곳은 어디인가? 하늘 위이다. 가장 낮은 곳은 어디인가? 땅 아래이다. 괘상이란 결과적으로 땅 아래와 하늘 위 사이에 존재하는 것이다. 우레의 예에서 보는 것처럼, 하나의 괘상이 높낮이 이동을 함에 따라 대성괘의 의미가 극명하게 드러난다.

괘상 '☳☷'은 우레의 에너지가 땅 속으로 들어가서 기운을 축적하고 있는 모습을 보여 주고 있다. 장차 우레의 기운이 충분히 갖추어지면 그것은 점차 이동을 시작하게 된다.

'☷☳' 괘상을 보라! 우레가 땅 위에서 일어나고 있다. 물론 이 괘상을 보고 단순히 우레가 땅 위에 있다고 생각해도 좋다. 그러나 다른 괘상과 연결지어서 생각해 보면 좀더 역동적인 상황을 살필 수 있을 것이다.

땅 위의 우레, 이는 하늘에서 내려왔다고 생각할 수도 있다. 이것은 매우 융통성 있는 사고 방식이다. 그러나 땅 위에서 일어났든, 하늘에서 내려왔든, 여기서는 단지 땅 아래에서 시작된 우레의 모습을 먼저 이해하자는 것뿐이다. 그런 다음에 하늘 아래에서 떨어져 땅 위에 도착한 우레를 보면 된다.

괘상 '☷☳'는 이러한 배경이 있는 것이다. 그러므로 ☷은 위로부터 도착했다고 해도 되고, 아래로부터 나타났다고 해도 된다. 이렇게 연관 관계를 찾아 이해를 하면 좀더 쉽게 알 수 있을 것이다.

이것은 우레가 땅 아래에서 위로 분출되어 나오는 과정을 보여준다. 땅 위에서 진동하는 우레! 이는 참으로 장관을 이룬다. 우레가 하늘에서부터 내려와 땅에 부딪히는 순간 극적인 작용을 일으킨다. 땅 속에서 폭발되어 표면으로 솟구쳐 나오는 우레도 이와 마찬가지이다.

독재에 신음하던 민중들이 드디어 분노를 터뜨리는 모습이 바로 이 땅 위의 우레와 같다. 봄이 되어 만물이 약동하는 모습도 바로 이것이다. 또한 먼 곳에 떠나 있던 님이 다시 돌아와 일대 변화를 주는 모습도 이 괘상의 거창한 특성이다.

땅 속에서 기운을 기르던 ☷가 땅 위로 솟아나오고 다시 하늘을 향해 떠오르게 된다. 그것이 바로 '☳☷'이다. 이 괘상은 민중들의 탄원이 왕에게까지 이르게 된 모습이다. 또한 훌륭한 젊은이가 대학에 입학하여 밝은 앞날을 보여 주고 있다. 그러므로 이 경우 천지신명은 장래를 축복해 주고 있는 것이다.

우레는 계속해서 올라가다가 마침내 하늘 위에 도달한다. '☳☰' 이 괘상은 웅장한 모습을 보여 주고 있다. 즉, 하늘을 찌를 듯이 솟구친 거대한 성, 위대한 장군이 막강한 군사들을 지휘하고 있는 모습이다. 곧 출세를 한 모습으로, 권력을 휘어잡고 천하를 호령하고 있다.

이제 다시 하늘에서부터 이야기를 시작해 보자. ☷가 하늘 위에서 기운을 축적하여 아래쪽으로 향한다. 그 모습이 바로 '䷗'이다. 이것은 위에 있는 기운, 또는 섭리가 아래로 향하는 것으로써 천명이나 장군의 명령, 국가의 선포가 이에 해당한다.

이 기운은 지속적으로 아래를 향해 내려가다가 마침내는 땅에 도달한다. 즉, 왕의 명령이 마을에 도달하고 장군의 명령이 병사들에게 도달한 것이다. 이것은 괘상으로 '䷓'이다.

부대가 출동하고 민중들이 들끓는다. 하늘의 기운이 비로소 땅에까지 도달한 것이다. 이로써 새로운 작용이 일어나고 변화가 시작된다. 쉬지 않고 움직이는 천지의 순환을 여기서 볼 수 있다.

하늘에서 출발한 우레는 땅 위에서 멈추지 않고 더욱더 아래쪽으로 파고든다. 즉, 땅 속으로 기어들어 가는 것이다. 마침내 가장 깊숙한 곳에 도달한 우레, 이는 '䷗(復)'으로 표현된다. '䷗'은 하늘의 뜻을 그대로 간직한 모습이다. 곧 젊은이가 원대한 포부를 간직한 것과 같다. 또는 군대가 장군의 명령을 받아 자중하고 있는 모습도 이에 해당한다. 입시생이 열심히 공부하며 때를 기다리는 것도 이 괘상에 속한다.

그 동안 우리는 ☷가 땅 아래에서 하늘 위까지 오르내리면서 여러 가지 작용을 일으키는 것을 보았다. 그러므로 이 괘상의 구성은 충분히 이해했을 것이다. 하지만 가장 중요한 것은 서로 연관된 관계로써 현재의 상황을 또 다른 상황의 결과로 유추해 보는 방법이다. 그 방법은 두 가지로 나눌 수 있다. 즉, 위에서 아래로와 아래에서 위로의 방법인 것이다. 자연계에서는 이 두 가지 작용이 얼키

설키 무심히 일어난다. 다만 우리는 괘상을 이해하기 위해 연관된 작용을 가정하여 단정한 것이다.

　물론 자연에서 실제적으로 일어나는 현상은 하나의 선택된 작용을 보여 줄 것이다. 예를 들어,

이 과정은 분명 아래에서 위로 ☳가 분출된 모습이다. 한편,

　이것은 우레가 하늘로부터 땅에 도달한 모습이다. 이처럼 '☳'는 두 가지 과거의 상황을 단정할 수 있다. 그러므로 '☳' 자체가 잘 이해되지 않을 때는 두 가지 과거의 상황을 모두 생각해 두면 좋다. 우리가 지금 연구하고 있는 것은 소괘상들이 구조 변화를 일으키지 않고 위치만 변화함으로써 나타나는 대성괘의 모습이다.

　다른 괘상을 살펴보자. 이번에 살펴볼 것은 ☲인데, 이는 밝음·문명·정밀·아름다움·완성·덩어리·질서·조화 등을 함유하고 있는 괘상이다. 이것도 땅 아래에서부터 출발하자.

　'☲' 이것은 매우 암울한 모습을 나타낸다. 오늘날 북한의 상황이 바로 이 괘에 속한다. 정의가 세상에 나타나지 못하고 마음 속에만

숨겨져 있을 뿐이다. 그러나 마음 속으로나마 정의를 간직하고 있으면. 언젠가는 밝은 빛을 볼 수 있을 것이다.

오랜 옛날 제갈공명은 세상이 혼란할 때에 자신을 감추고 초야에 묻혀 살면서 때를 기다렸다. 물론 수행을 멈추지는 않았다. 점을 쳐서 이 괘상을 얻은 사람은 자중하여 일을 뒤로 미루는 것이 좋다. 이 때는 무슨 일이든 원만히 진행되는 법이 없다. 다만 은밀한 일을 위해 점을 쳤다면 풀려 나감을 보여 줄 것이다. 이 괘상은 깊은 밤을 상징한다. 세상이 깊은 밤과 같으면 돌아다니지 않는 것이 상책이다.

그러나 마침내 때가 되면 빛은 밖으로 드러나는 법, 아침이 되어 '☲☷'의 모습이 되면 빛은 천지에 나타나게 된다. '☲☷'은 지평선 위에 태양이 떠오르는 형상으로, 혼란하던 사회에 서광이 비추기 시작한 것이다. 다시 말해 지도자가 앞으로 나서서 세상에 희망을 주는 것이다. 그러므로 이미 전진은 시작된 상태, 군자는 덕을 마음껏 펼 수 있다.

이 상태가 더욱 발전되면 '☰☷'의 상태가 된다. 이 상태는 밝음이 온 세상에 널리 퍼지고 하늘이 이를 도와주는 격이다. 사필귀정(事必歸正)이란 말도 있거니와, 밝음은 끝내 드러나게 마련이다. 정의로운 사람도 인정을 받게 되고 숨어 있던 사람도 자유롭게 동지를 만날 수 있다. 우리가 북한에 대해 바라는 바가 바로 이런 상태이다. 그들이 하루 빨리 각성하고 민족이 단결해야 함을 새삼 강조하는 바이다. '☰☷' 이는 속속 동지들이 모여들고 천하가 뜻을 하나로 합치는 상태이다.

이에 대해 좋은 말이 있다. 공자의 가르침으로,

德不孤 必有隣

인격 있는 사람은 외롭지 않다. 반드시 이웃이 있다.

이다. '☷☵' 상태에서는 인격자가 뜻을 펼칠 수 없었으나 '☷☳' 상태는 이미 군자가 함께 천하를 다스릴 수 있다. 이 상태가 더욱 발전하면 ☲가 된다. 이는 해가 중천에 뜬 모습으로, 밝음이 세상을 지배하고 있음을 보여 준다. 바로 정의가 통용되는 세상이 된 것이다. 성인이 나타나 세상을 크게 교화하는 모습이다. 모름지기 인생은 ☲상태가 되어야 한다.

이는 태양 같은 사람이 되어야 한다는 뜻이다. 이처럼 밝음이 존재한다면 세상에 그 무엇을 가질 수 있으랴! 남이 알아주지 않는 것을 걱정할 필요가 없다. 왜냐 하면 스스로 빛을 발산하여 온 세상에 이익을 줄 수 있기 때문이다.

그러므로 점을 쳐서 이 괘상을 얻으면 합격하고 당선될 것이다. 다만 정의롭지 않은 일에는 이 괘상이 좋지 않다. 괘상 ☲은 무조건 좋다는 뜻이 아니다. 밝음이 세상을 비추는 것이니 사악한 일에는 오히려 불길한 괘상인 것이다. 폭력을 휘두르는 일이나 절도·밀매 등에는 당연히 나쁘다. 그리고 개인적인 일보다 공적인 일이 좋다. ☲란 원래 공적(公的)이라는 뜻이 있다. ☰도 공(公)이다.

드높이 떠오른 태양은 마음껏 빛을 뿌린 다음 언젠가는 사라지게 된다. 언제까지나 밝음이 유지될 수는 없다는 것이다. 그런 사회는 오히려 불안하게 마련이다. 정상에 오른 태양이 차츰 기울고 있는 것이 ☶이다. 물론 이는 ☶ → ☲, 이런 상태를 상정한 것뿐이다. ☶자체는 아직도 밝음이 세상에 퍼져 나아가고 있는 상태이다.

빛이 더 뻗어 내려가면 ☲에 이른다. 이는 일정한 부분을 밝히는 모습이다. 그러나 여기서 빛이 좀더 내려가면 암흑의 세상이 된다. 바로 ☷의 상태인 것이다.

여기서 오해하지 말아야 할 것은 세상의 흐름이 반드시 땅 아래에서부터 하늘 위까지 주기적으로 반복된다는 생각이다. 아래에서 위까지 오르내린다는 가정은 괘상을 연속적으로 이해하기 위함일 뿐이다. 물론 괘상이라는 것은 스스로의 특성이 있어서 그 자체만으로도 어디론가 향하려는 성질이 있다. 우리는 ☷에서 ☶으로 가는 과정을 일부러 가정했지만, ☷가 자체적인 성질 때문에 어디론가 가리라는 것에 대해서는 아직 논의하지 않았다. 그것은 이후에 논하게 될 것이다. 우리는 아직 하나의 괘상이 갖는 뜻을 완전히 파악하지 못했기 때문이다.

다음 괘를 보자. 이제부터 살펴볼 괘상은 ☵인데, 이번에는 위에서부터 알아보기로 하자. 즉 ䷄이다. 이것은 하늘 위에 구름이 떠 있는 형상으로, 어디론가 떠나고자 하는 상태에 놓여 있다. 곧 아직까지는 기다림의 상태이다. 그러나 구름은 땅에 내리면 비가 된다. 이는 대지에 영양분을 공급하는 일이지만, 아직까지는 하늘 위에 떠 있는 모습이다. 즉, 날씨가 흐려 있으므로 사업에 비유한다면 머뭇거리고 있는 상태이다. 무엇인가 장애가 있기 때문이다. 이 때 강하게 뛰어들면 큰 사건이 일어날 수 있다. 그러므로 잠시 기다리며 기회를 엿보는 것이 좋다. 기회는 다시 찾아오기 마련이다. ䷂이 바로 그 상태이다. 하늘 위의 구름은 어디론가 떠나가기 마련이고, 끝내는 땅으로 떨어진다.

  우선 땅으로 향하기 시작한 물은 ☵으로 표현된다. 하늘의 입장에서 보면 물을 아래로 내려보내는 것이니 하늘이 맑아지고 있다는 뜻이다. ☵는 하늘이 구름에 뒤덮여 어두운 모습을 보여 주는 반면, ☵은 날이 개이고 있는 형상이다. 물론 아직까지는 비가 내리고 있는 중이다. 안개가 걷히고 있는 것도 ☵의 괘상이고, 의혹이 풀리고 있는 것도 마찬가지이다. 직장에서 퇴근하고 있는 모습도 이 괘상으로 묘사될 수 있는데, 이 때는 물이 낮은 곳으로 흐르는 경우를 말한다.

  낮은 곳으로 흐르는 것은 원래 물의 성질이지만, 인간이 사는 사회에서는 물이 반드시 아래로 흐른다는 보장이 없다. 특히 원전 주역에서는 ☵을 '송(訟)'이라고 부르는데, 이는 하늘에 대한 물의 도전을 경계하는 것이다. 또한 안개가 걷히는 상황을 소송의 과정과 대비시킨 것이다. 이는 물과 하늘의 거리가 멀어지느냐 가까워지느냐에 따라 의미가 다소 달라지겠지만, 우리는 이 두 가지 경우를 함께 살펴보고 있다.

  다시 물이 땅에 도착하여 ☵을 만든 상황을 살펴보자. 이는 직장인들이 밤이 되자 각자의 집으로 돌아가는 모습이다. 이 괘상의 이름도 '비(比)'로서 친함을 뜻한다. ☷은 ☷에 도달하여 영양분을 공급하고 있다. 이는 물에 포함되어 있는 중양(中陽)을 땅에 유입시킨다는 뜻이다. 고향에 돌아온 나그네, 그로 인해 마음마저도 푸근한 모습이 바로 ☵이다.

물은 또다시 땅 속으로 파고든다. 그리하여 더욱 풍부하게 쌓이게 된다. 이렇게 낮은 곳으로 모일수록 물은 완전히 안정을 회복한다. ☵는 물이 불안정한 모습이다. 떠돌이 같은 모습이지만, ䷆에서 물은 안방에 편안히 드러누운 모습이다. 원전에서 ䷆는 군사적인 일을 상징하는 '사(師)'라는 이름이 붙어 있는데, 이는 보이지 않는 곳에 집결되어 있는 병사들의 모습을 묘사한 것이다. 오늘날에는 풍부한 지하수를 나타내기도 하는데, 이 물은 밖으로 분출될 수도 있다. 그래서 다시 상승하게 되므로, 괘상은 ䷇으로 표현된다. 이 것은 물이 대지에 골고루 펴져 있는 모습을 보여 주고 있다. 이 물이 공기 중으로 떠오르면 안개가 되는데, 이는 혼란이 발생한 모습이다. 물은 어두움·혼돈·분쟁 등을 상징하는데, 그것이 하늘로 떠오르며 위험한 상황을 발생시키는 것이다. ䷄에서 물은 자중해야 상황이 잘 풀리게 된다. 만일 혼돈이 더욱더 진행되면 세상은 어두워지고 만다.

그것은 ䷄으로 표현되며, 너무 높게 오른 물은 마치 먼 타향에 나가 있는 외로운 사람을 묘사하고 있다. 물의 고향은 원래 땅 아래인데, 하늘에 올라가 있으니 얼마나 위태롭고 고독하겠는가! 다만 하늘의 구름은 비의 원천이므로 하늘을 적셔 주는 영양분에 해당된다. 하늘도 휴식이 필요하듯이 건강한 사람이 목욕을 하며 쉬고 있는 것도 ䷄의 빼놓을 수 없는 상징이다. 다른 괘상을 보자.

䷙, 이 괘상은 태산의 모습을 보여 주고 있다. 또한 댐에 많은 물이 저장되어 있는 모습이다. 산이 하늘을 뚫고 올라갔으니 당연히 높은 산이다. 이는 공든 탑의 모양이다. 당당한 모습, 이 상태에서 산이 아래로 내려오면 ☶와 같은 모양이 된다. 이는 낮은 산을 의미한다. 산이 위축되고, 하늘로부터 숨어 있다. 세상일에 관여하지 않겠다는 자세이다. 다소 옹졸한 모습일 수도 있지만 세상에는 이처럼 행세해야 할 때가 있는 법이다. 물론 자연 현상은 아무것에도 얽매이지 않고 무심히 자기 모습을 나타낼 뿐이다. 하늘 아래 땅, 이는 인간에게만 뜻이 있을 뿐이다.

　이제 산이 더 아래로 내려와 아예 땅과 붙어 있다고 하자. 이것은 하늘로부터의 회피가 아니라, 땅을 일구어 내겠다는 뜻이 담겨 있다. 즉, 단결을 보여 주고 있는 것이 ☷의 참모습이다. 산이 더 아래로 내려가면 ☷이 되는데, 이는 조용히 고개 숙인 모습이다. 괘상의 이름은 '☷(謙)'으로, 산이 땅 아래서 겸손한 자세를 취하고 있기 때문이다.

　그러나 산의 기운이 없어진 것은 아니다. 땅 아래 있는 산은 앞으로 나아가려 애쓰고 있다. 화산의 기운이 밖으로 분출할 때를 기다리며 자제하고 있는 모습인 것이다.

☷은 고요한 땅 속에 단단히 굳어 있는 산의 형상으로 문이 이중으로 잠겨 있는 것이다. 늦게 귀가한 남편이 문 밖에서 집 안의 분위기를 살피려고 두리번거리지만 조용하기만 하다. 그러나 부인의 마음은 오히려 밖에 있을 것이다. 비록 일부러 단단히 마음을 단속하고 있지만 조금만 기다리면 문을 열어 줄 것이 틀림없다. 남편이 문을 두드리다가 잠깐 잠잠하다고 생각해 보자! 부인은 그 이유가 궁금해서라도 밖으로 나와 보지 않을까?

　땅 속에 갇힌 산은 언젠가는 땅 밖으로 나온다. 그러면 ☷의 형태가 된다. 산은 이제 땅을 자신의 발판으로 삼아 더 높이 비약하려고 애쓴다. 이는 동지를 모으려고 열심히 유세를 하고 있는 입후보자의 모습이다. 또한 노동 운동의 지휘자처럼 단결을 부추기고 있는 모습이기도 하다. 그러나 이들이 유의해야 할 것은 무너지지 않도록 조심하는 게 급선무이다. 그 다음은 한 단계 한 단계 그것을 높여야 한다.

여기서 우리는 하나의 이치를 깨닫게 된다. 그것은 산이 높아지기 위한 조건이다. 무작정 높아지려고 하는 것은 오히려 산의 붕괴를 초래하고 만다. 높아지기 위해서는 먼저 넓어야 한다. 탑처럼 뾰족하게 높아지는 것은 한계가 있으며 위태롭기까지 하다. 그러므로 넉넉하고 튼튼하게 높아져야 한다. 그러기 위해서는 넓이를 확보해야 한다. 이는 지지자들의 확장을 의미하는 것으로, 우선은 양적 확장을 꾀하고, 후에는 질적 향상을 시도해야 하는 것이다.

땅 위에 있는 산이 더 위로 향하는 것은 바로 ☷☶이다. 이 괘상은 산이 높기는 하지만, 하늘 아래 뫼로서 산이 하늘보다 높을 수 없음을 보여 준다. 이 괘상은 하늘에서 산을 보면 낮고, 산에서 하늘을 보면 높다는 것을 상징한다. 산이 더 높아지기 위해서는 세월과 인내가 필요하다.

산이 많은 세월이 보내고 마침내 높아지면 하늘을 따라잡을 수 있게 된다. ☰☶, 그러므로 이 괘상은 산이 충분한 에너지를 가두어 놓은 형상이다. 훌륭한 정부가 많은 백성과 자원을 비축하고 있는 모습이며, 계엄군이 시내에 진입하여 시민들의 행동을 제한한 모습이다. 또한 혁명이 성공하여 대세를 장악한 모습도 이 괘상으로 나타낼 수 있다. 그러나 높이 솟은 웅장한 산도 영원하지는 못하리라!
다음 괘를 보자.

'☴(小畜)', 이것은 바람이 하늘 위에서 불며 구름을 모으는 형상
이다. 사회의 상층부에 심상치 않은 기류가 흐르는 모습이다. 님의
마음도 조금 동요하고 있다. 그러므로 결코 만족할 만한 상태는 아
닌 것이다. 머릿속에서만 맴돌고 있을 뿐 생각이 아직 정리가 안
된 모습, 이것이 마침내 밖으로 징후가 나타나게 된다. 그것이 바로
'☴(姤)'이다. '☴'는 하늘이 어두워지기 시작한 것이다. 때를 기다
리면 분명히 비를 뿌릴 것이다. 그리고 님의 마음이 비로소 보이기
시작한다.

이 때 비로소 구체적인 행동에 나서는 것이 '☷(觀)'이다. 이 괘
상은 하늘의 기운이 땅으로 파고들려고 이리저리 살피고 있는 형상
이다. 하지만 여인의 마음은 아직 열리지 않고 소식이 집집마다 전
해지고 있다. 땅을 개간하기 위해 먼저 땅을 고르는 작업을 하며,
도둑이 담을 넘으려고 주변을 살피는 모습이다. 이 괘상의 이름이
'관(觀)'으로 명명된 것은 바로 이런 뜻이다. 바람은 소식이고 징조
이며 또한 하늘의 은덕이다.

이것이 땅에 파고들면 대지는 활력을 띠게 된다. '☷(升)', 이 괘
상이 바로 그런 모습이다. 이는 땅에 씨앗이 뿌려진 것이고, 비관하
던 사람이 비로소 의욕을 품게 된 모습이다. 여인이 마음 속으로
긍정적 자세를 취하는 것도 이 괘상이다. 원전 주역에서 괘상의 이
름을 '승(升)'이라고 한 것은, 기운이 땅 아래에서 계속 움직이고
있기 때문이다.

이것은 곧 밖으로 나온다. 즉, '☵' 상태가 되는 것이다. '☵'은 땅 위의 약한 새싹과도 같아서 여간 조심스러운 것이 아니다. 마음은 이미 노출되었다. 그것은 겉에 나타난 미세한 행동을 보면 알 수 있다. 무엇인가 약간 이상한 느낌이 든다. 바람이 대지에 휘몰아치듯 태도에 변화가 일어나는 것이다. 일부러 은근히 마음을 내보이는 모습이다.

마침내 그 바람은 솟구친다. 즉, '☴' 상태가 되는 것이다. 이는 두드러진 모습, 공연히 앞으로 나서고 있는 것이다. 만약 여자가 이렇게 행동한다면 분명히 지탄을 받으리라. 그 여자는 남자를 노골적으로 유혹하고 있다. 또한 백성이 나라에 탄원하는 것도 명분이 있어야 하므로, '☴'는 다분히 이기적이다. 다만 약자의 호소라고 여기면 된다. 이것이 바로 군자의 태도이다. 억지가 사촌보다 낫다는 말이 있는데, 무슨 일이든 끊임없이 시도하여 노력하면 끝내 성취를 할 수 있다. 대수롭지 않게 시작한 일이 관록이 붙고 유행을 시킬 수 있다.

바람은 거세지고 하늘로 치솟는다. 즉, '☴(小畜)' 상태가 된다. 이는 막연하던 일에 예상치 못한 소득이 생긴 모습이다. 어렵게 여겨졌던 일을 마침내 해낸 것이다. 원전 주역에서 이 괘상을 '소축(小畜)'이라고 명명한 것은 조금이나마 성취했다는 것을 상징한다. 그것은 억지가 조금이라도 통할 수 있음을 말한다. 백성의 무리한 요구가 검토 대상이 된 것이다. 멀리 외국에 파견된 세일즈맨이 약간 성공을 거둔 모습이다. 또는 상대가 조금 관심을 보이고 있는 상태이다. 다음 괘로 넘어가자.

'☰☱(夬)', 이것은 하늘 위의 연못을 상징하며, 검은 구름이 잔뜩 모여서 그 무게를 겨우 지탱하고 있다. 즉, 부당한 독재자의 모습을 나타낸다. 그러나 인류의 역사는 사악한 독재자가 반드시 멸망한다는 교훈을 남기고 있다. 북한의 김정일 정권도 마침내는 멸망할 것이다. 권력을 지나치게 휘두르면 도전에 부딪쳐 붕괴된다. 즉, 하늘 위의 연못은 떨어지기 마련이다.

'☱☰(履)', 이 괘상은 하늘 아래에 연못이 있기에 위기를 모면한 모습이다. 즉, 가벼운 구름은 하늘에 오래 머무를 수 있다. 타인과 거래를 하는 데 있어서는 자신의 마음을 약간 보이는 정도면 된다. 절대 강요를 해서는 안 된다.

이 괘상은 연못이 조금 높이 위치하기 때문에 불안한 상태이긴 하지만 절대 무리하지 않음을 보여 주고 있다. 뒤가 불안할 뿐 앞에서는 사고가 나지 않는다. 바둑에 있어서도 눈앞의 이익보다는 한 발 뒤로 물러서는 게 좋다. '누울 자리 보고 발을 뻗는다'는 말이 있는데, 괘상 '☱☰'는 다소 위험하다. 연못의 위치가 조금 높기 때문이다.

연못이 안정권까지 내려온 것이 바로 괘상 '☷☱(萃)'이다. 원전 주역에서도 '췌(萃)'라고 명명했는데, 모이고 있다는 뜻이다. 여기서 모인다는 것은 물이 모인다는 뜻으로, 낮은 연못을 상징한다. 그러나 이 괘상에서는 연못이 마땅히 있어야 할 자리인 땅 위에 있으니, 장래성이 있음을 나타낸다. 즉, 폐쇄적인 세계가 문호를 개방한 모습이다. 북한은 최근 나진항을 상업 자유 지구로 개방한 바 있으나 아직 '췌'의 상태에는 이르지 못하고 있다.

북한의 현재 상태는 ‘ ☰☶ (遯 : 하늘 아래에 산이 있는 모습)’, 또는 ‘☴☷ (觀 : 바람이 땅 위로 불어옴)’인 것이다. ‘☴☷’는 활짝 열린 문은 아니지만, 분명한 통로가 생긴 모습이다. 만일 북한이 판문점을 보다 활성화한다면 ‘☴☷’ 상태가 된다고 봐도 된다.

괘상 ‘☱☷’는 하늘의 은덕에 의해 최초의 안정을 얻은 모습을 보이고 있다. 군사 작전에 있어서는 적진에 들어가 교두보를 설치한 상태이다. 즉, 전진 기지가 형성되었다는 뜻이다. 또는 부부가 막 결혼하여 살림을 시작한 형태이고, 새로운 동네에 갓 이사를 한 모습이다. 낮은 연못이 그러한 뜻을 포함하고 있는 것이다.

이제 연못이 깊어지면 ‘☷☱ (臨)’ 상태가 된다. 이 괘상은 바다의 모습을 보여 주고 있다. 연못이 땅 아래에 있으니 얼마나 많은 물을 받아들일 수 있겠는가! 방황은 이제 끝낸 모습이다. 이웃의 눈치도 볼 필요 없이 이제 터줏대감이 된 것이다. 그야말로 세상에 큰 소리를 치며 군림하고 있는 모습이다.

원전 주역에서 이 괘상을 ‘임(臨)’이라고 명명한 것은 과연 성인의 자상한 배려가 아닐 수 없다. 성인은 인간에게 괘상의 뜻을 전수하기 위해 참으로 알기 쉬운 이름을 지어 주었던 것이다. 우리는 주역을 바르게 공부하여 이러한 성인의 은혜에 보답해야 할 것이다.

괘상 ‘☷☳’은 광대하고 깊은 안정을 보여 준다. 하늘의 별자리와 오늘날 저명한 사회 지도층 인사도 이러한 모습이다. 이 괘상은 뿌리 깊게 자리잡고 있으면서 모든 것을 수용하고 있다. 무궁한 발전을 예고하고 있다. 그러나 천지 자연의 흐름은 극단적일 수도 있는 것이다. 재벌인 국제 그룹이 공중 분해되었고, 한보 그룹은 권세가 하늘을 찌를 듯하더니 온 가족이 불행을 당했다. 기아 그룹이 도산한 것도 마찬가지이다. 옛말에 뽕나무밭이 바다가 된다는 말이 있는데, 세상은 이처럼 어떠한 일도 가능하게 만든다.

괘상 '䷊'은 가장 안정되어 있는 모습인데, 그래도 세상은 한 치 앞을 알 수가 없다. 깊은 연못도 메워져 얕아질 수도 있다. 그 상태는 괘상 '䷋'로 표현된다. 이 때 자기 자리를 지키지 못하고 앞으로 나서는 것은 매우 위험한 일이다. 《육도삼략》에 '물러나서 양보하지 않는다'는 말이 있는데, 그것은 '䷋'이지만 '䷝'는 이미 나선 것이다. 물론 멀리 해외에 지사를 설립한 모습도 이 괘상이다. 안내소 설치도 이 괘상에 해당되는 것이다.

이 상태를 더욱 확장한 것은 괘상 '䷉(履)'이다. 이는 문을 활짝 열어 놓은 상점의 모습이다. 그러므로 손님이 쉽게 찾아올 수 있다. 외교에 있어서도 마음을 훤히 열어 보인 상태로서 상대방의 마음을 편안케 한다. 다만 여자가 이런 상태라면 다소 위험할 수 있다. 남자는 다 도둑놈이기 때문이다. 그러므로 '䷉'의 모습은 무방비 상태인 것이다. 또한 마음이 노출되고 있다. 하지만 행동을 조심하면 된다. 마음을 열어 놓았다고 해도 상대방의 태도를 보며 행동하면 되는 것이다.

이 괘상은 자중할 것을 경고하고 있다. 호랑이의 뒤를 쫓아가는 자세라고 생각하면 이해하기 쉬울 것이다. 원전 주역의 명명은 '이(履)'로서, 걷는다는 뜻이다. 특히 '䷉'의 ☱은 걸음에 있어 뒷발에 해당된다. 그러므로 앞발이 나아갈 때까지는 기다려야 하는 법, 군대에 있어서도 보급대가 먼저 나서면 적의 표적이 되기 십상이다.

그리고 어른을 성의껏 돕는 것도 좋지만 지나치면 오히려 방해가 될 수 있다. 이 괘상에서 연못은 그저 하늘의 은총을 받아들이고 고요히 자신의 분수를 지켜야 하는 것이다.

분수를 지나쳐 급히 나아가면 '☰(夬)'의 모습이 된다. 이는 남의 권리를 짓밟는 것이다. 타인이 아무리 추천해도 결코 나아가서는 안 될 곳이 있는 법이다. 공연히 나서면 물러나는 데 고충이 생길 것이다. 북한의 김정일은 물러나고 싶어도 그럴 수가 없다. 이미 큰 죄를 지었기 때문에 비참한 앞날이 기다리고 있을 뿐이다.

괘상 '☰'에서 ☱는 지나치게 나서고 있음을 표현한다. 부인이 남편을 어느 정도 제한하는 것은 나쁠 것 없지만, 너무 지나쳐서 아예 남편을 깔아뭉개면 앞날이 좋지 않다. 우선 하늘이 이를 싫어할 것이고, 남편은 지겨워서 몰래 바람을 피울 수도 있다.

괘상 '☵'는 남편의 마음이 부인을 보살피고 있는 모습이다. 하지만 괘상 '☰'는 벼르고 있는 모습이다. 원전에서는 '쾌(夬)'라고 명명하였는데, 이는 처단을 의미한다. ☱은 여자, 또는 소인인데, 지나치게 힘을 행사하려고 하면 반드시 처단되게 마련이다. 이처럼 주역의 이치는 어긋남이 없다.

지금까지 6개의 소성괘에 대해 모두 고찰해 보았다. 이 괘상들은 땅 아래에서 하늘 위까지 또는 하늘 위에서 땅 속까지 위치를 바꾸면서 다양한 뜻을 보여 주었다. 이를 통해 우리는 6개의 괘에 대해 아주 선명하게 이해할 수 있었다. 얼마나 단순하고 통쾌한가!

이 장에서 공부한 논리는 괘상의 위치 해석론으로서 주역의 아주 중요한 분과 중 하나이다. 우리는 지금껏 위치 해석론의 기본 도입 과정을 살펴보았다. 이 이론은 보다 체계적으로 확장하여 모든 괘 상에 적용해야 하겠지만, 이 장에서는 그러한 개념이 있다는 것만 대충 이해하면 된다.

끝으로 하나의 괘상을 더 살펴보자.

'☰☷', 이 괘상은 원전 주역에서 '부(否)'라고 명명되어 있는데, 막혔음을 상징한다. 어째서 그럴까? 우리는 이 장에서 ☰과 ☷을 괘상이 이동할 수 있는 좌표로 사용하였다. ☰과 ☷은 상당히 멀리 떨어져 있기 때문에 모든 괘상들이 그 세계에서 돌아다닐 수 있었던 것이다. 그런데 ☰과 ☷의 작용은 어떤가? 그것은 너무나 멀리 떨어져 있다. 그야말로 천양지차(天壤之差)인 것이다. 따라서 그에 따르는 작용은 극히 미미하거나 전혀 없다. 괘의 이름이 그것을 보여 주고 있다. 하늘은 높은 것인바, 위에 있으니 멀고, 땅은 낮은 것인바, 아래 있으니 멀다. 괘상 '☰☷'는 이처럼 멀고도 먼 상태를 보여 주고 있다.

이제 우리는 각 괘상간의 거리가 상당한 의미가 있다는 것을 눈치챘다. 사실 모든 대성괘는 상하 괘의 거리가 암시되어 있다. 여기서 거리라고 일컫는 것은 시청과 서울역간의 거리처럼 공간상의 거리를 의미하는 게 아니다. 주역에서 말하는 거리는 어머니와 아버지의 거리, 삼촌과 조카의 거리, 손자와 할아버지의 거리 등을 의미한다.

이는 질적(質的) 거리를 의미하는데, 전문 용어로는 위상 간격이라고 한다. 생물학에서는 DNA 구조의 차이로서 생물간의 위상 간격을 논한다. 오리와 닭, 사람과 원숭이, 개구리와 참새는 과연 어느 것이 가장 가까운 관계일까? 이를 알면 둘 사이의 작용도 이해할 수 있을 것이다. 괘상 '☰☷'에서 상하 괘의 위상 간격은? 또한 괘상 '☶☷'에서 상하 괘의 위상 간격은? 이러한 물음에 답하는 것은 의미가 깊다. 괘상이란 그로써 뜻을 갖기 때문이다.

玉虛眞經 (29)

水之性品偉哉 避盈高而歸根源 安定於空低處也

죽은 저 땅에서 나오는 물의 덕됨은 참으로 위대하다. 물의 성품은 차고 높은 곳을 피해 항상 흘러 근원으로 돌아가고, 비고 낮은 곳에서 안정한다.

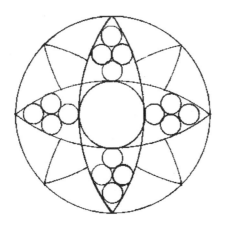

주역의 점치는 방법

점을 치는 이유는 미래를 알기 위함이다. 즉, 시간의 흐름을 알기 위해서 점을 친다는 것이다. 점을 치는 방식은 수없이 많은데, 주역도 그만의 독특한 방법으로 이루어져 있다. 이 방법은 다소 번거롭지만 전통적인 방법이므로 알아두는 것이 좋다. 예로부터 군자는 주역으로 점을 치곤 했다. 이것은 깊은 의미를 내포하고 있지만 우선 그 방법을 설명하기로 하자.

점을 치는 데는 50개의 대나무 쪽을 사용하는데, 먼 옛날에는 삥대숙이라는 신령한 풀잎을 사용했다고 한다. 전하는 바에 의하면, 신령한 거북이 있고, 그 위에 삥대숙이라는 풀이 자란다고 한다. 이 풀잎은 100개 정도가 자라는데, 그 중 50개를 사용한다는 것이다. 그러나 이 신령한 거북은 사라져 버렸다. 그래서 대나무를 사용하게 되었는데, 대나무 역시 여느 나무와는 다른 신성한 면이 있다.

50개의 대나무 쪽은 적당한 길이와 굵기로 만들어 상자 속에 보관해 둔다. 이것을 사용할 때는 목욕 재계하고 향을 피운다. 옷도 단정히 입고 마음을 정성스럽게 가다듬는다. 점을 치려는 내용을 미리 마음에 품고 어린아이와 같이 천진한 의문을 갖는 것이다.

자신에게 주어진 미래는 무엇일까? 이런 생각을 가지고 점을 칠 때마다 오로지 궁금증만 가질 뿐 일체의 가정이나 잡념을 배제해야 한다.

종이와 펜을 준비하고 점칠 내용과 날짜·시간 등을 적고 대나무 쪽을 꺼낸다. 대나무 쪽은 서죽(噬竹)이라 하는데, 천에다 곱게 싸서 상자 속에 보관해 둔다. 이제 천을 풀고 점을 치는 의식이 거행되는데, 서죽 50개 중 하나를 뽑아 상의 중앙에 놓고, 나머지 49개는 오른쪽에 놓은 후 큰절을 올린다. 마음을 가다듬고 뜻을 하나로 집중하기 위함이다. 중앙에 놓인 하나의 서죽은 태극을 상징하며, 미래는 그 태극을 통해 감응한다. 마음 속에는 오로지 미래에 대한 의문을 가득 채우고 단정히 앉는다.

우선 49개의 서죽을 두 손으로 모아 잡고 다시 정신을 집중한다. 눈은 저절로 감기고, 미래에 대한 천진한 의문을 정신과 가슴에 모은다. 그리고 순간 서죽을 둘로 나눈다. 이는 천지가 갈라지는 것을 상징하며, 미래가 감응하기 시작하는 것이다.

둘로 나뉜 서죽 중 오른손에 있는 것은 상에 내려놓는다. 그리고는 그 중 하나를 오른손으로 뽑아서 왼손가락 4번째와 5번째 사이에 끼워 둔다. 이것은 천지 다음에 인(人)이 있다는 것을 상징하는 것이다. 지금까지의 과정을 간단히 말하면, 서죽 49개를 둘로 나누고 오른손에 있던 것은 상에 내려놓으면서 하나를 집어 왼손 새끼 손가락 사이에 끼워 놓는 것이다.

이제 자유스러워진 오른손으로 왼손에 쥐고 있는 서죽을 4개씩 덜어낸다. 이 때 나머지가 생기는데(나머지가 없으면 4개를 나머지로 한다), 이것을 셋째손가락과 넷째손가락 사이에 끼운다. 다음으로는 오른손으로 맨 처음에 놔두었던 서죽을 들고 왼손으로 4개씩 덜어낸다. 이 때도 역시 나머지가 생긴다. 나머지는 1, 2, 3, 4 넷 중 하나가 되는데, 이것을 왼손 셋째손가락과 둘째손가락 사이에 끼운다. 이렇게 되면 왼손가락 사이 세 군데에 서죽이 끼워져 있게 된다. 맨 끝은 하나이고, 그 다음은 1에서 4이고, 그 다음 역시 1에서 4이다. 이제 이것을 다 모아 태극 서죽 옆에 세로로 놔두는데, 반드시 5 아니면 9가 나오게 되어 있다. 여기까지의 모든 과정을 1변(一變)이라고 한다.

그리고 다시 시작하는데, 오른손·왼손에서 넷씩 덜어낸 나머지 모두를 두 손에 모아 쥐고 둘로 나눈다. 이것은 처음에 했던 방식으로, 5 아니면 9가 빠져나간 나머지 서죽으로 시행하는 것이다.

오른쪽 서죽을 상 바닥에 내려놓으면서 그 중 하나는 왼쪽 끝 손가락에 끼운다. 그리고 왼쪽에 있는 서죽을 오른손으로 넷씩 나눈다. 이 때 나머지가 생기는데, 1에서 4까지 하나이다. 이 나머지는 넷째와 셋째손가락 사이에 끼운다.

그리고 다음에는 상 바닥에 내려놓은 서죽을 오른손으로 집어들고 왼손으로 네 개씩 덜어낸다. 이 때 역시 나머지가 생기는데, 1에서 4까지 하나이다. 이 나머지는 셋째와 둘째 왼손가락 사이에 끼운다.

이제 이 모든 것을 모아 살펴보면 4개 아니면 8개로 나타나는데, 여기까지를 2변이라고 한다. 2변의 나머지는 1변의 나머지와 합쳐 두고 넷씩 덜어낸 서죽을 다 합쳐 또다시 시작한다. 즉, 3변을 시작하는데, 이것은 1변, 2변과 방법이 똑같다. 3변의 나머지는 4개 아니면 8개이다. 이 나머지는 1, 2변의 나머지와 합쳐 둔다.

그렇게 되면 순수하게 넷씩 덜어낸 것만 남게 되는 것이다. 이것을 4로 나누면 최종 숫자를 얻게 되는데, 이 숫자는 반드시 6, 7, 8, 9 넷 중의 하나이다. 수학에 능통한 독자들은 이 사실을 증명할 수 있을 것이다. 하지만 수학적 내용은 중요하지 않다. 하나의 상징적인 의식일 뿐이기 때문이다.

방법은 다소 복잡해 보이지만 전혀 겁먹을 필요 없다. 둘로 가르고, 하나를 뽑고, 네 개씩 덜어내어 나머지를 합치는 것이다. 이것을 세 번 행하는 것이므로 삼변(三變)이라고 하는데, 3변을 해서 얻어낸 숫자는 6, 7, 8, 9 넷 중의 하나이다. 이것은 효 하나를 의미한다. 처음 3변을 하면 초효를 얻게 된다. 또다시 3변을 시행하면 2효를 얻게 될 것이고, 또다시 3변을 시행하면 3효를 얻고, 계속하면 6효까지 모두를 얻게 된다. 결국 6효를 얻기 위해 18변의 과정을 거치게 되는 것이다.

이제 얻어진 숫자 6개를 가지고 대성괘를 만들 수 있다. 6과 8은 음효이고, 7과 9는 양효이다. 그런데 이 중에서 6과 9는 변효(변화할 효)로, 특수한 작용을 한다. 예를 들어 보자. 18변을 해서 6개의 숫자를 얻었다고 하자. 즉 7, 6, 8, 8, 8, 7이면 이것은 ☷ 가 된다.

이 중에서 두 번째 효는 6이므로 변효인데, 이것이 변화하면 ䷁ 이
되는 것이다. 이것의 뜻은 ䷁ → ䷁.

이런 식으로 과정을 겪는다는 것이다. 변효는 하나 또는 둘일 수
도 있고, 셋, 넷, 다섯 개일 수도 있다. 물론 6개가 모두 변효일 수
가 있다.

다시 보자. 18변해서 얻은 숫자가 7, 7, 6, 8, 9, 6이라고 하자. 이
는 다음과 같이 된다.

만일 얻은 숫자가 6, 6, 6, 6, 6, 6이라면 다음과 같이 된다.

그리고 9, 9, 9, 9, 9, 9라면 아래와 같이 될 것이다.

6은 노음(老陰)이라고 하는바, 축적된 음으로서 변화의 소지가 있
다는 것이고, 9는 노양(老陽)이라고 하는바, 축적된 양으로서 음으

로 변화할 소지가 있다는 것이다. 원전 주역에 양을 9로 표시하고 음을 6으로 표시했는데, 양과 음의 대표적 숫자를 쓴 것뿐이다. 주역의 괘상은 그저 현재 상태를 무심코 나타내 주고 있지만, 인간의 점은 다음과 같이 방향을 구체적으로 표시하고 있다.

어떤 때는,

와 같은 식으로 되는데, 이는 변화가 없다는 뜻이다.

우리는 시간의 변화를 수용하여 A → B라는 형식을 이해해야 하는데, 주역의 괘상이 64개이므로 모든 경우의 수는 64×64 → 4096개가 된다. 이는 실로 엄청난 숫자라 아니할 수 없다. 그러나 걱정할 것 없다. 그 많은 변화도 일정한 틀에 의해 단순하게 정리될 수 있기 때문이다.

아무튼 이 장에서는 전통적인 점치는 법을 소개하였다. 여기서 유의할 것은 서죽이 50개라는 것이다. 50을 대연지수(大衍之數)라고 하는데, 이것은 천지 자연의 모든 변화를 상징하는 숫자이다. 어째서 64가 아니고 50이란 말인가? 그것은 앞으로 자세히 다룰 것이다.

주역에는 이외에도 신비로운 숫자로 60도 있다. 이는 소위 60갑자라는 것으로, 동양에서 수천 년간 사용해 왔다. 그리고 72라는 숫자도 있는데, 이는 주공 72후(候)로써 일 년의 절기를 나타내고, 바둑판의 둘레 숫자이다.

또 원전 주역에는 55를 천지의 숫자라 일컫고, 이에서 귀신(鬼神)을 행한다고 하였다. 55는 1+2+3+4+5+6+7+8+9+10이다. 이 숫자를 5로 나누면 11이 되는데, 이 또한 아주 신비한 숫자이다. 11은 불교에서 쓰이는 숫자로서 관음보살의 11면(面)이 아주 유명하다. 하필 얼굴이 11개일까? 관음보살의 얼굴 면이 많다는 것은 여러 방면을 관장한다는 뜻이 있지만, 그래도 왜 11인가 말이다.

주역은 모든 숫자의 성질을 사물에 대비(對比)하여 해석하도록 되어 있다. 이것을 수성론(數性論)이라고 하는데, 주역의 이치는 모든 숫자에 대한 의미를 해석해 주고 있다. 예를 들어 8이라는 숫자는 8괘를 의미하고, 5는 오행이다. 12는 순환 숫자이고 65는 태극수이다. 13은 태극을 오행으로 구분한 숫자이다. 우리는 이러한 식으로 많은 숫자를 해석할 수 있다. 이로써 얻어지는 것은 천지 자연의 절도(節度)와 사물의 분수(分數)이다.

예를 들어 2라는 숫자는 음과 양을 뜻하는데, 만물의 성질은 이 두 가지임을 나타내고 있다. 3은 삼재(三才)로서 만물의 구성을 나타낸다. 8이라는 숫자는 8괘로 만물의 성정(性情)인데, 2×2×2 → 8로서 만들어진다. 2는 음양이고 이를 세 번 곱한 것은 구성이 3중으로 되어 있기 때문이다. 이렇듯 숫자가 갖는 상징을 파악함으로써 천지의 작용과 사물의 범주를 알 수 있다.

점치는 방법도 상징으로 이루어져 있는데, 원전 주역의 점법(占法)은 천지인 삼재라든가, 윤(潤)달 등을 이용하였다. 그것은 수천 년 동안 행해져 왔던 방법이다. 물론 점치는 방법은 여러 가지가 있을 수 있다. 젓가락을 뽑거나, 동전을 던지거나, 주사위를 던질 수도 있다. 하지만 천지가 감응하여 얻어지는 괘상은 오직 주역의 64개 괘상이어야 하는 것이다. 왜냐 하면 주역의 괘상만이 사물의 구조를 올바로 표현하고 있기 때문이다. 주역의 괘상은 천지의 절도를 바르게 함유하고 사물의 분수를 정확히 나타낸다.

다만 여기서 얘기하고자 하는 것은 점법과 점괘는 별개라는 것이다. 점법에는 상징과 의식(儀式)이 있고 또한 염원(念願)이 있다. 점괘는 오로지 해석의 대상일 뿐이다. 이는 과학이다. 이 장에서 원전 주역의 점법을 고찰한 것은 문화적인 측면에서 점법을 존중하자는 것이다. 원전 주역의 점법은 성인이 만들어 놓은 것으로 전해지고 있다.

오늘날 세계에는 수많은 점법이 존재한다. 카드를 뽑거나 먹물을 뿌리기도 한다. 이 모든 행위는 그 속에 천지의 감응을 전제로 하고 있다. 물론 그 전에 인간의 정신이 매개함으로써 천지가 응해 주는 것이다.

그런데 점을 얼마나 자주 쳐야 하는 것일까? 예를 들어 매일 치면 어떨까? 이는 분명 지나친 것이다. 오늘날 인간의 하루 생활은 거의 규칙적이고 순환적이다. 직장인은 매일 직장에 나가고, 장사꾼은 매일 상점 문을 열고 손님을 맞이한다. 그러므로 특별한 변화가 매일 일어날 수는 없다. 점이란 적당한 기간에 확실한 문제를 가지고 쳐야 하는 것이지, 시도 때도 없이 흥미 삼아 칠 내용이 아니다. 노자는 선(善)으로 점을 치면 서죽을 사용하지 않아도 된다고 하였는데, 지혜를 총동원해서도 해결하지 못했다면 그 이후에 점을 쳐야 하는 것이다.

그리고 무엇보다도 신중히 생각해야 할 일은 미래를 꼭 미리 알아야 하는가의 문제이다. 모든 미래를 미리 알려고 하는 것은 결코 총명한 일이 아니다. 우리가 영화를 보는 데 있어서 그 내용을 미리 알고 본다면 어떻겠는가! 몰라서 좋은 미래가 있고 알아야 할 미래가 있는 것이다. 이래도 그만 저래도 그만인 미래는 미리 알려고 애쓰지 말아야 한다. 여기서 무엇보다 중요한 것은 미래란 인간의 행동에 크게 좌우된다는 것이다. 그러므로 지성을 키울지언정 점에 너무 의존해서는 안 된다.

주역을 공부하는 사람은 사물의 발생 결과보다는 그 원인을 규명하는 것을 사명으로 삼아야 한다. 사물의 이치를 규명한다는 것은 그로써 인간의 자유와 선택의 폭을 넓힐 수 있다. 모르는 자는 운명에 모든 것을 내맡겨야 하지만, 아는 자는 운명을 어느 정도 극복할 수 있다. 지혜를 다해도 알 수가 없으면 점 외에 무슨 방법이 있으랴! 점이란 필요할 때, 또는 정녕 알 수 없을 때 치는 것이다. 그리고 우리는 주역 64괘를 공부함으로써 점을 칠 수도 있고, 또한 사물의 이치를 규명할 수도 있다. 점이란 칠 수 있어야 하지만 자주 쳐서는 안 된다.

玉虛眞經 (30)

得幽谷之道者爲眞人 得水流溪谷之道者爲道人
永坐高山者無所一得也

고요한 계곡의 도를 얻는 자는 진인이 되고, 계곡을 향해 항상 움직이는 물의 도를 얻는 자는 도인이 된다. 그러나 높은 산 위에서 앉아만 있는 자는 아무것도 얻을 것이 없다.

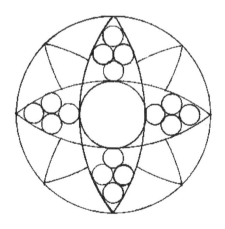

주역과 현인

현인(賢人)이란 인격과 지성이 뛰어난 인물을 말하지만, 그들의 행동은 과연 어떠했을까? 이 장에서는 주역과 관계된 생활 방식을 고찰하려고 한다. 우리는 앞서 괘상 '䷗'을 공부하면서 공자가 붙여 놓은 상(象)에 대해 살펴본 바 있다.

그것을 다시 음미하기로 하자.

象曰 雷在地中復. 先王以至日閉關 商旅不行 后不省方.
〔상에 가로되, 우레가 땅 속에 있는 것이 복(復)인바, 선왕은 이를 본받아 동짓날에는 관문을 닫고 장사와 여행을 다니지 못하게 했으며, 임금은 시찰을 하지 않았다.〕

이 글은 괘상 '䷗'을 해석하고 그에 따른 행동 지침을 설명한 것으로, '☷☳'은 일 년 중 동짓날에 해당된다. 동짓날은 일 년 중 밤이 가장 긴 날로서, 이 날부터는 차츰 밤이 줄어들고 낮은 길어지게 된다. 시간으로 말하면 밤 12시이다.

괘상 '☷☳'은 양이 하나 발생한 상태로써 그것이 계속 자라나리라 기대되고 있다. 특히 시간이나 계절 등 천체의 운행은 반드시 그렇게 된다. 물론 세상의 모든 일이 '☷☳'에서부터 반드시 양기가 발전하는 것은 아니다. '☷☳'은 갑자기 '☷☷'로 퇴보할 수 있고, 또는 변효가 생겨 '☷☵'으로 변할 수도 있다. 하지만 '☷☳'에서 바람직한 일은 '☷☱'으로 변하는 것이다. 옛 현인들도 그러한 기대를 갖고 있음직하다.

그렇기 때문에 '☷☳'에 해당되는 날은 경건한 마음으로 행동도 자중했던 것이다. 물론 동짓날에 밖으로 나다니고 조급하게 행동한다고 해서 천체의 운행이 바뀌는 것은 아니다. 하지만 현인들은 상징을 몹시 중요시했던 것이다. 상징이란 흔히 내재한다는 뜻으로, 실세계에는 큰 영향력이 없는 것으로 생각한다.

그러나 실은 그렇지 않다. 예를 들어 어른이 주는 물건을 앉아서 한 손으로 받는다면 어떨까? 앉아 있다는 것은 어른의 은혜에 대해 태만한 것이고, 한 손으로 받는다는 것은 너무 쉽게 받는 것이니 오만에 해당된다. 이러한 이유로 인해 어른이 물건을 줄 때는 일어나서 두 손으로 받는 것이 예의이다.

예의란 바로 이런 목적으로 만들어졌다. 인간의 행동은 모두 상징하는 바가 있다. 그래서 그 뜻에 따라 행동 방식이 달라지는 것이다. 어떤 행사장에 귀빈이 들어설 때 모두 자리에서 일어나게 되는 것은 환영과 마중한다는 뜻이 있다. 또한 귀인이 먼저 편안하라는 뜻인 것이다. 어른을 보고 일어나서 인사하는 것은 깊은 뜻이 있다. 애인을 만날 때도 먼저 와 있던 사람이 자리에서 일어나 주는 것은 반가움의 표시와 상대방을 존중해 준다는 뜻이 포함되어 있다.

이런 행동을 예의라고 하며, 공자는 인간의 행동 중 예의를 가장 중요시했다. 당연히 그럴 것이다. 인간의 몸 동작에는 뜻이 있는 것이니 예의가 중요할 수밖에 없다. 예식이나 행사를 보자. 결혼식은 남녀가 일생 동안을 함께 하고자 여러 사람에게 알리고 결합하는 날이니 중대한 뜻이 없을 수 없다. 이런 날에 태만히 아무 준비 없이 그저 부인을 맞아들인다면 어떻게 되겠는가! 부인에 대한 존중도 없고 만남에 대한 축복도 없게 된다. 또한 그토록 가볍게 만났으니 자그마한 부부 싸움에도 이혼하게 될 수도 있다.

사회는 상징에 따른 행동이 매우 중요하다. 우리 나라의 현충일 행사를 보라! 그 날은 정부나 사회 단체가 특별한 행사를 주관하고, 국민은 경건한 마음으로 음주 가무를 삼간다. 그 날은 호국 영령을 기리는 것으로 마치 한 가정의 제삿날과 같다. 생일날 파티를 하는 것도 생을 축복한다는 뜻이 있으며, 환갑 잔치는 더욱 큰 뜻이 있다.

그리고 수많은 행사 중에서도 장례식은 가장 중요한 행사인데, 그것은 생명의 뜻을 존중하고 죽은 사람도 산 사람처럼 대한다는 의미가 있다. 만일 죽은 사람을 가볍게 처리한다면 그것은 곧 죽을 사람에 대해서도 가볍게 대할 것이고, 나아가서는 나이 들고 병든 사람을 천대하는 풍조도 생길 것이다.

맹자는 마음이 움직이지 않는 것을 행동으로 고칠 수 있다고 하였는데, 인간이 적절한 행동을 한다면 그 마음의 격을 크게 높일 수 있을 것이다. 옛 현인들은 천체의 운행상 특별히 의미를 갖는 날에 대해서는 적절한 예의를 행했다. 그것은 천지의 작용에 대한 예의이고, 또한 자신의 인격을 높이려는 적극적인 수행 방법이다.

날짜에 대한 인간의 특별한 행동은 인생에 있어서 그 무엇보다도 중요하다. 종교인들은 일요일을 신성시하고, 군인들은 현충일을 중시한다. 현자들도 특별한 날짜에 맞추어 격에 맞는 행동을 했다. 그런데 현자들이 중시하는 날짜는 그 자신들과 관련된 날짜가 아니었다. 그분들도 물론 생일이나 제삿날 등 개인적인 날이 있겠지만, 그 외에도 천지의 날짜가 더욱 소중한 것이다. 그것은 전지전능한 누군가가 지정한 날짜가 아니다. 단지 천체의 운행이 날짜를 만들어 냈는데, 이는 천체의 운행에 대해 주역이 그 뜻을 해석해 주었기 때문에 가능한 일이었다.

예컨대 밤이 제일 긴 날은 천체의 관측으로 알 수 있지만, 그것에 뜻을 부여한 것은 주역이다. 즉, 동짓날은 '☷'이다. 우리 나라의 현충일은 국가에서 지정했다. 하지만 동짓날은 사실상 오랜 옛날부터 있어 온 날이다. 그 날에 대해 괘상이 지정된 것은 당연한 일이다. 현인들은 날짜에 대한 예의를 다함으로써 인격을 높이고 천지의 작용을 살폈다.

예로부터 성인은 천지 화육(天地化育)을 돕는다고 했는데, 이는 사물의 작용을 통달했기 때문에 가능했다. 현인들은 날짜가 갖는 특별한 의미를 습득하기 위해 노력했던 것이다.

동짓날에 관문을 닫고 백성이 자중하기를 바라는 것은 단순한 형식이나 행사가 아니다. 단지 그렇게 함으로써 백성을 보호하고자 하는 것이고, 천지 신명의 가호가 깃들이기를 기원하는 것이다. 양기가 처음 생긴 날, 즉 '䷗' 이러한 날에는 양기의 사용을 적극 자제해야만 할 것이다. 그렇기 때문에 나들이를 금지시킨 것이다. 현충일에 음주 가무를 금하는 것과 다를 바 없다.

옛 현인들은 눈에 보이지 않는 작은 일에 의미를 부여하고 충실함으로써 운명마저도 개선하려고 했던 것이다. 이는 상당히 의미 있는 일로서, 현인들의 행동은 모두 운명 유도(運命誘導)와 관련이 있다. 흔히 '상서롭다'는 말이 있는데, 이는 행동이 존경스럽고, 예의 바르고, 지성과 좋은 운명을 맞으리라는 뜻이다. 이 중에서도 특히 '좋은 운명을 맞는다'는 뜻으로 '상서롭다'는 말이 사용된다.

그리고 사람의 행동이 상서롭기 위해서는 반드시 주역의 괘상을 깨달아야만 한다. 동짓날에 자중해야 상서롭다는 것은 괘상을 보면 쉽게 알 수 있다. 양이 자라나고 있는데 할 일이 무엇인가! 흔히 양을 거들어 주어야 좋다고 생각할지도 모르겠다. 하지만 알 수 없는 상황에선 경거 망동은 금물이다. 태 속에 있는 어린아이에 대해 인위적 행동이 가해진다면 과연 그 아이에게 이익이 될까? 인간은 자신의 행동으로써 나타나는 결과에 대해 그토록 자신이 있는가?

자중하는 자세가 필요하다. 그에 반해 성인의 가르침은 얼마나 조심스럽고 슬기로운가! 그러므로 잘되는 일이라 하더라도 한 걸음 뒤로 물러나 잠시 기다렸다가 행동해야 한다.

다른 상황을 생각해 보자. 동지의 반대 날은 하지인데, 괘상으로는 '☰'이다. 그러나 이는 반드시 하짓날만을 뜻하는 것은 아니다. 사회 생활에는 우리들은 얼마든지 이런 상황에 처하게 될 수 있다. 그럴 때의 행동에 대해 살펴보자. 하짓날에 취하는 우리의 의식 구조에서 그것을 음미할 수가 있다. 하짓날에 상서로운 태도는 무엇일까?

원전 주역의 내용을 보자.

象曰 天下有風姤. 后以施命 誥四方.

[상에 가로되, 하늘 아래 바람이 있는 것이 구이다. 왕은 이에 명을 내려 사방에 고한다.]

괘상 '☰'는 '☷'과 정반대의 괘상이다. 음기가 자라기 시작한 것이다. 즉, 무엇인가 불길한 기운이 움직이기 시작했다는 뜻이다. 이 때에는 행동이 신속해야 한다. 나쁜 기운이 한참 성장한 후에 움직이는 것은 매우 어리석은 짓이다.

공자의 가르침은 과연 적절하다. 사회에 불온한 기운이 감돌자 왕은 즉시 선포한다. 경고성 선포인 것이다.

그리고 우리는 하짓날에 대해서 특별한 의미를 부여하고 마음을 가다듬어야 한다. 양의 기운이 가득 찬 날, 이 날은 이미 음의 기운이 한 발 들어선 것이다. 사회 생활에 있어서도 성공에 도달했을 때가 가장 위험의 가능성이 많다. 동짓날은 밖에 나다니지 않는 법인데, 하짓날은 어떤 행동을 취해야 할까? 이 때는 집에 있지 않고 나서야 한다. 무슨 일이든 해야 한다. 특히 일을 수습하러 나간다면 최적이다. 하루 중에서 정오는 바로 '☰' 상태이거니와, 이 때는 집 구석에만 있어서는 안 된다. 갈 데가 없으면 공원에라도 나가 보고 오래 된 친구라도 만나 보라.

인간의 행동은 즉각적인 이익을 초래하지 않는다 하더라도 상서 로운 행동이 있다. 반면, 당장 이익이 되더라도 그로 인해 큰 화를 당하는 수도 있다. 세상의 일은 인간의 지혜를 벗어나는 경우가 얼 마든지 발생할 수 있다. 그래서 주역이 필요한 것이다. 주역은 인간 에게 하늘과 함께 할 수 있는 지혜를 준다.

다른 상황을 보자. 이번에는 춘분인데, 이 날은 일 년 중 밤과 낮 의 길이가 같다. 그러나 이 날 이후부터는 낮의 길이가 점점 늘어 나게 된다.

괘상으로는 '☳'인바, 먼저 옛 성인의 가르침을 보자.

象曰 雷在天上大壯. 君子以非禮弗履.
[상에 가로되, 우레가 하늘 위에 있는 것이 대장이다. 군자는 이에 예가 아니면 행하지 않는다.]

이 글의 뜻은 한마디로 날뛰지 말라는 것이다. 하늘 위의 우레는 기상이 등등한 것이니 예를 범할 수 있다. 누구든 지나치게 잘되면 날뛰게 마련이다. 개구리가 올챙이 적 시절을 모른다는 말이 있는 데, 괘상 '☳'은 지나친 활동을 경계하고 있다. 더 이상 좋을 수 없 는 강력한 상태, 이런 상태가 되면 겸허해야 하고 행동은 항상 한 걸음 물러나야 한다.

춘분일 때 우리는 반성하고 화해하며 욕심을 줄여야 한다. 이 날은 즐거움도 자제하며 음식도 조금 먹고 집 밖으로 나가는 것도 주의를 기울여 천천히 해야 한다. 즉, '䷲'의 위태로움을 깊게 음미하라는 것이다. 예의는 남을 사랑하고 자신을 낮추는 행위이다. '예의가 바르면 오랑캐 땅에 가서도 몸을 보존할 수 있다'는 말도 있는데, 행동이 겸손하면 하늘도 보호해 주는 법이다.

춘분인 날은 '䷲'의 잘난 점보다는 위태로움에 대해 깨달아야 한다. 기고만장하면 앞뒤가 잘 보이지 않아서 위기를 당할 수 있다. 필자도 인생을 살면서 그러한 경우를 많이 경험했는데, 성인의 가르침을 올바로 따르지 못한 탓이다. 주역이란 사물의 모양과 뜻을 공부하는 것이지만, 우리는 경우에 따른 행동 방법을 항상 연구해 두어야 한다.

다른 상황을 보자. 이번에는 추분날인데, 이 날도 밤과 낮의 길이가 같다. 다만 이 날부터는 밤의 길이가 길어진다. 상황이 나빠지는 균형점이다.

괘상으로는 '䷓'인데, 옛 성인의 가르침을 먼저 보자.

象曰 風行地上觀. 先王以省方觀民設敎.

[상에 가로되 바람이 땅 위로 부는 것이 관이다. 선왕은 이에 지방을 살피고 백성을 살펴 교육 기관을 만든다.]

지금의 상황은 아주 좋지 않다. 무너져 가고 있는 것이 보이기 때문이다. 이에 지도자는 잘 살피고 적극적으로 계몽에 나서야 한다.

추분날은 밤낮의 균형이 밤으로 쏠리기 시작하는 날이다. 모든 것이 떠나가는 때, 이 때는 숨겨진 곳을 살펴야 하고 민심(民心)을 얻도록 노력해야 한다. 그 어느 때보다 지도력과 행동이 필요한 때인 것이다. 이런 날에는 비를 맞으면서라도 여러 사람을 만나야 한다. 편지를 보내거나 선물을 보내는 것도 좋다. 특히 아랫사람을 보살펴야 한다.

괘상 '☷☳'은 아래가 ☷로서 완전히 기운이 소멸한 상태이다. 아랫사람의 마음이 완전히 떠나 있는 상태인 것이다. 군자는 특히 추분날에 반성하여 자신의 기반을 다시 한 번 점검해야 한다. 현인들의 생활은 대업(大業)이 있을 때는 나아가 성취하고 일하며, 남은 시간에는 공부를 하는 것이다. 그리고 특별한 날이 되면 그 날의 괘상을 음미하며 인격을 더욱 연마하는 것이다.

우리는 지금 일 년 중 특별한 날 4일에 대해 괘상을 배당시키고 그와 결부된 행동 방법이나 예법 등을 살펴보았다. 그것은 주역의 생활화에 해당될 것이다. 그런데 여기서 우리는 한 가지 의문점을 갖는다. 모든 날에 대한 괘상은 어떤 것일까? 동지나 하지, 또는 춘・추분에 대해 괘상을 배당한 것은 상당히 깊은 뜻이 담긴 일이다. 그렇다면 이를 모든 날에 배당하는 게 좋지 않을까?

그럴 것이다. 실제로 옛 사람들은 그러한 시도를 해 왔다. 그것을 괘기설(卦氣說)이라고 하는데, 지금은 그 방법이 알려져 있지 않다. 앞으로 우리는 그것을 살펴볼 것이다. 그것은 60갑자(甲子) 하나하나에 괘상을 붙인다는 것을 뜻한다. 그렇게 되면 60갑자의 뜻을 정확히 알게 될 것이며, 또한 일 년의 각 날에 괘상을 배당하면 주역을 생활화하는 데 훌륭한 계기를 마련해 줄 수 있을 것이다. 이로써 각 날의 괘상에 맞는 상서로운 행동도 할 수 있을 것이다.

흔히 일진(日辰)이라는 말이 있는데, 이는 각 날에 60갑자를 배당한 것인바, 만일 이것을 괘상으로 발전시킬 수만 있다면 천체의 운행에 대해 완전히 의미화가 이루어지게 된다. 이 장에서는 상황에 따른 행동 방법을 공부했고, 그리고 또 하나의 공부 목표를 정한 것이다.

—— 3권에서 계속 ——

저 자 와
협 약 에
의 하 여
인 지 를
생 략 함

주역 원론 ②

1999년 4월 10일 1판 1쇄 인쇄
1999년 4월 20일 1판 1쇄 발행
2022년 1월 10일 3판 5쇄 발행

지은이 / 한국주역과학연구원 · 김승호
편집인 / 장상태 · 김범석
표지디자인 / 정은영
펴낸이 / 김영길
펴낸곳 / 도서출판 선영사
주소 / 서울시 마포구 서교동 485-14 영진빌딩 1층
전화 / (02)338-8231~2
팩스 / (02)338-8233
E-mail sunyoungsa@hanmail.net
등록 / 1983년 6월 29일 (제02-01-51호)

ISBN 978-89-7558-372-6   93150